本书由深圳学派建设专项资金资助出版

深圳学人文库

A Study on Elinor Ostrom's
Theory of Self-governance

埃莉诺·奥斯特罗姆
自主治理思想研究

任 恒 ◎著

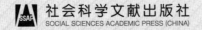

社会科学文献出版社
SOCIAL SCIENCES ACADEMIC PRESS (CHINA)

摘　要

　　长期以来，西方学界深受传统集体行动理论的影响，普遍认为集体行动中的个体将难以摆脱公共治理的悲剧性结局，唯有借助政府集中管制抑或彻底实行私有化改革，方能克服个体在集体行动中的机会主义倾向。鉴于以上两类解决方案存在的若干局限与不足，世界级政治经济学家、荣膺 2009 年诺贝尔经济学奖的美国印第安纳大学政治学系教授埃莉诺·奥斯特罗姆，针对各国公共事物的治理状况开展了长达半个世纪之久的研究历程，并取得了令人瞩目的卓越成就。概言之，奥斯特罗姆主要以规模较小的公共池塘资源为研究对象，专注于考察不同的制度安排将如何增进或阻碍个体之间的合作机制，在扬弃政府管制与产权私有的传统路径之上，另辟蹊径地提出自主治理的"第三条道路"，进而打破了传统集体行动理论的窠臼。因此，奥斯特罗姆有关资源占用者可借助自主组织进行自主治理的系统主张，可被凝练为自主组织的自主治理思想，并遵循生成背景、应用场域、构建逻辑、分析特色与价值审视的研究进路。

　　奥斯特罗姆的自主治理思想并非凭空产生的，它是在汲取既有公共资源治理与集体行动理论的丰富养分之后，历经长期思考和不断探索才得以生成的知识体系，有着较为特殊的历史情境与深厚的理论渊源。具体而言，20 世纪 60 年代以来，西方发达国家出现的新古典自由主义思潮的复兴，以及由此形成的国家与社会关系的重塑和有关理性官僚制正当性的反思，共同构成奥斯特罗姆思想生成的时代命题。与此同时，传统集团理论、第一代集体行动理论以及社会心理学等针对集体行动以及个体理性选择问题的深入阐发，则成为奥斯特罗姆思想生成的理论积淀。不仅如此，公共选择理论、新制度经济学、合作博弈理论以及多中心治理理论对于个人主义的方法论、新制度主义的博弈规则、多人合作博弈结构和社会治理秩序等方面的系统探讨，应视为奥斯特罗姆思想衍生的学术渊源。

综合考察奥斯特罗姆自主治理思想的探索历程，可知其最早是从水资源研究开始的，并在保罗·萨缪尔森、詹姆斯·布坎南等人的分析基础上对公共物品的范畴予以细分，进而将自身研究聚焦于规模较小的公共池塘资源，其中涉及森林、渔业、灌溉等各类可再生资源，并聚焦于上述资源的可持续利用与共同治理的问题，以此构成自主治理思想的适用领域。不仅如此，奥斯特罗姆在制度分析过程中，对理性经济人的人性假设予以矫正，将个体理解为完全理性与有限理性的合理连接，并从新制度主义的视角理解作为博弈规则的制度。可以说，奥斯特罗姆试图发展一种与现实情况贴近的集体行动理论，提出研究的理性假设与对制度的理解，从而构成自主治理思想的预设前提。此外，奥斯特罗姆剖析了传统公共资源分析过程中的三大模型，并从中提炼出集体行动面临的机会主义的诸多问题，包括激励机制的四重缺陷和制度供给的二阶困境，构成集体行动问题的场域困境。

传统经济模型的相关分析强调，对于人类如何可持续地利用公共资源，以保证资源的长期存续而非陷入枯竭状态，唯有引入一系列国有化或私有化的产权安排才能避免悲剧发生。对此，奥斯特罗姆自主治理思想的生成过程遵循从质疑到开创的演进路径，首先质疑传统解决公共资源场域中集体行动困境的政策方案，证明政府和市场之外存在人类社会自发生成的制度安排，从而另辟蹊径式地开创出第三条路径：资源占用者可借助自主组织开展行之有效的自主治理。其后，奥斯特罗姆自主治理思想遵循从个体到系统的分析脉络，包括分析个体策略选择的内外部变量、集体行动情境自主治理的三大难题、长期存续的公共资源体系的八项原则和集体行动制度分析的三个层次,并构建出 IAD 和 SES 两大元理论层面的研究框架,这有助于从宏观层面系统梳理某一制度安排的主要变量。另外,奥斯特罗姆引入"社会资本"概念,认为作为一种蕴含于社会组织和社会网络关系中的无形资产,社会资本能够充分挖掘个体自治的主体性,从而在避免外部施加强制力的基础上产生社会效应,甚至摆脱集体行动的困境。

奥斯特罗姆的整项研究既有完善的理论支撑,也有丰富的实证案例佐证,呈现出理论分析与实证考察并重的分析特色,并因整体性的方法论和跨学科的交融而独具魅力。具体来看,奥斯特罗姆的研究力图贴近现实情境,十分注重实践观察中的案例分析与实验方法,并具有强烈的政策导向和问题意识,她倾向于设计具有可操作性和实践性的政策工具,如用 IAD 和 SES 等具有普遍性的分析框架,以开发人类制度选择与社会偏好的通用语言。在研究的过程中,考虑到特定研究的目标,她选择和采用了多种科学的研究方法,例如案例研究、田野调查、荟萃分析、理论模型和实证研究等,对水资源、森林和近海渔业资源等公共池塘资源的制度结构展开深入研究。与此同时,奥斯特罗姆聚焦于跨学科的复杂社会生态系统,并在系统性理论的基础上开展深入广泛的实证研究,集中运用制度分析和公共选择理论及其方法,开发第二代集体行动理论,并有效整合经验研究,获得与实践经验相一致的理论成果。

奥斯特罗姆的自主治理思想对于公共选择和制度分析理论与方法的拓展,以及对于公共政策和新政治经济领域的相关研究,尤其是对于公共池塘资源等公共事物的研究,作出了具有开创性的突出贡献。鉴于奥斯特罗姆的研究结论对于公共治理理论所作出的贡献,往往为学界所忽略,因此本书将对这一思想在公共治理谱系中的地位以及它对于复合民主的奠基作用予以阐述,以凸显奥斯特罗姆自主治理思想的历史价值。与此同时,对于奥斯特罗姆自主治理思想的理论贡献,本书认为奥斯特罗姆的相关成果让研究者不再坚持主张借助政府管制或外部强加的个人产权的私有化，是避免"公地悲剧"的唯一途径，因而具有重要的理论意义，这种理论意义具体体现在传统集体行动理论的变革、传统制度分析视野的拓展、理性选择制度主义的完善、多中心治理理论的奠基石等方面。奥斯特罗姆的自主治理思想打破了传统集体行动理论的窠臼、丰富了现有的制度理论，为现实情境中公共池塘资源的占用者可持续地使用资源提供了理论指导，并为公共治理的多中心模式的形成奠定了基础。本书还从自主治理思想的适用性与实操性两个层面出发探讨奥斯特罗姆自主治理思想的局限与不足，前者涉及这一思想在资源对象、组织类型与政治体制等方面适用情况的探讨，后者则涉及对它在实践运行过程中责任承担、精英人物的角色、人群范围以及过度依赖社会资本等问题的考察。

综上所述，在当今各国治道变革与学科交融的风云际会中，奥斯特罗姆的自主治理思想无疑是其中一颗夺目耀眼的明珠，她的学术思想至今仍对公共事物的制度安排提供自己的真知灼见，留给后继研究者以丰富的学术遗产，进而在一定程度上影响着社会科学乃至人类社会的发展进程。扼要观之，奥斯特罗姆这一思想致力于突破传统公共管理的"单一中心"模式，主张解决公共资源治理难题不能依赖"万能药"式的简单模型，而应构建一种涵盖多个变量的复杂框架，以适应复杂的现实情境。与此同时，奥斯特罗姆十分重视社群内部自主治理的能力，并认为公民应主动承担社区的相关责任，而非将自身仅仅视作地方政府服务的消费者，抑或与政府对立或反对权威的力量。

关键词：埃莉诺·奥斯特罗姆；自主治理；公共池塘资源；集体行动；社会资本；多中心治理

目　录

绪　论

"凡是属于最多数人的公共事物常常是最少受人照顾的事物，人们关怀着自己的所有，而忽视公共的事物；对于公共的一切，他至多只留心到其中对他个人多少有些相关的事物。"

——亚里士多德《政治学》

"我们每天所需的食物和饮料，不是出自屠户、酿酒家或烙面师的恩惠，而是出于他们自利的打算。……他追求自己的利益，往往使他能比在真正出于本意的情况下更有效地促进社会的利益。"

——亚当·斯密《国民财富的性质和原因的研究》

一　选题缘起与研究价值

（一）选题缘起

公共事物的治理难题，自古以来困扰着人类社会。早在古希腊时期，亚里士多德在批判柏拉图关于财产公有的制度构想时①，指出"凡是属于最多数人的公共事物常常是最少受人照顾的事物，人们关怀着自

---

① 哲学家柏拉图在《理想国》中假借苏格拉底之口，认为人们对同一事物表达"我的"或"非我的"等言语，实则是个人私心及贪欲的标志，而财产和家庭又是人们私心及贪欲产生的根源，因此主张在统治者和护卫者阶层中实施财产公有与子女公育制度，并加强对他们道德品质的锻造，以实现城邦内部的和谐团结。可参见：〔古希腊〕柏拉图. 理想国 [M]. 郭斌和，张竹明，译. 北京：商务印书馆，2009：179-229。

己的所有，而忽视公共的事物；对于公共的一切，他至多只留心到其中对他个人多少有些相关的事物。"① 这一论述旨在揭示处于特定情境中的公共事物，由于无法获得民众的关注，将陷入崩溃的悲剧性结局。在此之后，法国启蒙思想家卢梭在探讨人类不平等的起源与合作问题时，提出过"猎鹿博弈"（Stag Hunt Game）的寓言。卢梭假设有两位猎人共同外出猎鹿，不过在围猎的途中若碰到一只野兔窜出，其中一位猎人可能出于自私的考虑以及对另一位猎人的不信任，将放弃协作围猎并独自追逐野兔，进而导致"猎鹿"行为破产。确切地说，卢梭认为对于捕猎到野兔的猎人而言，"他的同伴们因此而没有捕到他们的猎获物这件事，他会不大在意，这是无须怀疑的"。② 这则寓言阐释了自然状态中人们对他人利益的漠不关心以及人与人之间的信任困境与背叛问题。在我国先秦典籍《孟子·告子上》中，亦曾载有"牛山之木尝美矣，以其郊于大国也，斧斤伐之，可以为美乎？……其所以放其良心者，亦犹斧斤之于木也，旦旦而伐之，可以为美乎？"③ 这段文字描述了位于齐国临淄郊外的牛山，由于长期遭受人们的任意砍伐与大肆放牧，从原先的葱郁茂盛最终沦为一片荒芜的凄凉景象。与此同时，作为先秦时期熔诸子百家学说于一炉的重要典籍——《吕氏春秋·审分览第五》在阐述"为君之道"的内涵时，亦十分推崇"审分正名"的必要性，并强调"今以众地者，公作则迟，有所匿其力也；分地则速，无所匿迟也。"④ 上述记载从土地不同归属类型的角度概述井田制与民众劳作积极性的关系，进而部分揭示出公共事物中的"搭便车"现象。可以说，上述探讨从不同角度折射出中外先贤们对于人类社会中公共事物治理困境的洞察，具有较强的启发意义。但毋庸讳言的是，对于公共事物内在

---

① 〔古希腊〕亚里士多德. 政治学 [M]. 吴寿彭，译. 北京：商务印书馆，1965：48。
② 〔法〕卢梭. 论人类不平等的起源和基础 [M]. 李常山，译. 北京：商务印书馆，1962：115。
③ 杨伯峻. 孟子译注 [M]. 北京：中华书局，2010：243。
④ 吕氏春秋 [M]. 刘生良，评注. 北京：商务印书馆，2015：481。

困境的生成机理、演化规律以及如何构建相应的治理机制等关键问题，哲人则较少从学理层面展开深入剖析，因而有待后继学者们进一步地研究探索。

与此同时，现代社会的高度复杂性及不同群体日益多元化的需求，公共事物（Commons）的治理难题越发凸显，这无疑对各国公共部门的治理能力与治理方式提出了严峻挑战，并已然成为社会科学各领域的重要议题。① 进一步分析，"公共物品"的概念在公共事物研究过程中处于至关重要的位置，它指涉这样一种物品：在增加一个人对它分享时，并不导致成本的增长（它们的消费是非竞争性的），而排除任何个人对它的分享都要花费巨大成本（它们是非排他性的）。② 可以说，相较于私益（人）物品能够借助市场机制被有效供给而言，公共物品的供给则常常要求由个体联合的团体根据一致同意的特定原则，以共同努力增进团体利益，即由诸多独立的个人行动组成，并基于一定的规则、信念和秩序，由个体行动达成集体一致性的行动。③ 正如保罗·萨缪尔森（Paul A. Samuelson）等人所阐述的那样："与来自纯粹的私有物品的效益不同，来自公共物品的效益牵涉到对一个人以上的不可分割的外部消

---

① 值得一提的是，有研究者不加区别地使用"公共事物"（Commons）与"公共事务"（Public Affairs）两个词语，其实它们的概念并不全然一致。总体来看，"公共事物"侧重于强调物品的非排他与竞争属性，并用以宽泛地指称与公共相关的一切事物（物品），即除了私益事物之外的所有公共物品；"公共事务"则侧重于事务的权利边界与公共属性，包括社会治安、道德舆论等内容，突出强调共同利益的维护与增进。本书对这两个说法都有使用，后文不再区分说明。

② 〔美〕斯蒂格利茨. 经济学（第二版）〔M〕. 梁小民，黄险峰，译. 北京：中国人民大学出版社，2000：147。

③ 广义维度上，公共物品亦被称为"集体物品"（collective goods），是指具有非排他性或非竞争性的所有物品，包括纯公共物品（pure public goods）、俱乐部物品（club goods）或称收费产品（toll goods）与公共池塘资源（common-pool resources）三大类，后两者又被合称为准公共物品（quasi-public goods）。可参见：〔美〕曼昆. 经济学原理（第3版）〔M〕. 梁小民，译. 北京：机械工业出版社，2003：188-189；〔美〕文森特·奥斯特罗姆，埃莉诺·奥斯特罗姆. 公益物品与公共选择〔M〕//〔美〕迈克尔·麦金尼斯主编. 多中心体制与地方公共经济. 毛寿龙，李梅，译. 上海：上海三联书店，2000：101。

费效果。……公共物品常常要求有集体行动，而私人物品则可以通过市场被有效地提供出来。"①　其中，所谓集体行动（Collective Action）是指"一个团体的成员为追求其共同利益，尤其是当这种共同利益能提供公益时而采取的行动。"②　这表明集体行动是由团体控制资源的功能性结果，凸显出资源的集聚效应与规模经济。综上所述，公共事物供给过程的本质是借助特定规则形成集体行动，以主动促进集体共同利益的达成。而且，上述过程中面临的核心难题正是如何破解集体行动困境（Collective Action Dilemma），即解决个体理性选择与集体非理性结果的冲突，实现高效产出及合理配置公共物品的目标。

集体行动涉及个人利益与集体利益的关系难题，其中包括个人利益与集体利益之间的冲突与矛盾、个人利益的复杂多元化特征以及集体利益的内涵存在分歧与模糊认识等内容。不仅如此，由于集体行动过程中往往需要中间代理人介入，包括公共部门或民间组织等，它们往往被赋予一定的自由裁量权或自主权。因此，随之而来的问题便是如何保证集体行动的代理人忠于集体意志并服务于集体利益，而非罔顾集体利益以牟取个人或部门私利。相较于个体的独立行动而言，集体行动一般具有如下特征：①行动目标往往不需要集体的每一个人通力合作方能达成；②所获公共物品将由集体的全部成员共享；③由于行动收益的公共性，人们较少自愿参与行动过程。因此，在某种程度上可以说，人类社会所采取的活动形式及由此而产生的各项制度，主要是为解决各项集体行动的治理问题，若个人能够自觉行动，积极追求与他人共享的利益，那么大部分政治活动则缺乏存在的必要性。由此观之，克服集体行动困境，规避"搭便车"等机会主义行为，实现持续有效的个体合作是社会科学领域普遍关注的主题。正如莱斯利·里普森（Leslie Lipson）所言：

---

① 〔美〕保罗·A. 萨缪尔森，威廉·D. 诺德豪斯. 经济学（第 12 版）〔M〕. 高鸿业，等译. 北京：中国发展出版社，1992：194。

② 〔英〕韦农·波格丹诺主编. 布莱克维尔政治制度百科全书（新修订版）〔M〕. 邓正来，等译. 北京：中国政法大学出版社，2011：121。

"我们通过与同伴的合作才能满足的不仅有食物、居所和衣物的需求，还有不断拓展的以文明进步为标志的需求。……没有联合成为群体，我们绝不会变得更有人性，也不会生存下来。协作是文明的真正的粘合剂。"①

　　回顾有关集体行动的早期研究，英国古典经济学家亚当·斯密（Adam Smith）曾给予经典论述，他认为，"我们每天所需的食物和饮料，不是出自屠户、酿酒家或烙面师的恩惠，而是出于他们自利的打算。我们不说唤起他们利他心的话，而说唤起他们利己心的话。我们不说自己有需要，而说对他们有利"。② 可以说，上述言论揭示出亚当·斯密在反对重商主义的国家干涉政策时所阐发的一个重要命题：人们受到市场机制这只"看不见的手"的驱使，认为"他追求自己的利益，往往使他能比在真正出于本意的情况下更有效地促进社会的利益"。③ 由上可知，亚当·斯密认为社会利益是由个体的自利行为促成的，其中理性的个体将按照"利益最大化"（Interest Maximization）的原则，自动采取集体行动以实现个人利益，而群体的共同利益也在这一过程中得以促成。其实在亚当·斯密之前，荷兰哲学家伯纳德·曼德维尔（Bernard Mandeville）也提出过类似观点。概言之，作为自由放任思想及自发秩序的较早论述者，曼德维尔在其名著《蜜蜂的寓言：私人的恶德，公众的利益》中曾提出思想史上的著名悖论：私人的恶德即公共利益。事实上，曼氏的研究要旨在于阐明如下状况：尽管社会中个人的本性自私，但人的冲动、自私、嫉妒的本性并不需要改变，因为这恰好是社会发展进步的动力所在。正如他所阐述的那样："（人的）各种卑劣的成

_____

① 〔美〕莱斯利·里普森.政治学的重大问题：政治学导论（第10版）[M].刘晓，等译.北京：华夏出版社，2001：26-27。
② 〔英〕亚当·斯密.国民财富的性质和原因的研究（上卷）[M]，郭大力，王亚南，译.北京：商务印书馆，2005：14。
③ 〔英〕亚当·斯密.国民财富的性质和原因的研究（下卷）[M]，郭大力，王亚南，译.北京：商务印书馆，2005：27。

分汇合在一起，却形成了一个健康的混合体，即一个秩序井然的社会。"① 综合而言，上述主张均认为个人利益与社会利益是自然通约的，若出现共同受益（Jointly Benefitted）的机会，个体追求自身利益的过程将自然促成社会利益的实现，即将共同利益视为集体行动的充要条件，从而认为集体行动或集体不行动本身亦非值得深入探讨的问题。

与上述观点迥异的是美国制度经济学家曼瑟尔·奥尔森（Mancur Olson）有关集体行动与利益集团的系列研究结论。奥尔森在《集体行动的逻辑》一书中对参与利益集团的成员具有的"免费综合征"（Free Syndrome）问题进行了分析，认为若条件允许或者不抑制"搭便车"行为，将没有人会自动促成规模较大的集团利益的实现。② 进一步而言，在供给公共物品的过程中，若集团内部成员能随意获取相应收益，致使个人失去主动劳动的意愿，成员将采取各种机会主义行为。在奥尔森看来，集体行动问题的根源在于公共物品的非排他性、高昂的组织成本以及个人利益最大化。③ 对于采取何种方法破解上述难题，奥尔森主张通过强制和选择性激励两类办法，前者是指严格执行相应法规，强制全体成员切实履行生产公共物品的职责，例如对破坏环境以及拒绝纳税之人予以惩处；后者是指为积极供给公共物品的个人给予一定的物质或精神奖励，并将"搭便车"者排除在奖励体系之外。换言之，奥尔森指出在追求集体行动的收益时，除非集团内部人数较少，或者存在强制或其他特殊手段促使人们按照他们共同利益行事，否则寻求自我利益的、有理性的个人将不会采取行动实现集团的或他们共同的利益。归纳

---

① 〔荷〕伯纳德·曼德维尔. 蜜蜂的寓言：私人的恶德，公众的利益 [M]. 肖聿，译. 北京：中国社会科学出版社，2002：2。
② 〔美〕曼瑟尔·奥尔森. 集体行动的逻辑 [M]. 陈郁，郭宇峰，等译. 上海：格致出版社，上海三联书店，上海人民出版社，2014：37-38。
③ 对此，埃莉诺·奥斯特罗姆（Elinor Ostrom）将奥尔森的集体行动理论称为"零贡献命题"（Zero Contribution Thesis）。可参见：Elinor Ostrom. Collective Action and the Evolution of Social Norms [J]. *The Journal of Economic Perspectives*, Vol. 14, No. 3 (Summer2000). p. 137。

而言，奥尔森的开拓性贡献在于，他将集体行动问题视作一个值得研究的领域，并集中探讨了"集体不行动"的内在机理，而留待后继学者解释的重点则转换成对于集体行动何以可能的探究。

1968 年，美国学者加勒特·哈丁（Garrett Hardin）在《科学》期刊上发表了引人深思的《公地的悲剧》一文，此后"公地悲剧"便成为描述环境退化的一个重要术语。与此同时，"如何对共有的自然资源进行可持续治理"则成为学界关注的热点议题。① 总之，以上两个理论领域集中表明：个人的理性行为将导致集体的非理性结果。从奥尔森的集体行动理论问世以来，来自社会科学领域的诸多学者针对集体行动问题展开了系列研究，其中大部分学者得出结论认为，除非借助政府强权的干预，抑或进行彻底的私有化改革，否则集体行动中的人们几乎难以摆脱悲剧性结局，进而促发公共物品供给短缺的问题。有鉴于以上两类解决方案存在其自身无法弥补的缺陷与不足，世界级政治经济学家、荣膺 2009 年诺贝尔经济学奖的美国印第安纳大学政治学系教授埃莉诺·奥斯特罗姆（下文简称为奥斯特罗姆或奥氏）② 针对各国公共事物的治理问题开展了近五十载的研究，并在早先的一篇文章中提出："我不同意如下的看法，即中央政府管理或私人产权是'避免公用地灾难的唯一途径'。将体制规定限定在'市场'或'国家'上，意味着社会科学'药箱'只包含两种药。"③

① "公地悲剧"实则描述的是"开放进入的悲剧"（Tragedy of Open Access），即在缺乏规则约束的条件下资源过度使用的情境。可参见：Garrett Hardin. The Tragedy of the Commons [J]. Science, Vol. 162, No. 3859（1968）. pp. 1243-1248。
② 为使行文更为简洁，并参考国内学者的通行做法，本书倾向于将美国印第安纳大学政治学系阿瑟·本特利讲座教授、政治理论和政策分析研究所前所长 Elinor Ostrom 教授统称为"奥斯特罗姆"，不过若严格地说，应称其为奥斯特罗姆夫人。另外，由于国内翻译的区别，本研究中的"奥氏""埃莉（里）诺""奥斯特洛姆""埃利（丽）诺·奥斯特罗姆""艾琳诺尔·奥斯特罗姆"亦特指埃莉诺·奥斯特罗姆，而"奥斯特罗姆夫妇"则指文森特·奥斯特罗姆与埃莉诺·奥斯特罗姆夫妇两人。
③〔美〕埃莉诺·奥斯特罗姆. 制度安排和公用地两难处境 [M] //〔美〕V. 奥斯特罗姆，D. 菲尼，H. 皮希特编. 制度分析与发展的反思——问题与抉择. 王诚，等译. 北京：商务印书馆，1992：89。

（二）研究价值

公共事物治理（Governing the Commons①）作为一项历久弥新的研究课题，奥斯特罗姆在这一领域砥砺耕耘了逾半个世纪之久，并获得了令人瞩目的卓越成就。概言之，她的诸多学术成果在政治学、公共管理学、经济学和公共政策等若干领域均产生较大影响，为后继研究者留下了弥足珍贵的思想遗产，同时为公共资源的治理实践提供了独特的理论参考。鉴于当前国内相关研究存在的若干局限，本书认为系统、深入地探究奥斯特罗姆的自主治理思想是一项十分必要且富有意义的学术工作，具有一定的理论价值与实践意义。

1. 理论价值

其一，有助于准确把握奥斯特罗姆自主治理思想的主旨要义，证明政府和市场之外存在人类社会自发生成的制度安排，突破传统"政府与市场"二元式的治理方式与思维模型。长期以来，理论界普遍受到庇古和科斯学说的影响，认为唯有政府集权抑或实行彻底私有化，才能克服人们在集体行动中的机会主义倾向。对此，奥斯特罗姆主张"利维坦和私有化，都不是解决公共池塘资源问题的灵丹妙药"②，其后她扬弃了

---

① 对于术语"Commons"的翻译，国内学界存在诸多译法，较常见的有"公（共）有物""公共（用）资源""公（共）用地"等。其中，毛寿龙团队在组织翻译"制度分析与公共政策译丛"时，针对奥斯特罗姆的专著 Governing the Commons: The Evolution of Institutions for Collective Action，将其中"Commons"译为"公共事物"，以强调这一概念并不局限于加勒特·哈丁的作品 The Tragedy of the Commons 中"Commons"的范畴（事实上，哈丁笔下的"Commons"尽管主要指涉"公共牧地"，但也并非只限于草场牧地，而是包括具有普遍性的人口爆炸式增长等问题，可以说哈丁所谓的"Commons"赋予了更多的象征意义），从而突出这一概念的宽泛性，即指称除私人物品之外的，与公共相关的全部事物，包括公益物品、收费物品（俱乐部资源）、公共池塘资源等。可参见：〔美〕埃莉诺·奥斯特罗姆. 公共事物的治理之道——集体行动制度的演进 [M]. 余逊达，陈旭东，译. 上海：上海三联书店，2000：中文版译序30；张佩国."共有地"的制度发明 [J]. 社会学研究，2012（5）：204-223。

② 〔美〕埃莉诺·奥斯特罗姆. 公共事物的治理之道——集体行动制度的演进 [M]. 余逊达，陈旭东，译. 上海：上海三联书店，2000：3。

政府干预与产权私有化的传统二分法并另辟蹊径，提出公共池塘资源自主治理的"第三条道路"，这在国际学界产生较大反响。在此过程中，奥氏以人类社会自治的可能性和个体自主治理的能力为基础，重新对美国及世界其他国家或地区的政治社会所蕴含的自组织秩序进行探索，从而为相关实践提供理论指导。由于各国内部地方社群有效治理当地资源的能力往往被政策分析家低估甚至忽视，由此可以说，奥斯特罗姆的自主治理思想颇具理论革新色彩。换言之，此前研究者普遍认为促成集体行动通常需付出高昂成本且效果不佳，群体内部的个体并不会自愿行动以达成共同利益。而奥氏的研究结论挑战了霍布斯式的利维坦论断，后者认为唯有创造凌驾于臣民之上的君主，对所有不服从的臣民施以制裁，才是建立秩序的唯一可行方法。① 源于此，奥斯特罗姆在公共事物治理与集体行动方面的理论研究，对政治学、公共管理学以及制度分析与公共经济等多个学科领域产生了重要影响，为研究者理解和探索公共治理过程中的制度选择与行动逻辑提供了理论基础。② 正如弗兰德·塔尔科（Vlad Tarko）所言："作为制度主义和公共选择的布卢明顿学派的一部分，奥斯特罗姆的工作可以看作带着政治学家的心智推动基础经济理论的发展。"③

　　其二，有助于洞察奥斯特罗姆研究对象——小规模的公共池塘资源的诸多特性，准确把握奥斯特罗姆对于传统集体行动理论的系列反思及超越。可以说，奥斯特罗姆在较大程度上拓宽了集体行动问题的研究领域，将应用对象延伸至公共池塘资源，从而继承并深化了理性选择理论的相关结论。前已述及，集体行动的困境问题古已有之，但在当代社会

---

① Elinor Ostrom, Jammes Walker, Roy Gardner. Covenants With and Without a Sword: Self-Governance is Possible[J] .*American Political Science Association*, Vol. 86, No. 2(June1992) .p. 414.

② Roberta Herzberg, Barbara Allen. Elinor Ostrom (1933 – 2012) [J] . *Public Choice*, Vol. 153, No. 3–4(December2012) . p. 263.

③ 〔美〕弗兰德·塔尔科．埃莉诺·奥斯特罗姆的生活和工作［M］//〔美〕埃莉诺·奥斯特罗姆，克里斯蒂娜·张，马克·彭宁顿，等．公共资源的未来：超越市场失灵与政府管制．郭冠清，译．北京：中国人民大学出版社，2015：20。

尤为突出。奥斯特罗姆在一系列实证研究的基础上，发展出公共池塘资源自主治理思想，认为个体在一定条件下能够自发组织起来，从而为公共资源的治理领域提供了克服集体行动困境的可行路径。很多分析家都认为，参与共同提取公共池塘资源的人们面临着普遍的悲剧性情境，即个体理性导致集体的非理性。而作为客观存在的社会现象，集体行动的困境是个体理性行为非合作博弈的结果。对此，奥斯特罗姆认为它们只能在高贴现率、缺乏信任和沟通能力的情境中发生，但现实世界中并非总是如此。不仅如此，在承认个人理性与集体理性的冲突之上，奥斯特罗姆认为设计完善的制度能够协调好二者之间的矛盾，抑制个人的效益最大化倾向，继而推动了传统集体行动理论的发展。从产权体制而言，奥氏自主治理思想兼有公私制度的特征，给予研究者思考治理公地问题一种新的理论和视野的替代解决方案。可以说，奥斯特罗姆一生的学术思想致力于寻求政府与市场之外的解决途径，即基于自主治理的多中心秩序，将研究触角延伸至一般意义上无关政治的领域，例如公共池塘资源、公共经济等，拓宽了传统政治学的研究领域与边界，在此基础上渐进地提出了自主治理的集体行动理论。

2. 实践意义

奥斯特罗姆的理论博大精深，她的自主治理思想为提高资源利用及配置效率，克服许多社会公共问题提供了助益，并已被诸多自主组织的治理实践证实，因而对包括政治学、经济学、公共行政学、环境科学在内的诸多学科发展和许多国家的治理实践均产生了深远影响。

其一，对于大多数政治学家而言，他们往往将资源管理问题置于其研究兴趣的边缘地带，并未对资源管理、环境治理等领域的议题投入过多精力。而在"可持续发展"成为当代社会流行口号之前，奥斯特罗姆就已致力于探讨公共资源治理如何持续的问题，并首次以实证研究的方式阐明了资源占用者通过自主治理及自我监督持续利用资源，对于政策分析人员及政策制定者均具有诸多启示价值。可以说，奥斯特罗姆有关自主治理的研究，并非仅仅围绕相关理论进行抽象阐述与探讨，而是从社会生活的实际案例出发，通过对各个国家内部公共资源治理实践的比较分析。引申而言，奥斯特罗姆的研究着眼于制度和制度效用，并以制度分析为核心工具，分析制度如何增进或阻碍个体之间的合作。不仅如此，奥斯特罗姆的研究主要围绕社会困境问题①，旨在理解处于"搭便车"和违背承诺的诱惑等机会主义情形中的个体，如何为集体利益而展开自主组织和自主治理活动。与此同时，对于规则、制度与社会秩序的演化问题，奥斯特罗姆的研究提供了一种独特视角，这对于理解一个各国实践中正在形成的多中心秩序无疑独具优势。因为，作为公共领域实现共同目标的实践哲学，公民之间自发性的合作无疑是多中心秩序的重要一环。

其二，就奥斯特罗姆研究方法的实践价值而言，其融入了社会科学领域中多个学科的研究方法，并为跨学科综合研究做出了有益尝试。奥斯特罗姆运用不同方法促进与公共资源与集体行为有关的各种理论的发展，同时证明了涉及不同传统的多元方法交融互补的重要性，并对荟萃分析、案例研究、实验模型等研究方法的优缺点予以考察，从而为后继研究者在自然资源管理领域提供了多学科的解决方案。具体而言，奥斯特罗姆有效整合了理论分析与实证研究两项工作，并从制度理论及公共选择角度，对水资源、森林和近海渔业资源等公共池塘资源的制度结构展开深入研究。奥氏熟练地应用公共选择、博弈论、社会选择、公共经济和制度分析等知识，阐述人们面临的公共事物及其治理问题，为后续研究者提供了多学科交叉研究的范式，使之能对社会和经济问题进行分析，与传统经济学研究方法比较，更能对人类的复杂行为进行描述和解释。因此，国内有学者将奥斯特罗姆称为"跨学科的耕耘者"，并认为奥氏在探寻资源治理过程中的跨学科贡献对社会科学的理论及方法均产

---

① 一般而言，学界将"公地悲剧问题""搭便车问题""偷懒问题""集体选择问题"等统称为社会困境问题。

生了深远影响。① 与此同时，奥氏开发的制度分析与发展以及社会生态系统分析方法，由于其在方法论层面的重要意义以及潜在的应用价值，逐渐吸引了众多学者的关注，并致力于运用上述框架分析更大范围的政策问题。

综上所述，本书力图对奥斯特罗姆自主治理思想进行纲要式研究，尝试系统、完整地呈现奥氏思想的结构要素及其发展历程，以积累有助于对这一思想展开分析的有用知识。进一步来看，本书主要依循奥斯特罗姆逾五十载的学术生涯中有关公共池塘资源自主治理的探索历程，从奥氏思想的生成背景、应用场域、构建进路、分析特色、价值审视等维度切入，旨在探明奥氏自主治理思想的衍生脉络、逻辑结构与理论贡献等核心内容，以积累个体之间自主合作与治理机制的相关理论知识，并对现实生活具有丰富的实践意义与广泛的应用价值。就此而言，对奥斯特罗姆的公共池塘资源自主治理思想进行研究具有不言而喻的重要性，其能够探析个体与制度之间的复杂关系，并且能够深化对集体行动理论和个体合作博弈结构的理解，对提高资源利用率、缓解生态环境压力等方面也具有较强的实践指导价值。

二　文献梳理与研究综述

概言之，自主治理思想是埃莉诺·奥斯特罗姆针对"一群相互依赖的委托人如何才能把自己组织起来，进行自主治理，从而能够在所有人都面对'搭便车'、规避责任或其他机会主义行为诱惑的情况下，取得持久的共同收益。"② 这一世界性难题的提出，受到社会科学领域的共同关注、验证乃至引起争论。确切地说，国际学界有关奥斯特罗姆自主

---

① 张克中．公共治理之道：埃莉诺·奥斯特罗姆理论述评 [J]．政治学研究，2009（6）：83-93。

② 〔美〕埃莉诺·奥斯特罗姆．公共事物的治理之道——集体行动制度的演进 [M]．余逊达，陈旭东，译．上海：上海三联书店，2000：51。

治理思想的研究大多沿着理论阐释和实践应用两条路径不断延展，前者倾向于从奥氏思想的理论来源、发展演变、内在结构及价值贡献等方面展开剖析，对这一思想（理论）予以细致考察与全面把握；后者则注重以具体问题为导向，尝试将奥氏的自主治理思想视作分析框架和工具，进而有针对性地提出对某一公共治理问题的应对措施。[①] 因此，本书尝试在梳理奥斯特罗姆相关研究成果之基础上，拟对上述二分路径的具体情况予以综述，概括出各自的特点与诠释逻辑，并发现其中的薄弱环节与不足之处，力图为深化该项研究奠定基础。

（一）国外相关研究的考察

1. 理论阐释层面

具体而言，国外学界侧重于对奥斯特罗姆研究的跨学科（或跨领域）分析特征、概念性框架的运用、自主组织长期存续原则的实效性、实证的研究方法等方面展开理论阐释，从中挖掘出奥氏研究及其思想的理论价值。不仅如此，国外学界还在理论阐释过程中拓展与补充奥斯特罗姆有关自主治理的研究，并对奥氏研究中的不足深入反思，从而进一步推动该项研究向纵深发展。

首先，国外学界较早对奥斯特罗姆的研究进行综述，关注奥斯特罗姆研究的跨学科（或跨领域）分析特征，并从中挖掘出奥氏研究及其思想的理论价值。由国际政治学会成员罗伯特·古丁（Robert E. Goodin）、汉斯-迪特尔·克林格曼（Hans-Dieter Klingemann）主编的《政治科学新手册》（*A New Handbook of Political Science*），概述了 1975 年以来西方（以美国为主）政治学领域各子学科的总体发展境况，并

---

① 需明确的是，国内外学者关于奥斯特罗姆思想的系列研究，并非严格依循"理论阐释"与"实践应用"的二分路径，而实际上呈现的是彼此交叉、互为补充的一体关系，本书为了叙述便利对其做权宜式划分。

将奥斯特罗姆的研究划归为理性选择理论（Rational Choice Theory）流派。[①] 值得提及的是，该书各章节的参考文献共收录了由 1630 名专业学者撰写的 3403 本政治学及相关领域的著作，其中作为唯一被政治学各子领域均有引用的作者，奥斯特罗姆撰写的《公共事物的治理之道》总被引量位列第三，因此，可以说奥斯特罗姆是名副其实的"专业整合者"。[②] 与之呼应的是，由美国公共政策学者保罗·A. 萨巴蒂尔（Paul A. Sabatier）主编的《政策过程理论》，曾对奥斯特罗姆的制度分析与发展（IAD）框架给予了细致评介，探讨了这一概念性框架（Conceptual Framework）的构建意图、所面临的困难及其相应的框架模型与应用范围，也对上述框架的优缺点予以分析，进而对于这一框架给予较高的评价。[③] 其后，萨巴蒂尔将奥斯特罗姆的研究方法定义为"制度理性选择"（Institutional Rational Choice），并认为其将"有益理性的"参与者和认识到个体受决策环境的影响较大这两大因素相联合。[④] 与之类似，政治学家罗伯特·D. 帕特南（Robert D. Putnam）在研究过程中，观察到奥斯特罗姆在对牧场、供水设施等公共资源进行阐释时，已然认识到社会资本对于现存问题的重要作用，这对于帕特南自身有关公民参与网络的研究具有启发意义。[⑤] 弗兰德·塔尔科（Vlad Tarko）在其新作中概述了奥斯特罗姆的主要贡献，并将奥氏的研究分为五个部分，分别标

---

① 〔美〕罗伯特·古丁，汉斯-迪特尔·克林格曼主编. 政治科学新手册（上卷）[M]. 钟开斌，王洛忠，等译. 北京：生活·读书·新知三联书店，2006：32。
② 〔美〕罗伯特·古丁，汉斯-迪特尔·克林格曼主编. 政治科学新手册（上卷）[M]. 钟开斌，王洛忠，等译. 北京：生活·读书·新知三联书店，2006：30-39。
③ 〔美〕保罗·A. 萨巴蒂尔主编. 政策过程理论 [M]. 彭宗超，钟开斌，等译. 北京：生活·读书·新知三联书店，2004：3-20，335-374。
④ 〔美〕保罗·A. 萨巴蒂尔主编. 政策过程理论 [M]. 彭宗超，钟开斌，等译. 北京：生活·读书·新知三联书店，2004：12. 另可参见〔美〕埃莉诺·奥斯特罗姆，拉里·施罗德，苏珊·温. 制度激励与可持续发展：基础设施政策透视 [M]. 陈幽泓，谢明，等译. 上海：上海三联书店，2000：英文版序言 1-4。
⑤ 〔美〕罗伯特·D. 帕特南. 繁荣的社群——社会资本和公共生活 [J]. 杨蓉，编译. 马克思主义与现实，1999（3）：63。

志着她学术追求的关键阶段。^①

　　不仅如此，约翰·阿尔福德（John Alford）回顾了奥斯特罗姆有关
"合作生产"（Co-production）的开创性提法，认为这一概念尽管是基础
性的，但已然揭示了其研究潜力。^② 里克·威尔逊（Rick K. Wilson）等
人侧重概述了奥斯特罗姆对"公地悲剧"传统解决方案的挑战，并梳
理了奥氏自主治理思想的发展轨迹及其生成过程，并认为奥斯特罗姆的
思想是一笔无与伦比的财富。^③ 其后，詹姆斯·考克斯（James C. Cox）
回顾了奥斯特罗姆的学术生涯，涉及研究重心、分析方法等内容，认为
奥氏研究方法的核心是包括实验研究和应用计量经济学在内的实证方
法。^④ 保罗·埃里加卡（Paul D. Aligica）认为奥斯特罗姆的研究在对
CPRs 做出突出贡献的同时，也推进了制度理论的向前发展。^⑤ 德里
克·沃尔（Derek Wall）认为奥斯特罗姆有关公共财产权的研究对于当
今时代的可持续性问题——从应对气候变化到维护网络空间——均产生
了深远影响，并将奥氏观点置于广泛的制度经济学的宪法分析背景下进
行分析，认为奥氏的学术成果提供了一种思考人类如何创造真正可持续
发展的方法。^⑥ 其后，沃尔进一步研究认为奥氏的公共事物治理理论为
非资本主义（Non-capitalism）的经济选择开辟了道路，其工作核心是

① Vlad Tarko. *Elinor Ostrom: An intellectual biography* [M] . London: Rawman and Littlefield, 2017.
② John Alfrod. The Multiple Facets of Co-Production: Building on the Work of Elinor Ostrom[J] . *Public Management Review*, Vol. 16, No. 3(April2014) . pp. 299–316.
③ Rick K. Wilson, Catherine C. Eckel, Elinor Ostrom, A Magnificent and Irreplaceable Treasure [J] .*Southern Economic Journal*, Vol. 79, No. 3(January2013) . pp. 486–495.
④ James C. Cox. In Honor of Elinor Ostrom [J] . *Southern Economic Journal*, Vol. 79, No. 3 (January2013) . pp. 481–483.
⑤ Paul D. Aligica. *Institutional Diversity and Political Economy: the Ostroms and Beyond*[M] . Madison Avenue, New York: Oxford University Press, 2014.
⑥ Derek Wall. *The Sustainable Economics of Elinor Ostrom: Commons, Contestation and Craft* [M] .New York: Routledge, 2014.

"超越万能药",并为超越市场和国家的经济提供指导。[①] 埃里克·弗鲁博顿(Eirik G. Furubotn)等人通过对 CPRs 制度治理的相关研究予以梳理,总结了奥斯特罗姆有关大量长期存在的、自我组织以及自我管理的 CPRs 进行制度经济学分析的发现,即私产与公产能够共存。[②] 综上所述,较多国外学者是从理论层面对奥斯特罗姆的理论成果予以肯定,其中具有代表性的是同样获得诺贝尔经济学奖的肯尼斯·阿罗(Kenneth J. Arrow),他不无精辟地指出:"实际上,(我们认为)埃莉诺·奥斯特罗姆就是研究公共经济学的首创者之一。……奥斯特罗姆的创新之处是把整个体制看成由互动的公共机构构成的体制,而不是由一个人控制的单一的体制。……奥斯特罗姆教授的贡献在于综合了政治学和经济学的同时超越了政治学和经济学。(她)针对市场失败的政治解决方案远远多于简单的新霍布斯福利经济学的观念。"[③]

其次,国外学界针对奥斯特罗姆提炼的自主组织长期存续原则的实效性展开考察及验证,继而拓展了奥氏研究的结论。在这一过程中,国外学者一般认为如果运用奥斯特罗姆提出的制度设计原则,来解释不同环境背景下的个体行为则显得过于抽象和笼统。基于此,塞尔吉奥·卡斯蒂略(Sergio Colin-Castillo)和理查德·伍德沃德(Richard T. Woodward)将奥斯特罗姆总结的自主治理成功之八项原则,运用至对渔业资源管理的实证研究中,并从公共资源占用者的维度对其中六项原则进行重要性排序,认为规制的有效性对于实施自主治理较为重要,而对群体的规模程度则

① Derek Wall. *Elinor Ostrom's Rules for Radicals: Cooperative Alternatives beyond Markets and States*[M].London: Pluto Press, 2017.

② 〔美〕埃里克·弗鲁博顿,〔德〕鲁道夫·芮切特. 新制度经济学:一个交易费用分析范式 [M]. 姜建强,等译. 上海:上海人民出版社,2006:129-136。

③ 肯尼斯·阿罗(Kenneth J. Arrow)为 1972 年诺贝尔经济学奖得主,此评价转引自:〔美〕埃莉诺·奥斯特罗姆. 公共事物的治理之道——集体行动制度的演进 [M]. 余逊达,陈旭东,译. 上海:上海三联书店,2000:中文版序言 2426. 另可参见 Kenneth J. Arrow, Robert O. Keohane, Simmon A. Levin. Elinor Ostrom: An Uncommon Woman for the Commons[J].*Proceeding of The National Academy of Sciences of The United States of America*, Vol. 109, No. 33(August2012). pp. 13135-13136.

影响较小。① 与此同时，研究者倾向于从研究案例中归纳出全部的影响因素，导致资源治理问题变得过于复杂。对此，阿伦·阿格拉沃尔（Arun Agrawal）指出如果外部条件发生变化，奥斯特罗姆总结的若干原则将不再适用，亦认为其缺乏一种方法衡量不同的变量是否具有相同的影响权重，而且不同变量之间的相互关系也不甚清楚。② 与之相似，他们还试图区分资源占用者边界和资源本身边界的差异，将适应当地环境状况分为社会和生态两个部分并强调占有规则与供给规则相契合，将监督细分为对资源状况的监督和对占用者行动的监督。

再次，拓展与补足奥斯特罗姆有关公共资源自主治理的研究，以剖析公共资源自主治理的运行机制、框架结构与制度逻辑。在公共资源治理的早期研究中，鉴于各地自主治理的情况差异较大，研究者往往采取案例分析的方法，并试图对前人的研究成果予以拓展。例如，阿伦·阿格拉沃尔（Arun Agrawal）对奥斯特罗姆开发的 IAD 框架应用于实际情境之中，此后在奥斯特罗姆、罗伯特·韦德（Robert Wade）、吉恩·佰兰德（Jean M. Baland）等人的研究基础上，他将可持续的自主管理体系扩充为 33 个关键影响因素，并将它们纳入资源系统特征、使用者群组特征、资源管理的制度安排和外部环境四个变量群之中，从而实现了对自主治理运行原则的深化研究。③ 同样地，梅森－迪克（Meinzen-Dick）借助对灌溉系统的研究，揭示了农民参与灌溉管理的重要变量，

---

① Sergio Colin-Castillo, Richard T. Woodward. Measuring the Potential for Self-governance: an Approach for the Community-based Management of the Common-pool Resources[J]. *International Journal of the Commons*, Vol. 9, No. 1(2015). pp. 281–305.

② Arun Agrawal. Common Property Institutions and Sustainable Governance of Resources[J]. *World Development*, Vol. 29, No. 10(October2001). pp. 1649–1672.

③ Arun Agrawal. *Greener Pastures: Policics, Markers, and Community among A Migrant Pastoral People*[M]. Durham: Duke University Press, 1999; Arun Agrawal. Common Property Institutions and Sustainable Governance of Resources [J]. *World Development*, Vol. 29, No. 10 (October2001). pp. 1649–1672; Arun Agrawal. Sustainable Governance of Common-pool Resources: Context, Methods, and Politics [J]. *Annual Review of Anthropology*, Vol. 32 (2003). pp. 243–262.

包括水资源稀缺性、用户协会的规模、用户的社会经济异质性、领导力、社会资本、与市场的距离及政府政策。① 此外，也有学者对奥氏的相关工作做出相应补充。其中，爱德华多·阿勒尔（Eduardo Araral）等人基于 IAD 框架，主张运用 IAD 框架将制度理论与政策过程有机结合，据此开发出 IAD 2.0 版本的政策过程理论。② 洛佩兹（Maria Claudia Lopez）等人认为奥斯特罗姆的工作对于森林管理与保护具有重要意义，并弥合了社会科学与自然科学以及治理系统的复杂性。③ 在此之后，作为奥斯特罗姆的亲传弟子，阿恩（T. K. Ahn）等人对奥斯特罗姆有关社会困境的实验研究予以概述，并对其贡献进行总结，认为奥斯特罗姆的研究纠正了博弈论模型中有关人类动机的理解偏差，并发现了经验观察与理论发展之间的关键联系，继而清楚地指出规则配置（Rule Configuration）的重要性。④ 值得一提的是，美国历史学家孟泽思（Nicholas K. Menzies）对有关中国清代森林管理体制进行考察，将"森林管理体系趋向稳定的条件是什么"作为核心问题，并将其进一步表述为两个关联的问题，即"个人、集体和国家在什么情况下认识到林地的资源属性，并需要某种管理形式来维护它的有用性""使用者如何加强该资源的边界管理，以保证它与管理体制相适应"⑤，从而研究了林地毁坏与保护、维护与管理之间各种力量的平衡。可以说，孟泽思的该项研究，是与奥斯特罗姆关于公共池塘资源研究的对话及补充，即论证了

① Ruth S. Meinzen-Dick, Lynn R. Brown, Hilary Sims Feldstein. Gender, Property Rights, and Natural Resources[J]. *World Development*, Vol. 25, No. 8(August1997). pp. 1303–1315.

② Eduardo Araral, Mulya Amri. Institutions and the Policy Process 2. 0: Implications of the IAD Framework[M]//B. Guy Peters, Philippe Zittoun. Contemporary Approaches to Public Policy: Theories, Controversies and Perspectives. London: Palgrave Macmillan, 2016: 73–93.

③ Maria Claudia Lopez, Emilio F. Moran. The Legacy of Elinor Ostrom and Its Relevance to Issues of Forest Conservation [J]. *Current Opinion in Environmental Sustainability*, Vol. 19 (April2016). pp. 47–56.

④ T. K. Ahn, Rick K. Wilson. Elinor Ostrom's Contributions to the Experimental Study of Social Dilemmas[J]. *Public Choice*, Vol. 143, No. 3–4(June2010). pp. 327–333.

⑤ 〔美〕孟泽思. 清代森林与土地管理 [M]. 赵珍，译. 北京：中国人民大学出版社，2009：47。

在 19 世纪的中国森林管理体系中部分森林（例如，村落宗族的森林管理制度）被维护的现象及其深层原因。

最后，反思奥斯特罗姆研究中的不足，推进该项研究向纵深发展。国外学者在阐述与评介奥氏思想的同时，亦对奥斯特罗姆的理论工作予以反思，并提出了诸多可贵的批判意见。其中，马克·彭宁顿（Mark Pennington）将自主治理理论视作政治经济学领域的重要部分，并认为政府规制、市场治理与自主治理本身并无优劣之分，关键是何种治理方式更适宜具体情境，而其中自主治理是一种针对中小规模公共资源的"自下而上"的治理方式。[①] 与此同时，彭宁顿认为奥斯特罗姆的研究缺陷在于未能论述清楚，若缺乏自主治理实施条件，"自下而上"的权力安排将如何克服公共资源的困境。换言之，尽管奥氏提供了一个分析框架来解释自下而上的治理安排成功之道，却未对何时倾向于自上而下的制度安排给予说明。不仅如此，马克·比洛多（Marc Bilodeau）等人认为在公共资源治理的诸多因素中，来自经济层面的激励因素并非唯一目标，公平感或道德因素亦能成为参与者追求的目标。[②] 富兰克林·奥杜姆（Franklin Obeng-Odoom）认为奥斯特罗姆有关自主治理的思想中，正义观念的缺乏和权利观念的极为有限，表现为"公地"（the Commons）的概念往往与共同权利并非平等的权利相关，因而呈现出社会分离主义的倾向。与此同时，奥杜姆认为奥斯特罗姆尽管使用历史案例，但未对公有财产在历史上的演变以及如何被外部力量破坏的进程予以分析。[③] 而郑永信（Jeong YeongSin）认为奥斯特罗姆的 CPRs 治理研究为制度分析提供了清晰框架，但忽视了人类的生活方式以及促进公地

① Mark Pennington. Elinor Ostrom and the Robust Political Economy of Common-pool Resources [J] .*Journal of Institutional Econmics*, Vol. 9, No. 4(December2013). pp. 449-468.

② Marc Bilodeau, Nicolas Gravel. Voluntary Provision of a Public Good and Individual Morality [J] .*Journal of Public Economics*, Vol. 88, No. 3-4(March2004). pp. 645-666.

③ Franklin Obeng-Odoom. The Meaning, Prospects, and Future of the Commons: Revisiting the Legacies of Elinor Ostromand Henry George[J] .*American Journal of Economics and Sociology*, Vol. 75, No. 2(2016). pp. 372-414.

私有化的政治与经济变革，同时未能观察到人们反对私有化和公有化的相关实践，进而主张应将 CPRs 与公共资源的概念进行区分。①

2. 实践应用层面

国外诸多学者在各自的实证研究过程中，均基于奥斯特罗姆自主治理思想的基本路径及其模型框架，展开了实证拓展性研究。通过文献梳理，可发现国外学者主要将奥氏的研究结论运用于自然资源配置和生态环境保护等领域，且十分注重在实际案例中检验奥氏研究的时效性。

其一，将奥斯特罗姆的研究成果拓展至其他领域，以进一步论证奥氏思想的科学性与适用性。其中，林加·劳德拉（Ringa Raudla）指出奥斯特罗姆的工作能为财政公共资源（Fiscal Commons）提供独特见解，并认为奥氏有关自然资源及其制度研究对于预算编制的制度分析具有借鉴意义。② 卡林·拉克斯（Karine Lacroix）等人运用奥斯特罗姆开发的CPRs 长期存续的设计原则，对加拿大的不列颠哥伦比亚省碳税改革的长期潜力进行评估，发现这一设计原则能够有效应用于环境政策和较大规模的大气污染问题。③ 此后，马雷克·哈顿（Marek Hudon）等人将上述设计原则运用于巴西社区发展银行（CDBs）的小额信贷系统，发现若由社区自主经营私人商品时，因为基层动态产生的自治和创建集体选择情境，促使这一商品混合了私人商品和普通商品的特点，从而有助于加强非营利小额信贷服务的包容性。④ 与之类似，博尔迪尔扎·迈杰希（Boldizsár Megyesi）等人对集体声誉与公共牧场的相似性进行探讨，

---

① Jeong YeongSin. Beyond the Theory of Resource Management of Elinor Ostrom: Toward the Political Ecological Approach to the Commons[J]. *ECO*, Vol. 20, No. 1(2016). pp. 399-442.

② Ringa Raudla. Governing Budgetary Commons: What Can We Learn from Elinor Ostrom[J]. *European Journal of Law and Economics*, Vol. 30, No. 3(December2010). pp. 201-221.

③ Karine Lacroix, Garrett Richards. An Alternative Policy Cvaluation of the British Columbia Carbon Tax: Broadening the Application of Elinor Ostrom's Design Principles for Managing Common-pool Resources[J]. *Ecology and Society*, Vol. 20, No. 2(2015). pp. 1-10.

④ Marek Hudon, Camille Meyer. A Case Study of Microfinance and Community Development Banks in Brazil: Private or Common Goods[J]. *Non-profit and Voluntary Sector Quarterly*, Vol. 45, No. 4(August2016). pp. 116-133.

认为前者具有公共池塘资源的结构，并在案例研究基础上证实了奥斯特罗姆有关自主治理的设计原则也同样适用于集体声誉的治理。[①] 对此，斯蒂芬·格尔希其（Stefan Gelcich）等人在研究中发现，政府为管理海洋生态系统，实施了一个基于共同管理的"蓝图"，结果却削弱了社区的信任，亦加剧了地方间的冲突。[②] 奥斯特罗姆的研究后期，思索如何开发一个更普遍的基于人类行为的选择理论：社会—生态系统（SES），以实现资源可持续性利用的核心框架。对此，托马斯·鲍文斯（Thomas Bauwens）等人运用奥斯特罗姆的 SES 框架，对丹麦、德国、比利时和英国风力发电合作社可能促进公民和社区参与的相关因素进行分析，并得出结论认为公民参与能源生产，一方面使得发电合作社之间出现一些协调的组织行动，另一方面使合作社能够在其关键环节中生存。[③]

其二，延续奥斯特罗姆的相关研究，并将奥氏相关研究的方法与思想运用至各国公共池塘资源的具体案例之中，系统探讨自主治理的地方模式与方法。其中，弗朗哥·菲尔热（Franco Furger）对公海渔业产业进行实证分析，阐明资源占用者的集体责任感将对集体行动的成败构成重要影响。[④] 桑杰·库马尔（Sanjay Kumar）针对印度境内两处林地进行比较研究，认为实施自主治理的管理方式较大程度上可以遏制森林退化，不过林地的自主治理在不同人群的利益分配缺乏公平性保障，其更

---

① Boldizsár Megyesi, Károly Mike. Organising Collective Reputation: an Ostromian Perspective [J]. *International Journal of the Commons*, Vol. 10, No. 2(2016). pp. 1082–1099.

② Stefan Gelcich, Gareth Edwards-Jones, Michel J. Kaiser. Co-management Policy Can Reduce Resilience in Traditionally Managed Marine Ecosystems [J]. *Ecosystems*, Vol. 9, No. 6 (September2006). pp. 951–966.

③ Thomas Bauwens, Boris Gotchev, Lars Holstenkamp. What Drives the Development of Community Energy in Europe? The Case of Wind Power Cooperatives[J]. *Energy Research and Social Science*, Vol. 13(March2016). pp. 136–147.

④ Franco Furger. Accountability and Systems of Self-Governance: The Case of the Maritime Industry[J]. *Law and Policy*, Vol. 19, No. 4(October1997). pp. 445–476.

偏向于部分特定利益群体而不利于穷人。[①] 阿伦·阿格拉沃尔也得到类似的发现，他针对位于喜马拉雅库毛恩（Kumaon）地区的案例展开研究，发现政府对森林治理的放权及当地社区自我治理的产生，增强了本地居民对森林资源的保护意愿并对自身行为做出相应调整。[②] 尼古拉斯·古铁雷斯（Nicolás L. Gutiérrez）等人应用 SES 框架对 44 个国家内部的 130 个公管渔场进行分析，结果表明强有力的领导、社区凝合度、个体或社区配额是公共资源走向成功治理的关键。[③] 威廉·布洛姆奎斯特（William A. Blomquist）在奥斯特罗姆本人的指导下完成博士学位论文，其中借助奥氏的 IAD 框架对美国南加利福尼亚州地下水盆地的治理情况展开研究。[④]

其三，鉴于奥斯特罗姆自主治理思想存在的局限性，国外学者在实证研究中部分修正奥氏的研究结论。作为人类社会管理公共事物的独特模式，奥斯特罗姆的自主治理思想不可避免地带有一定的局限性，需要后继学者在广阔领域运用中予以验证与修补。在 20 世纪 90 年代后期，针对奥斯特罗姆的自主治理思想在运用时的局限，维多利亚·爱德华兹（Victoria M. Edwards）等人认为其忽略了诸多社会背景要素，涉及占用者群体动态的社会、政治、文化、经济、技术和制度环境。[⑤] 萨缪尔·加里多（Samuel Garrido）考察西班牙东部瓦伦西亚（Valencia）、穆尔西亚（Murcia）和奥里韦拉（Orihuela）等地的灌溉情况，并得出结论

① Sanjay Kumar. Does "Participation" in Common Pool Resource Management Help the Poor? A Social Cost-benefit Analysis of Joint Forest Management in Jharkhand, India[J]. *World Development*, Vol. 30, No. 5(May2002). pp. 763−782.

② Arun Agrawal. *Environmentality*[M]. Duke: Duke University Press, 2005.

③ Nicolás L. Gutiérrez, Ray Hilborn, Omar Defeo. Leadership, Social Capital and Incentives Promote Successful Fish-eries[J]. *Nature*, Vol. 470, No. 7334(2011). pp. 386−389.

④ William A. Blomquist. *Dividing the Waters: Governing Groudwater in Southern California*[M]. ICS Press, 1992.

⑤ Victoria M. Edwards, Nathalie A. Steins. Special Issue Introduction: the Importance of Context in Common Pool Reource Research[J]. *Journal of Environment Policy and Management*, Vol. 1, No. 3(1999). pp. 195−204.

认为奥斯特罗姆所构建的八项"设计原则"并不存在于上述样本社区，从而削弱了奥斯特罗姆开发的强大理论的现实帮助性（Helpfulness）。[①]沃特·布洛克（Walter Block）等人认为奥斯特罗姆在公地治理的研究中，未能正确区分公地安排和伙伴关系安排，并指出上述混淆源于奥氏认为唯有在政府保护和明确私有财产的情况，私有财产才可能存在，而布洛克通过各种历史上的案例论证了这一假设的错误性。[②]约亨·辛克尔（Jochen Hinkel）等人利用奥斯特罗姆的 SES 框架，阐述了新墨西哥州的灌溉农业、瑞士阿尔卑斯山的公共牧场、德国的休闲渔场和奥地利的能源利用四个案例的诊断程序，认为当前 SES 框架在应用于复杂、多用途的社会生态系统时存在局限性，因为它并不能充分掌握资源系统（RS）和资源单位（RU）的相关特性，也未能反映资源治理的参与者相互依存的关系。[③]总之，奥斯特罗姆的 IAD 框架和 SES 框架被广泛应用于各类实际情境的分析，并通过实证研究的检验不断得到检验与完善。

（二）国内相关研究的考察

1. 作品翻译层面

早在 1992 年，王诚等人在着手翻译文森特·奥斯特罗姆（Vincent Ostrom）、戴维·菲尼（David Feeny）和哈特穆特·皮希特（Hartmut Picht）编的《制度分析与发展的反思——问题与抉择》时，就已收录奥斯特罗姆撰写的《制度分析和公用地两难处境》一文，率先将奥氏

---

① Samuel Garrido. How Irrigation Functioned in Eastern Spain: Reflection on Elinor Ostrom's Work[J] .*Historia Agraria*, No. 53(April2011) . p. 13.

② Walter Block, Ivan Jankovic. Tragedy of the Partnership: A Critique of Elinor Ostrom[J] .*American Journal of Economics and Sociology*, Vol. 75, No. 2(March2016) . pp. 289−318.

③ Jochen Hinkel, Michael E. Cox, Maja Schluter. A Diagnostic Procedure for Applying the Social-ecological Systems Framework in Diverse Cases [J] . *Ecology and Society*, Vol. 20, No. 1 (2015) . pp. 1−13.

的相关学说引入国内学界。① 时至 2000 年,毛寿龙组织团队编译"制度分析与公共政策"丛书,其中涉及奥斯特罗姆的若干代表作《公共事物的治理之道——集体行动制度的演进》② (余逊达等译)、《制度激励与可持续发展:基础设施政策透视》(陈幽泓等译)和《公共服务的制度建构:都市警察服务的制度结构》(宋全喜等译)。与此同时,"制度分析与公共政策"丛书还翻译了由迈克尔·麦金尼斯主编的《多中心治道与发展》《多中心体制与地方公共经济》两本书,其中亦收录了奥斯特罗姆所撰写或与他人合撰的《水资源开发的法律和政治条件》《制度能力与公地困境的解决》《长久持续灌溉制度的设计原则》《产权制度与近海渔场》《公益物品与公共选择》等十余篇文章。可以说,上述译介工作较大程度上促进了奥氏思想在国内社会科学界的传播,并为相关学者对这一思想予以深入研究提供了丰富而可靠的中文素材。2003年,龙虎编译了奥斯特罗姆发表的短文《社会资本:流行的狂热抑或基本的概念?》③,时隔一年,彭宗超等人翻译的保罗·A.萨巴蒂尔主编的《政策过程理论》,其中就收录了奥斯特罗姆所撰写的《制度性的理性选择:对制度分析和发展框架的评估》④,再次为学界提供了洞察奥氏学术思想的部分材料。

① 该部分内容具体经由王燕坊译出,参见〔美〕埃莉诺·奥斯特罗姆.制度分析和公用地两难处境[M]//〔美〕文森特·奥斯特罗姆,戴维·菲尼,哈特穆特·皮希特编.制度分析与发展的反思——问题与抉择.王诚,等译.北京:商务印书馆,1992:83-107。

② 值得提及的是,由于明确提出"自主治理"(Self-Governance)的概念,并对社群内部公共池塘资源自主治理的实践进行较为系统的理论阐述与制度剖析,该著作已成为自主治理和制度经济学领域的经典文献与扛鼎之作。此外,这一著作的中文译本的出现,为奥氏的学术思想在国内的广为传播奠定了坚实基础,从而促使奥氏的研究成果被相关学者所熟知。

③ 该文亦被曹荣湘选编入《走出囚徒困境——社会资本与制度分析》一书。可参见:曹荣湘选编.走出囚徒困境——社会资本与制度分析[M].上海:上海三联书店,2003:23-50。

④ 〔美〕埃里诺·奥斯特罗姆.制度性的理性选择:对制度分析和发展框架的评估[M]//〔美〕保罗·A.萨巴蒂尔主编.政策过程理论.彭宗超,钟开斌,等译.北京:生活·读书·新知三联书店,2004:45-91。

　　时至 2009 年奥斯特罗姆荣膺诺贝尔经济学奖后，国内学界随即掀起一股有关奥氏思想的研究热，并涌现出大批针对奥氏思想的"述评""解读"类文章。在此之后，国内学界部分加强了奥氏著作的翻译工作，包括王巧玲、任睿译出奥斯特罗姆的又一重要学术著作《规则、博弈与公共池塘资源》（2011），余逊达、陈旭东重译《公共事物的治理之道：集体行动制度的演进》（2012），路蒙佳译出由加拿大学者艾米·R. 波蒂特、马可·R. 詹森和奥斯特罗姆三人合著的《共同合作：集体行为、公共资源与实践中的多元方法》（2013），郭冠清编译了奥斯特罗姆等人撰写的《公共资源的未来：超越市场失灵和政府管制》（2015）。与此同时，石美静、王浦劬、王宇峰、臧雷振、谢来辉和夏明等人也将奥斯特罗姆的若干篇文章译成中文，均有益于增进国内学界把握奥氏思想的研究进展。2017 年，王亚华在其著作《增进公共事物治理：奥斯特罗姆学术探微与应用》中对奥斯特罗姆的数篇重要文献予以译介与阐述，更进一步加强了研究者对于奥氏学术思想的理解深度。不过，当前仍有奥氏的部分重要著作和大量论文未能被译成中文，国外学者针对奥氏思想所撰写的富有影响力的研究专著也未能被引介至国内，这在一定程度上影响了国内学界对于奥斯特罗姆思想及其发展动态的全面把握。

　　2. 理论阐释层面

　　20 世纪 90 年代中期，江峰等人率先将奥斯特罗姆夫妇的制度分析理论、公共服务与管理、社会制度的发展秩序以及"自我管理"思想引介入国内学界，并做了初步的评述工作。① 其后，国内学界在公共政策与制度分析的研究过程中，针对奥斯特罗姆相关思想予以阐述，推动

---

① 江峰，张昕. 奥斯特罗姆夫妇与当代制度分析理论——美国印第安纳大学政策分析中心评介 [J]. 中国行政管理，1995（12）：38-39；江峰. 构建一种"自我管理"的社会——奥斯特罗姆夫妇学术思想评述 [J]. 中国行政管理，1996（8）：44-45。

了该项研究的进程。① 在 2009 年奥斯特罗姆荣膺诺贝尔经济学奖之后，国内学界涌现出大批针对奥氏思想的"述评""解读"类文章，扩大了奥氏研究的影响力。若细致考察国内学界对奥斯特罗姆的公共治理理论、制度分析框架、公共池塘资源理论等与自主治理思想相关的研究和述评可以发现，学者往往对奥氏的研究给予较高评价，并较为重视文本层面的解读工作。概括而言，国内学界针对奥斯特罗姆自主治理思想的系统阐述，较为集中于梳理这一思想的衍生轨迹、分析框架、研究方法以及对奥氏思想展开系统综述等若干方面，此外相关学者在研究过程中对奥斯特罗姆多中心理论予以概述，并对奥氏思想的部分内容予以修正。具体概述如下。

其一，梳理奥斯特罗姆自主治理思想的衍生轨迹，并对这一思想的贡献予以述评。在该项研究中，毛寿龙、蔡晶晶、樊晓娇等人的研究颇具代表性，他们均较为注重对经典文本的解读，并呈现出一定的理论深度。其中，毛寿龙扼要概述了奥斯特罗姆自主治理思想的生成进路，即突破化解公共事物困境的"政府—市场"二分路径，从而在国家理论与企业理论的基础上，运用制度分析方法阐释公共池塘资源的情境，并结合相关经验案例的研究，最终提出自主治理的制度框架及其组织理论。② 蔡晶晶回顾了奥斯特罗姆早期在地方公共经济治理方面的实证研

---

① 较具代表性的文献有：张晓. 公共选择与公益物品供给：备选方案的考察 [J]. 南京社会科学，2001（1）：39-43；刘振山. 超越"集体行动困境"——埃莉诺·奥斯特罗姆的自主组织理论述评 [J]. 山东科技大学学报（社会科学版），2004（1）：48-52；高轩，神克洋. 埃莉诺·奥斯特罗姆自主治理理论述评 [J]. 中国矿业大学学报（社会科学版），2009（2）：74-79。

② 毛寿龙. 公共事物的治理之道 [J]. 江苏行政学院学报，2010（1）：100-105；毛寿龙. 探索自主治理的制度结构——追思埃莉诺·奥斯特罗姆的学术人生 [C]. 和谐社区通讯，2012（5）：57-63。另可参见〔美〕埃莉诺·奥斯特罗姆. 公共事物的治理之道——集体行动制度的演进 [M]. 余逊达，陈旭东，译. 上海：上海三联书店，2000；中文版译序；毛寿龙. 埃莉诺·奥斯特罗姆的学术贡献 [C]. 和谐社区通讯，2009（4）：1-5；毛寿龙主编. 西方公共行政学名著提要 [M]. 南昌：江西人民出版社，2006：433-459；毛寿龙. 现代治道与治道变革 [J]. 南京社会科学，2001（9）：47；毛寿龙. 政治社会学 [M]. 北京：中国社会科学出版社，2001：339-359。

究，讨论了布鲁明顿学派制度分析框架的形成过程，以及最新研究方法、研究途径理论框架。① 樊晓娇探讨了奥斯特罗姆学术思想的来源——多中心思想，并认为她受文森特·奥斯特罗姆的影响至深，包括"多中心的竞争与合作"理论、从实证与实验中发展而来的制度分析框架，并细致分析了这一框架的形成发展轨迹。② 此外，胡希宁等人对奥斯特罗姆思想予以简单综述，认为奥氏公共治理理论体系包括多中心理论、自主组织理论以及社会资本理论等方面，对我国发展公共服务领域与经济理论研究提供了借鉴。③ 与之相似，高轩等人对奥斯特罗姆的自主治理理论予以总结，包括影响个人策略选择的内部变量、自主治理的具体原则、自主组织的制度设计等，并具有理论与实践两个方面的价值。④ 李文钊扼要梳理了奥斯特罗姆的学术探索及其贡献，包括大城市治理的多中心理论、制度分析与发展框架、自主治理的八项"设计原则"等，并介绍了奥斯特罗姆研究后期的学术动态，包括思考开发基于人类行为的选择理论、将信任作为重要的变量因素、思考人类集体行动的微观情境及其复杂的宏观背景。⑤

其二，在介绍奥斯特罗姆有关制度分析的 IAD 和 SES 框架方面，李文钊、王亚华、谭江涛等人的研究较为出色，他们集中于探讨上述框架的规则结构，并对框架中的各种变量予以探讨，进而试图厘清框架的功能及其适用领域。一方面，为促进学科背景各异的研究者在制度分析

---

① 蔡晶晶. 公共资源治理的理论构建——埃莉诺·奥斯特罗姆通往诺贝尔经济学奖之路 [J]. 东南学术，2010（1）：48-56。

② 樊晓娇. 自主治理与制度分析理论的进化——埃莉诺·奥斯特罗姆学术思想发展的逻辑轨迹 [J]. 电子科技大学学报（社科版），2012（1）：7-14。

③ 胡希宁，肖翔. 政治学者获诺贝尔学奖——埃莉诺·奥斯特罗姆思想评述 [N]. 学习时报，2009-11-9（6）。

④ 高轩，朱满良. 埃莉诺·奥斯特罗姆的自主治理理论述评 [J]. 行政论坛，2010（2）：21-24。

⑤ 李文钊. 多中心的政治经济学——埃莉诺·奥斯特罗姆的探索 [J]. 北京航空航天大学学报（社会科学版），2011（6）：1-9；李文钊. 制度多样性的政治经济学 [J]. 学术界，2016（10）：223-237；李文钊. 制度分析与发展框架：传统、演进与展望 [J]. 甘肃行政学院学报，2016（6）：4-18。

领域的交流与合作，奥斯特罗姆主张从一般性共同构成要件以及概念性框架出发，对制度的多样性（Diversity）予以理解，进而致力于建构普遍性分析框架，以将理论探索超越某一特定层次的问题，以弥合社会科学和自然科学以及治理系统的鸿沟。对此，李文钊对奥斯特罗姆开发的制度分析与发展（IAD）框架进行细致分析，他认为 IAD 框架建立于托克维尔、霍布斯和联邦党人等政治思想传统上，并探讨了这一框架内部的组成要素及其演进历程。① 在此之后，王亚华在对 IAD 框架予以概述的同时，认为这一框架在实证研究中存在诸多不足，涉及系统运用成本较高、比较复杂而难以掌握、框架包含太多选择、提供宏观指导但难以深入以及使用子分类存在困难等方面。② 此外，王群对作为奥斯特罗姆自主治理思想"操作指南"的制度分析与发展框架予以评介，认为这一框架为自主治理体制的构建、调整与改善提供了相应指导。③由于 IAD 框架能为不同领域的学者提供对话可能性，并适用于分析复杂问题。对此，毛寿龙基于奥斯特罗姆 IAD 框架，开发出"制度分析与公共政策（IAPP）"的框架，运用公共选择与制度分析的逻辑，对古典自由主义的价值予以探讨，并对政府治道的变革进行分析。④ 另一方面，谭江涛等人对奥斯特罗姆的 SES 框架进行述评，对其框架的动态扩展、动态总体分析框架的构建、可持续发展的设计原则等内容给予阐述，并总结出若干启示经验。⑤ 在此之后，蔡晶晶对奥斯特罗姆有关"社会—生态"系统的最新探索予以阐释，认为这一新的分析方法基于跨学科的"共同语言"，以诊断出人类与自然的复杂互动关系，有助于人们重新认识公

---

① 李文钊. 制度分析与发展框架：传统、演进与展望［J］. 甘肃行政学院学报，2016（6）：4-18。

② 王亚华. 对制度分析与发展（IAD）框架的再评估［M］//巫永平. 公共管理评论. 北京：社会科学文献出版社，2017：14-15。

③ 王群. 奥斯特罗姆制度分析与发展框架评介［J］. 经济学动态，2010（4）：137-142。

④ 毛寿龙. 西方公共政策的理论发展之路及其对本土化研究的启示［J］. 江苏社会科学，2004（1）：143-148。

⑤ 谭江涛，章仁俊，王群. 奥斯特罗姆的社会生态系统可持续发展总体分析框架述评［J］. 科技进步与对策，2010（22）：42-47。

共资源治理过程中所隐匿的复杂结构和互动结果，并发现"公地悲剧"的衍生根源，从而寻找出真正促进社会与生态可持续发展的因素。①

　　其三，在阐释奥斯特罗姆自主治理思想的研究方法方面，陈剩勇、蒋文能、孙晓冬等人的研究值得关注。其中，陈剩勇等人从学科价值剖析奥斯特罗姆的学术成就，发现奥氏具有理论研究与经验研究相结合、跨学科的研究方法、专一的学术志趣以及多方的学术合作交流等特点，这不仅是奥氏个人学术的成功之道，而且是政治学今后发展的重要趋向。② 同样地，蒋文能等人将奥斯特罗姆的研究方法归结为两点：以社群协商为预设、寓公共选择于新制度主义之中，并认为其框架和理论支撑分别是新制度主义与社会资本理论。③ 孙晓冬等人将奥斯特罗姆的研究工作归纳为探讨公共产品性质与治理机制之间的关系，认为这一成果构成了治理理论的早期来源，亦为治理理论的持续发展指明了方向。④ 鉴于传统公共经济学的博弈框架既无法对现实予以充分解释，也无法对公共政策提供足够依据的缺陷，柴盈等人考察了奥斯特罗姆有关公共资源治理方面的研究进程，并发现其突破了纯粹推演的理论方法，十分强调理论模型的可试验性和现实性，从而在推动博弈论分析方法进步的同时，在一定程度上丰富了制度分析理论。⑤ 李文钊在对奥斯特罗姆50余年的多中心治理探索的基础上，认为多学科性、合作研究和多元研究方法是奥氏研究进程的重要特色。⑥

① 蔡晶晶. 诊断社会—生态系统：埃莉诺·奥斯特罗姆的新探索 [J]. 经济学动态，2012 (8)：106-113。
② 陈剩勇，杨逢银. 政治学家埃莉诺学术成就的学科价值诠释 [J]. 学术界，2010 (12)：5-15。
③ 蒋文能，李礼. 社会资本：自主组织和治理理论的脊梁和软肋 [J]. 社会科学家，2010 (12)：10-13。
④ 孙晓冬，宋磊. 产品性质与治理机制：当奥斯特罗姆遇到西蒙 [M] //俞可平主编. 北大政治学评论. 2018：97-119。
⑤ 柴盈，曾云敏. 奥斯特罗姆对经济理论与方法论的贡献 [J]. 经济学动态，2009 (12)：100-103。
⑥ 李文钊. 多中心的政治经济学——埃莉诺·奥斯特罗姆的探索 [J]. 北京航空航天大学学报（社会科学版），2011 (6)：1-9。

3. 实践应用层面

一般而言，奥斯特罗姆将研究对象聚焦于小规模的气候环境、森林与水资源等传统自然资源的制度及其结构研究，在实证研究的基础上开创出具有实践应用特征的自主治理思想，为各国公共资源的治理实践提供借鉴。基于此，国内较多研究者结合自身研究领域的实际情况，在具体田野调查的案例中援引奥氏思想，其中涉及国内生态环境治理、乡村公共事物、城市基层社区与农村自治等领域，近年来也有部分学者开始反思奥斯特罗姆自主治理思想的局限性。具体阐释如下。

一是关于奥氏思想应用于国内生态环境治理问题的研究。应该说，奥斯特罗姆的自主治理思想及其制度分析方法，为我国公共池塘资源治理过程中的集体行动问题提供了新的思路。鉴于生态环境作为典型的公共池塘资源，具有较强的外部性特征，国内学界多引用奥氏的思想主张以及研究方法，对国内环境治理问题予以分析，并给出相应的治理方案。其中，李文钊依循 SES 框架提出多中心环境治理与可持续发展理论模型，并将其运用于山西环保新政的实证分析，主张中国在一定背景下，亦可以借助多中心环境治理体制的构建，用以改善环境绩效及实现可持续发展。[1] 于满系统梳理了奥斯特罗姆的公共治理理论，认为其包括自主治理理论、多中心理论以及社会资本理论，并引入我国黄河水污染治理为个案，以构建公共环境治理的多中心管理主体模式。[2] 李维安等人认为奥斯特罗姆的理论为生态环境研究以及政府、市场与社会关系的研究提供了很好的理论框架。[3] 作为重要的陆地生态系统与畜牧业生产基地，草原与森林是生态文明建设的重点领域与关键环节。王浦劬等

---

① 李文钊. 国家、市场与多中心——中国政府改革的逻辑基础与实证分析 [M]. 北京：社会科学文献出版社，2011：272-304。

② 于满. 由奥斯特罗姆的公共治理理论析公共环境治理 [J]. 中国人口·资源与环境，2014（S1）：419-422。

③ 李维安，徐建，姜广省. 绿色治理准则：实现人与自然的包容性发展 [J]. 南开管理评论，2017（5）：23-28。

人较早立足于我国森林治理的现状，借鉴奥斯特罗姆的"社会—生态"系统研究方法，认为中国森林治理应正视政府和市场的缺陷，并需要正确处理社会与政府的关系，推动森林产权改革，构建一套精细、有效、多主体参与的森林治理机制。① 其后不久，谢晨等人同样认为在当前我国林权改革的实践过程中，合理借鉴奥氏理论，对于衔接传统森林经营与集体林权改革，提升我国的森林可持续经营水平和效率具有重要借鉴意义。② 刘珉依据奥斯特罗姆的 IAD 模型，通过对河南省平原地区集体林权制度改革过程中农户种植意愿进行调查，从而对林农与非林农种植意愿的影响因素进行剖析。③

与此同时，针对我国日趋严峻的农村环境污染问题，国内学者逐步借鉴奥斯特罗姆的相应理论，以探索农村环境自主治理模式的研究路径。其中，李颖明等人基于当前我国农村环境治理现状，进而以自主治理理论为基础，尝试构建出农村环境自主治理模式的研究框架和路径，即探讨自主治理的博弈均衡结构和基本条件，分析农村环境自主治理制度运行的关键因素、治理层次以及典型模式。④ 此后，李丽丽等人认为奥氏的自主治理理论不仅可以解决小规模的 CPRs 问题，还能够应用于小范围公共物品的供给问题，这为我国农村环境领域的治理开辟出全新路径。⑤ 谭江涛等人运用奥斯特罗姆设计的 IAD 框架，对安徽桐城青草镇大沙河流域过度开采黄砂资源展开个案研究，借助对改革开放前后该区域黄砂资源利用方式的变迁比较，并对相关主体（包括镇政府、社区

①　王浦劬，王晓琦. 公共池塘资源自主治理理论的借鉴与验证 [J]. 哈尔滨工业大学学报（社会科学版），2015（3）：23-32。

②　谢晨，张坤，王佳男. 奥斯特罗姆的公共池塘治理理论及其对我国林业改革的启示 [J]. 林业经济，2017（5）：3-10+18。

③　刘珉. 集体林权制度改革：农户种植意愿研究——基于 Elinor Ostrom 的 IAD 延伸模型 [J]. 管理世界，2011（2）：93-98。

④　李颖明，宋建新，黄宝荣，等. 农村环境自主治理模式的研究路径分析 [J]. 中国人口·资源与环境，2011（1）：165-170。

⑤　李丽丽，李文秀，栾胜基. 中国农村环境自主治理模式探索及实践研究 [J]. 生态经济，2013（11）：166-169+193。

村委会、沿河村民、砂场和非法采砂组织者）的态度予以关注，深度剖析资源占用者之间的合作困境，提出解决黄砂资源过度采集问题的治理建议，并进一步探讨了建立资源采集制度的可能性。其后，谭江涛等人基于组合 IAD-SES 分析框架以及相关问卷调查数据，对楠溪江渔业资源多中心治理变革进行了动态制度分析，并验证了多中心治理变革的效果的确符合多中心理论的预测。①

　　二是关于奥氏思想应用于乡村公共事物的治理研究，以探讨农村基本公共产品和服务的供给问题。其中，毛寿龙等人阐述了我国农村税费改革之后基本公共服务缺失的宏观背景，并进一步对农民自主治理能力欠缺的原因以及由此衍生的合作困境予以剖析，最后探讨如何建立有效的灌溉制度，提出自主治理是农户解决合作生产困境的努力方向。② 与之相似，雷玉琼等人基于奥斯特罗姆自主治理思想，从浏阳金塘村环保自治制度的产生、执行与可持续发展等方面，对村民探索出的自主治理路径及经验予以总结。③ 徐理响引用奥斯特罗姆的相关理论，用以分析中国乡村公共事物的治理问题，考察了皖中地区某一生产小队有关如何使用公共池塘资源的变迁状况，认为上述治理过程体现阶段性、时代性和乡土性的特征，并认为以共识与合作为目标导向、以公共责任与公共利益为联结纽带的多中心治理模式，应成为我国农村地区公共事物治理

---

① 谭江涛，彭淑红.农村"公共池塘"资源治理中的集体行动困境与制度分析——基于安徽桐城市青草镇黄砂资源过度采集问题的个案研究［J］.公共管理学报，2013（1）：79-90+141；谭江涛，蔡晶晶，张铭.开放性公共池塘资源的多中心治理变革研究——以中国第一包江案的楠溪江为例［J］.公共管理学报，2018（3）：102-116+158+159。

② 毛寿龙，杨志云.无政府状态、合作的困境与农村灌溉制度分析——荆门市沙洋县高阳镇村组农业用水供给模式的个案研究［J］.理论探讨，2010（2）：87-92；毛寿龙，蔡晶晶.中国城市化进程中乡村治理的变迁问题——基于贵州省习水县二郎乡实施"三关工程"的思考［J］.华东经济管理，2009（2）：27-35。

③ 雷玉琼，朱寅茸.中国农村环境的自主治理路径研究——以湖南省浏阳市金塘村为例［J］.学术论坛，2010（8）：130-133。

的基本趋向。① 王亚华应用奥斯特罗姆的学术思想及其理论方法研究中国问题，具体表现在以制度分析与发展（IAD）框架对中国节能降耗目标的实施和渠系灌溉管理绩效予以分析，并以"社会—生态"系统（SES）对中国古代灌溉事物自主治理展开实证检验，显示出国际前沿理论与国内发展实践的内在关联。② 王亚华等人还创建了中国灌溉管理的数据库，并运用 IAD 框架对国内灌溉系统治理的影响因素进行实证研究。③

此外，王晓莉运用"社会—生态"系统分析框架，从这一框架内含的四类子系统中，提炼出影响我国灌溉自主治理的三个关键变量，即行动者、治理系统和资源系统，从而对当前用水户协会制度的运行不佳给予相关解释。④ 蔡晶晶以奥斯特罗姆的制度分析与发展框架及其公共资源治理的制度理论为逻辑原点，并融合了对复杂性科学和"社会—生态"系统观理论的理解，尝试梳理我国农田水利基础设施治理的制度变迁、现实困境、影响因素和制度激励等因素。⑤ 俞振宁等人将奥斯特罗姆的 IAD 框架及其相关延伸模型——参与者治理决策模型 PID 模型，对我国实际的耕地休养模式予以研究，从中探索农户耕地休养意愿及其

---

① 徐理响."公共池塘资源理论"与我国农村公共事物治理——D 队公共池塘水资源使用情况的思考 [J].农村经济，2006（2）：10-12；徐理响.从动员式参与到自主式参与——农村公共事物治理中的农民角色分析 [J].学术界，2011（5）：45-51；徐理响.协商与合作：农村公共事物治理之道 [J].农村经济，2011（4）：24-27。

② 王亚华.增进公共事物治理：奥斯特罗姆学术探微与应用 [M].北京：清华大学出版社，2017；王亚华.中国用水户协会改革：政策执行视角的审视 [J].管理世界，2013（6）：61-71；王亚华.诊断社会生态系统的复杂性：理解中国古代的灌溉自主治理 [J].清华大学学报（哲学社会科学版），2018（2）：178-191。

③ Wang Yahua, Chen Chunliang, Araral Eduardo. The Effects of Migration on Collective Action in the Commons: Evidence from Rural China [J]. *World Development*, Vol. 88（December2016）. pp. 79-93；王亚华，汪训佑.中国渠系灌溉管理绩效及其影响因素 [J].公共管理评论，2014（1）：47-68。

④ 王晓莉.用水户协会为何水土不服？——基于社会生态系统分析框架的透视 [J].中国行政管理，2018（3）：118-125。

⑤ 蔡晶晶.农田水利基础设施合作治理的制度安排 [M].北京：中国社会科学出版社，2017。

影响因素。① Wai Fung Lam 在对中国台湾地区灌溉系统进行制度分析的基础上，将其与尼泊尔灌溉管理系统展开比较研究。② 孙波通过针对转型期中国公共资源问题的制度治理一般性原则体系，创造性地设计出一组治理 CPRs 问题的合作机制，并发展了一个占用者集体自行治理 CPRs 的集体行动框架，从而发展了奥斯特罗姆的 CPRs 治理理论。③

三是关于奥氏思想应用于城市基层社区与农村自治领域的研究，以探讨公民参与自主管理模式和政府治道变革等问题。20 世纪 90 年代中后期以来，奥斯特罗姆自主治理思想得以传入国内，本土有学者用其阐释中国基层群众自治制度（包括村民、居民自治）、商会自主运作、生态环境治理、小区业主自治等问题，无疑为解决我国公共问题提供了诸多有益尝试，并取得了一定的成果。一方面，毛寿龙等人以我国住房体制改革为研究背景，展开个案分析，从社区民主、信号捕捉、纠纷解决以及监督制裁等方面探讨我国社区治理实践中各利益主体之间，如何实现可持续的自主治理，并提出了相应的制度建设方案。④ 另一方面，章平等人将奥斯特罗姆研究的土耳其阿兰亚渔场案例与中国深圳市民中心广场"公地"的合理使用案例给予比较研究，并从局部知识利用、个体与制度互动等角度分析了两者之间治理制度发生机制的差异，进一步印证了奥斯特罗姆提出的多中心治道、清晰界定边界、规则与当地条件相适应等原则。⑤

① 俞振宁，吴次芳，沈孝强. 基于 IAD 延伸决策模型的农户耕地休养意愿研究［J］. 自然资源学报，2017（2）：198-209。
② Wai Fung Lam. Institutional Design of Public Agencies and Coproduction: A Study of Irrigation Association in Taiwan[J] .*World Development*, Vol. 24, No. 6(June1996) . pp. 1039-1054; Wai Fung Lam. Designing Institutions for Irrigation Managemnet: Comparing Irrigation Agencies in Nepal and Taiwan[J] .*Property Management*, Vol. 24, No. 2(2006) . pp. 162-178.
③ 孙波. 公共资源的关系治理研究［M］. 北京：经济科学出版社，2009。
④ 毛寿龙，陈建国. 社区治理与可持续发展——由"美丽园事件"探讨自主治理的可持续之道［J］. 中国行政管理，2008（3）：106-109。
⑤ 章平，黄傲霜. 城镇公共池塘资源治理：两个制度发育案例的比较分析［J］. 经济与管理评论，2018（1）：55-67。

同样地，近些年国内学者开始反思奥斯特罗姆自主治理思想的局限性，并逐步将其改造为适合我国具体实情的理论。① 例如，我国学者杨立华在有关集体行动问题的三种经典模型——政府模型、私有化模型和自治模型的基础上，发展了有关解决集体和社会困境问题的第四种模型，即学者型治理模型。② 杜焱强等人在针对我国农村公共事物治理的案例研究中，认为尽管奥斯特罗姆开发的"自治理"模式能够克服公共资源集体行动问题，不过该模式较为关注处于封闭且同质性较强的社会，这与当前我国农村因流动性因素引发成员异质和社区开放并不匹配。③ 甚至有学者认为在中国情境下，政府是否愿意将自治权授予当地群体以及如何授权才能增进当地群体的社会资本，是开放性公共池塘资源实现自主治理的重要因素，"一个地方或者村落的自主治理与上级政府的辅助性支持不仅不相抵触，而且相辅相成"。④

（三）简要评析

综观国内外相关研究文献，既有从理论分析视角对奥氏思想予以阐述与总结的，也有以实证研究的方式剖析与论证奥氏理论的解释力及其适用性的，在较大程度上促进了学界对于奥氏思想的深入理解，也丰富了自主治理思想的内涵，从而延伸了这一思想的适用领域与范围。当

---

① 参见：许宝君，陈伟东．自主治理与政府嵌入统合：公共事务治理之道［J］．河南社会科学，2017（5）：104-111；任恒．公共池塘资源治理过程中的政府角色探讨——基于埃莉诺·奥斯特罗姆自主治理理论的分析［J］．中共福建省委党校学报，2017（11）：66-71；任恒，杨雪莹．超越"公地悲剧"——埃莉诺·奥斯特罗姆公共池塘资源自主治理思想述评［J］．特区经济，2015（8）：66-70；张振华．印第安纳学派与当代中国政治经济实践［J］．武汉大学学报（哲学社会科学版），2013（4）：17-23。

② 杨立华．学者型治理：集体行动的第四种模型［J］．中国行政管理，2007（1）：96-103。

③ 杜焱强，刘平养，包存宽．新时期农村公共池塘资源治理的集体行动分析［J］．中国行政管理，2018（3）：133-137。

④ 冯兴元．乡村治理关键在于实现善治［J］．华中师范大学学报（人文社会科学版），2017（3）：7-10。

前，可以说国内外有关奥氏思想的研究总体呈现逐步深化的态势，一定数量的具有较高学术水准与理论深度的研究成果脱颖而出。不过相较于国外文献的丰富性和多元性，国内涉及奥氏研究的文献数量与质量均低于国外，而且有关奥斯特罗姆自主治理思想的专门文献较少，现有研究主要聚焦于介绍奥氏思想的基本框架、内涵与评介方面，更为侧重于经典文本的解读，其中呈现出若干缺陷与不足。

一是知识体系较为陈旧，相对缺乏理论创新。当前国内学界对于奥斯特罗姆思想的解读整体聚焦于其 20 世纪 90 年代的理论观点，而鲜有涉及奥斯特罗姆在 21 世纪以来研究重心的转向，一定程度上未能对奥氏研究发展演变的历程予以概述。例如，国内学者在对奥斯特罗姆思想予以概述中，大部分研究仅参阅了奥氏撰写的《公共事物的治理之道——集体行动制度的演进》等少部分中文译著，却未能对她所撰写的期刊文献及其部分新作进行考察，这也在一定程度上有失研究的全面性与准确性。确切地说，国内学界对奥斯特罗姆后期的思想在一定程度上缺乏了解，尤其是对于自主治理思想中有关制度多样性、自主治理框架体系的构建和超越万能药等认识论体系方面的阐述，国内学者鲜有涉及，从而不利于对奥氏思想的全面把握。与此同时，国内学界在考察奥斯特罗姆思想的学脉渊源时，往往呈现出线索单一的问题，仅注重某一学者对于奥斯特罗姆的影响。加之学界未能从这一思想的生成背景、适用领域等角度对其进行研究，从而可能得出失之偏颇的结论。而事实上，奥斯特罗姆自主治理思想来源呈现出广泛性的特征，需要加以足够重视和探索。

二是研究视角较为单一，相关论述欠缺深度。尽管奥斯特罗姆是一位诺贝尔经济学奖得主，但她更是一位重要的政治经济、公共政策、公共管理领域的学者，她对于知识论、认识论有其自身独特的见解。相对而言，国内学界对于奥氏思想的研究集中于自主治理的具体内容，而部分忽视了对其知识论、认识论以及方法论体系的探讨。具体来看，国内学界较多研究主要是从单一角度出发，研究奥斯特罗姆的某一理论框

架，或以此为基础研究某一公共池塘资源治理问题，缺乏比较视野。除
此之外，国内学界对于奥氏多中心治理理论与自主治理思想的内在联
系，未能给予应有的关注及阐述。针对国内学界在奥斯特罗姆荣膺诺贝
尔奖之后涌现出大批有关奥氏思想的"述评""解读"类文章，有学者
认为："除了少数较为成熟的研究团队之外，其他大多乏善可陈。现有
的研究结果多以'评述''评论'出现，不仅鲜有能与学者原先思想匹
配的著述，而且在研究方法上，既不'规范'，也不'实证'。"① 总
之，自主治理作为社群达成集体行动的重要举措，是一个非常复杂的现
象。国内学界对于其运行机理、社会基础、政治作用以及价值意义等方
面的认识远未结束。

　　三是横向比较视野欠缺，未对奥氏思想予以定位。国内学界大部
分研究停留在对奥斯特罗姆相关理论的介绍和阐释层面，缺乏对其思
想的纵观把握和全面理解，也较少梳理学者之间在思想上的差异，即
缺乏思想体系间的横向比较。比如，考察奥斯特罗姆自主治理思想，
未能提及奥氏对于治理理论的价值，较易忽略她在公共治理谱系中的
应有地位。换言之，国内学界对于奥斯特罗姆的学术贡献，尤其是奥
斯特罗姆完整的思想体系总结仍缺乏系统性，正如有国内学者所言，
虽然同为美国公共管理学科史上获得诺贝尔经济学奖的学者，与赫伯
特·西蒙（Herbert A. Simon）的有限理性论相比，国内经济学领域的学
者对奥斯特罗姆的研究成果缺乏关注。② 也有学者指出学界在把多中心
的自主治理思想应用到当代中国政治经济实践时，由于对理论体系
解尚不完整，未能关注各国宏观制度的差异，以至于普遍存在对理论

---

① 何艳玲，陈家浩. 超越思想之外：奥斯特罗姆学术研究的方法论意义 [C]. 和谐社区
　通讯，2009（4）：25。
② 李文钊. 多中心的政治经济学——埃莉诺·奥斯特罗姆的探索 [J]. 北京航空航天大
　学学报（社会科学版），2011（6）：1-9。

的"误读与泛化"。①

综上所述，回顾近年来国内外有关奥斯特罗姆思想理论的研究进程，今后学者应结合各自研究的领域和方向，将奥斯特罗姆开发的相关理论、分析工具及其框架体系，运用至实证调研之中进行剖析，这将可能成为奥氏思想研究另一重要的学术生长点与全新趋势。此外，研究者应借助于对公共治理理论谱系的梳理，厘清奥斯特罗姆自主治理思想在其中的定位，以洞察奥斯特罗姆对于相关理论的贡献。基于此，本书试图对奥斯特罗姆自主治理思想的演进历程予以复盘，并倾向于从逻辑体系上对公共池塘资源自主治理思想给予较为细致的论述，而上述思想在现实世界具体治理过程中的实际效果仍需后继研究者加以不断验证、修改和完善。

三　研究方法

1. 文献分析法

文献分析法是指通过收集、甄别、遴选与整理文献，依据多种工具对文献进行广泛梳理，使研究者对某一领域的研究趋势形成较为完整、科学的认知的方法。一般而言，文献研读以及基于文献分析的逻辑推理是学术研究的基础与起点，包括资料收集遴选和分析处理等具体环节。本书较为注重原始文献的收集工作，在对文献进行全面分析的基础上，进一步提炼奥斯特罗姆的观点主张，为自身的研究提供强有力的素材来源。具体来看，本书以《公共事物的治理之道——集体行动制度的演进》《公共资源的未来：超越市场失灵和政府管制》《制度激励与可持续发展：基础设施政策透析》等奥氏著述及部分二手资料为主，围绕国内外学界有关公共事物治理、集体行动问题与社会制度分析的系列成果，系统梳理奥氏自主治理思想与其他理论体系的学术渊源与理论承继

---

① 张振华. 印第安纳学派与当代中国政治经济实践 [J]. 武汉大学学报（哲学社会科学版），2013（4）：17-23。

关系，旨在为深刻理解奥氏思想提供有益帮助。

可以说，本书通过查阅奥斯特罗姆的著作、发表的论文，辅以查阅其他研究者对其理论的介绍、述评类的文章，其中包括大部分中文文献，以及相关的英文文献，从而保证文献搜寻时的丰富性与全面性。此外，本书还充分利用互联网的便捷性和资源的多样性，检索了一定的网络资源。通过做卡片索引与笔记摘抄等方式，有重点地采集文献中与本研究课题相关的部分。在此基础上，筛选并提炼出与论文相关的研究文献及主要观点，以期对奥斯特罗姆的公共池塘资源自主治理思想进行系统的研究。

2. 历史分析法

在展开对奥斯特罗姆公共事物治理之道的阐述之前，本书对解决集体行动困境的诸多方案进行了比较分析，涉及哈丁、奥尔森以及传统集体理论（本特利和杜鲁门为代表）等。尽管奥斯特罗姆的思想有其相对独立发展的逻辑规律，但也离不开之前学者所提供的理论素材，总体上看，本书是对前人思想的批判继承和发展，但也构成了奥斯特罗姆思想发展过程中自身的内在联系。换言之，如果仅限于对奥斯特罗姆相关著作与论文的阅读与研修，势必较难把握其思想的创新之处与理论价值。基于此，本书采用历史分析法，对奥斯特罗姆自主治理思想的内在衍生逻辑与理论蕴意予以评析，结合奥氏所生活的时代及社会宏观背景，观察她面临的现实问题和理论挑战。一方面，对比分析前人有关集体行动问题的阐述要点与相关结论，发掘其中的不足之处，由此引申出奥斯特罗姆的独特贡献。另一方面，通过论述奥斯特罗姆对公共选择理论、新制度经济学等学说的影响，本书将奥斯特罗姆的自主治理思想与亚当·斯密开创的市场理论、托马斯·霍布斯开创的主权理论等传统秩序学说进行纵向对比研究，探求奥斯特罗姆相关研究的理论价值和历史地位，从而更清晰地理解她的思想历程与发展，以及不同思想传统是如何对其产生影响的。

3. 模型分析法

本书在总结奥斯特罗姆自主治理思想内容的时候，需要运用规则和分析层次之间的关联图模型和个人选择的内部世界模型等，并借助新的体系对奥斯特罗姆的思想加以归纳、提炼及整理，以分别阐释多层次分析结构和影响理性个人策略选择的内部、外部变量等内容。值得一提的是，模型分析法的运用，既包括对完全信息的中央当局博弈、不完全信息的中央当局博弈和自筹资金的合约实施博弈等博弈模型进行分析，还涉及对"利维坦"式的国家干预模型、公共资源私有化模型和集体选择理论的三种常用隐喻化模型："公地悲剧"模型、"囚徒困境"模型、"集体行动的逻辑"模型的分析。

不仅如此，本书还坚持寓评于介的原则，以认识、描述及评价奥斯特罗姆自主治理思想，从这一思想自身发展的历史出发，对该思想的性质、价值判断与思想系统进行完整的介绍，进而阐发自主治理思想产生、发展、演变的内在逻辑。

四　可能的贡献与研究不足

（一）可能的贡献

基于前人之研究成果，本书力图对奥斯特罗姆有关人类社群可以借助自主组织进行自主治理的系列思想予以细致剖析，并遵循"生成背景—应用场域—构建逻辑—分析特色—价值审视"的研究进路，对奥氏自主治理思想进行系统性、全方位的诠释，以便把握奥氏该思想的衍生脉络、逻辑结构及学术价值等核心内容。概括而言，本书可能存在以下创新点。

其一，鉴于国内相关研究中鲜见对奥斯特罗姆自主治理思想的细致梳理，本书尝试借助奥氏著述的一手文献及部分二手资料，并结合国内外学界有关公共事物治理、集体行动问题与社会制度分析的系列成果，系统梳理奥氏自主治理思想与其他理论体系的学术渊源与理论承继关系，旨在为深刻理解奥氏思想提供有益帮助。本书研究认为 20 世纪 60 年代以来，西方发达国家出现的新古典自由主义思潮的复兴，以及由此形成的国家与社会关系的重塑和对有关理性官僚制正当性的反思，共同构成奥斯特罗姆思想生成的时代命题。与此同时，基于对集体行动问题研究历史脉络的梳理，本书着力分析了奥斯特罗姆自主治理思想与传统集体行动理论的联系与差异，从而较清晰地展示出奥斯特罗姆以自主治理为核心的独特思想体系。不仅如此，本书将奥斯特罗姆的研究置于特定的历史背景中进行考察，并具体探讨了奥氏思想与公共选择理论、新制度经济学、合作博弈理论之间的传承与扬弃关系。

其二，通过剖析奥斯特罗姆自主治理思想的运作对象和预设前提等重要内容，本书发现奥斯特罗姆最早是从水资源研究开始关注公共治理领域的，后在保罗·萨缪尔森、詹姆斯·布坎南等人的研究基础上对公共物品的范畴予以细分，进而将自身研究聚焦于规模较小的公共池塘资源，从而构成了其自主治理思想的适用领域。与此同时，本书认为奥斯特罗姆在有关制度分析过程中，将个体理解为完全理性与有限理性的合理结合体，并从新制度主义的视角理解作为博弈规则的制度，以此构成其自主治理思想的预设前提，而该点常为国内学界所忽视。此外，本书对奥斯特罗姆分析传统公共资源的三大模型予以阐述，并从中提炼出集体行动面临的机会主义等问题，包括激励机制的四重缺陷和制度供给的二阶困境，认为上述内容构成集体行动问题的场域困境。

其三，本书通过对奥斯特罗姆自主治理思想的系统性总结，以及对这一思想全面开展的阐释与评析工作，旨在发现奥氏思想的生成脉络与逻辑结构，从而为自主治理的基础理论知识做出积累。本书探索了自主合作机制的运作逻辑，围绕奥斯特罗姆自主治理思想的阐发逻辑，遵从"演进逻辑—分析脉络—研究框架—核心要素"的论述向度，揭示奥斯特罗姆研究的演进结构与理论框架，从而将奥氏所构建的多中心秩序、制度分析与发展框架和"社会—生态"系统框架等关键内容进行联系。例如，奥斯特罗姆自主治理思想的生成过程遵循从质疑到开创的演进路径，开创性提出资源占用者们可借助自主组织开展行之有效的自主治理活动。其后，奥斯特罗姆自主治理思想遵循从个体到系统的分析脉络，并构建出 IAD 和 SES 两大元理论层面的研究框架，有助于从宏观层面系统梳理某一制度安排的主要变量。此外，本书还详细分析了自主治理思想的逻辑构建过程和理论核心所在——社会资本，它能够充分挖掘个体自治的主体性，在避免外部施加强制力的基础上产生社会效应，甚至走出集体行动的困境。

其四，由于既有研究部分忽略了对奥斯特罗姆自主治理思想所涉及的研究方法及其分析特色的探讨，而该部分内容实则是奥氏思想区别于其他流派的鲜明标志与显性特征。鉴于此，本书致力于阐释奥斯特罗姆有关公共池塘资源自主治理研究过程中的分析特色，将其总结为以问题为中心的跨学科研究、制度分析与经验研究相结合、基于个人主义的方法论等特点。本书借助考察以奥斯特罗姆夫妇为主要代表的美国布鲁明顿学派的整体风格，认为问题意识、实证研究、跨学科分析等是奥氏理论创新的直接动力，这也使得其思想实现了对传统研究历程的突破，因而在政治学与公共管理研究领域大放异彩。可以说，奥斯特罗姆的理论研究既有完善的理论支撑，亦有丰富的实证案例佐证，呈现出理论分析与实证考察并重的分析特色，并以整体性的方法论和跨学科的交融而独具魅力。本书认为，奥氏的研究力图贴近现实情境，十分注重实践观察中的案例分析与实验方法，并具有强烈的政策导向和问题意识，奥氏倾向于设计具有可操作性和实践性的政策工具，如开发 IAD 和 SES 等元理论层面的分析框架，以开发人类制度选择与社会偏好的通用语言。

其五，通过对奥斯特罗姆自主治理思想在公共治理谱系中的地位予以概述，尤其是阐明了奥氏自主治理思想中有关制度多样性的理解、多层次的制度分析、IAD 框架的开发等对于制度理论研究与发展所作出的重要贡献，本书认为奥氏思想构成了复合民主的微观基础。奥氏自主治理思想突破传统公共管理理论研究的"单一中心"模式，主张解决公共资源治理难题不能依赖"万能药"式的简单模型，而应构建一种涵盖多个变量的复杂框架，以适应复杂的现实情境。简言之，本书探析奥氏自主治理思想在思想史中的定位问题，即厘清这一思想在公共治理理论谱系中的位置，以及其对于复合民主的贡献，并对奥斯特罗姆的学术遗产予以总结。不仅如此，本书还对于奥斯特罗姆自主治理思想的理论贡献予以述评，奥氏的相关成果让研究者认为借助于政府管制或外部强加的个人产权的私有化，不再是避免"公地悲剧"的唯一途径，因而具有重要的理论意义。这些贡献具体包括传统集体行动理论的变革、传统制度分析视野的拓展、理性选择制度主义的完善、多中心治理理论的奠基石等诸多方面。

最后不可否认的是，奥斯特罗姆自主治理思想亦有其难以回避的局限与不足，也面临着诸多诘难，本书亦对其予以简要评析，尤其是探讨了这一思想的理论适用性问题。总之，本书主要依循奥斯特罗姆逾五十载的学术生涯中有关公共池塘资源自主治理理论的探索历程，从奥氏自主治理思想的生成背景、应用场域、构建逻辑、分析特色、价值审视以及奥氏的学术遗产等维度切入，旨在探明自主治理思想的衍生脉络、逻辑结构与理论贡献等核心内容，为展开自主合作与治理机制研究的学者提供相关理论知识，也部分弥补了国内研究的相关缺失。

（二）研究不足

本书着力从集体行动理论的发展脉络中把握奥斯特罗姆自主治理思想的理论价值，但囿于篇幅结构、个人能力与资料收集等诸多方面的限制，本书存在如下尚待改进之处。

首先，在对奥斯特罗姆思想线索的梳理方面，本书重在阐述奥氏之前的或同时代的学者对奥氏本人的影响，例如探讨了曼瑟尔·奥尔森、詹姆斯·布坎南等人的理论在奥氏思想生成中发挥的作用。不过在这一过程中，却未能细致探讨奥氏对后辈学者产生的影响，例如对奥氏之于理性选择制度主义、制度的合作博弈论、新公共管理理论等领域的影响，缺乏深入系统的研究。与此同时，本书在详尽概述奥氏自主治理思想之时，较少将奥氏思想与同时期其他公共治理流派予以横向比较与理论对话，从而未能充分展现奥氏思想在治理理论谱系中的地位。

其次，由于学力与篇幅的限制，本书未能对奥斯特罗姆多中心治理思想、复合共和制政治理论、民主制行政理论等公共治理思想详加论述，而仅在探讨奥氏思想的理论价值之时，将其与自主治理思想予以连接。上述处理方法，虽然一定程度上涉及奥氏多中心治理思想的相关内容，但仍然缺乏系统探讨，从而削弱了对奥氏思想的理解程度。与此同时，在论述奥斯特罗姆思想发展的内在逻辑及其外在特征时，有些分析和论断可能陷入宏观、宽泛甚至是片面的境地，这需要进一步完善分析框架，并细化与聚焦论述内容，以提升研究的解释力和准确性。

最后，本书大致属于规范研究的范畴，在今后应该佐之以一定的实证研究，尤其是借助在中国背景下的案例分析，进一步增强奥斯特罗姆自主治理思想的应用性。例如，笔者在今后的研究过程中将尝试借助奥斯特罗姆的自主治理思想，探讨如何运用它去破解中国农村及城市基层治理过程中面临的诸多问题，以实现理论与现实的较好结合。与此同时，鉴于本书采用的分析框架和论述逻辑是一种较新的尝试，其中的合理性与否有待方家的再次鉴定。总之，本书的上述不足表明笔者对于奥斯特罗姆思想的解读工作尚未终止，今后仍需继续深化对于奥氏思想的阐释及应用进程，以为我国公共资源的治理实践提供独特的理论借鉴。

第一章　奥斯特罗姆自主治理思想的生成背景

"这是一个悲剧。每个人都被锁定进一个系统。……在一个信奉公地自由使用的社会里，每个人追求他自己的最佳利益，毁灭是所有的人趋之若鹜的目的地。"

——加勒特·哈丁《公地的悲剧》

"除非一个集团中人数很少，或者除非存在强制或其他某些特殊手段以使个人按照他们的共同利益行事，有理性的、寻求自我利益的个人不会采取行动以实现他们共同的或集团的利益。"

——曼瑟尔·奥尔森《集体行动的逻辑》

一般而言，人类思想的产生及其演化过程均发生于特定的时代背景中，且往往是基于前人研究成果的进一步探索与延伸。与此同理，埃莉诺·奥斯特罗姆的自主治理思想亦非"无源之水"，它是在充分汲取既有公共资源治理与集体行动理论的养分后，历经长期思考和不断探索而形成的知识体系，具有较为特殊的历史情境与深厚的理论渊源。[①] 基于前期文献梳理工

---

① 概括而言，奥斯特罗姆的自主治理思想是由自筹资金的合约实施博弈模型、CPRs 长期存续的设计原则、多中心治理理论、社会资本理论、公用地理论、制度与发展（IAD）框架、社会—生态系统（SES）框架、可持续发展理念等丰富要素构成的内涵体系，国内亦有学者称之为"公共池塘资源理论""公共池塘（资源）治理理论""自主治理理论""自治（主）组织理论""公共治理理论（思想）""公共资源治理理论""公共经济思想""多中心自主治理理论"等。本书认为奥氏研究的精髓在于探究自主组织的自主治理何以可能的问题，因而将其精炼为"自主治理思想"，以容纳上述理论、框架与原则。可参见：Elinor Ostrom, Jammes Walker, Roy Gardner. Covenants With and Without a Sword: Self-Governance is Possible[J] .*American Political Science Association*, Vol. 86, No. 2(June1992) . pp. 404–417.

作，本书拟从时代命题、理论积淀与学术沿承三个维度对奥氏自主治理思想的生成背景予以剖析，它们分别构成奥斯特罗姆这一思想形成的社会政治环境、前人研究基础与直接理论渊源，也是本书论述的逻辑起点及研究基石。

一　时代命题：奥斯特罗姆所处的社会环境

深入了解埃莉诺·奥斯特罗姆所处时代的社会环境，并分析导致其自主治理思想产生和演变的复杂社会文化背景，是跟踪研究奥斯特罗姆思想的起点，也有助于阐明这一思想在社会科学中的应有地位及其价值效应。本书围绕国内外学界有关公共事物治理、集体行动问题与社会制度分析的系列成果，尝试系统梳理奥氏自主治理思想与其他理论体系的学术渊源与理论承继关系，旨在为深刻理解奥氏思想提供有益帮助。具体而言，进入 20 世纪 60 年代，西方主要发达国家战后经济发展的黄金时期逐渐结束，其后发生的新古典自由主义思潮的复兴，以及由此产生的国家与社会关系的重塑和对有关理性官僚制正当性的反思，共同构成奥斯特罗姆思想产生的时代命题。

（一）倡导自发秩序：新古典自由主义思潮的复兴

作为人类社会合作秩序的重要内容，公共事物何以有效治理的问题挑战着众多研究者的智慧，并成为近代以来各国普遍面临的现实难题。在 18 世纪中期，古典自由主义的代表人物亚当·斯密（Adam Smith）提出反对重商主义的国家干涉理论，接受重农学派有关"自由放任市场"的主张，并在倡导自由放任的市场经济的基础上推崇"自动公益说"，即认为个人的利己行为能够自动促进社会整体利益的满足。与此同时，亚当·斯密认为上述结果是在市场充分竞争的基础上，由一只"看不见的手"来指导实现的，政府应保持较小的规模，并只充当"守夜人"的角色而不对市场进行干预。其后，英国哲学家约翰·穆勒（John S. Mill）于

1848 年出版《政治经济学原理》一书，他在对斯密的自由市场原理予以辩护的基础上，针对来自科学社会主义者们的种种批判，主张对资本主义制度进行修正。近半个世纪之后，英国近代经济学家、新古典学派的创始人阿尔弗雷德·马歇尔（Alfred Marshall）综合各派的观点，并于 1890 年出版《经济学原理》，他将注意力集中于对微观经济的分析，并把制度视为常量，对在给定的制度条件下资源的稀缺性及其配置与效率问题进行研究。直至 20 世纪 30 年代前后，西方主要资本主义国家都发生了严重的经济危机，以亚当·斯密为代表的古典自由主义经济学派仿佛一夜之间陷入了低谷，因为这套坚持市场能够保持自我供需平衡的理论已无法解释彼时的经济现实，更无力开出有效解除经济危机的药方。至此，约翰·凯恩斯（John Maynard Keynes）的政府干预经济学说横空出世。针对 20 世纪 30 年代美国出现的"大萧条"，凯恩斯将其归咎于过度放任的市场机制，从而主张利用国家的宏观政策等手段来弥补市场无法避免的缺陷。在现实政治实践中，由于罗斯福政府施行的一系列国家对市场经济的干预举措取得了成功，国家或政府又一次成就了自身，成为经济发展中一个至关重要的因素。此后，凯恩斯主义在西方政治经济学等领域长期占据主流地位，对社会科学整体的发展产生了深远影响。

第二次世界大战以来，随着西方国家政治包容性的提升和公民能力的增强，个体之间的集体行动也逐步常规化。尤其是在 20 世纪 70 年代初期，凯恩斯主义的国家干预政策开始引发经济、社会、政治等诸多问题，其中在经济方面表现为"滞胀"（Stagflation）危机，即经济停滞与通货膨胀状态并存，而在社会方面则出现了"福利国家"政策诱发的诸多社会病，上述问题使凯恩斯主义的经济政策和福利国家方案遭遇严重质疑和大量批判。与此同时，在二战后的冷战格局中，资本主义和社会主义两大阵营之间发生激烈论战和严重对抗。在这一背景下，新古典自由主义（Neo-classical Liberalism）［或称新自由主义（Neo-Liberalism）、自由至上主义（Libertarianism）］的思潮开始兴起，其主要代表人物是奥地利学派的弗里德利希·冯·哈耶克（Friedrich von Hayek）、芝加哥货币学派的米尔顿·弗里德曼（Milton Friedman）、理性预期学派的罗伯特·卢卡斯（Robert E. Lucas）等，他们纷纷主张回到古典自由主义，宣扬借助个人自主与社会自发的力量，反对政府擅自干预以及过度调控市场的行为。其中，奥地利经济学家哈耶克从个人主义的方法论出发，构建了"自发秩序"（Spontaneous Order）这一概念，从而与众多"人造秩序"或"建构秩序"相区别①，"自发秩序"也可被称为"自我生成的秩序"（Self-generating Order）、"内生性秩序"或"自组织结构"（Self-organizing Structures）。很显然"自发秩序"的主体是公民个人，而非其他社会组织或集体。作为哈耶克政治哲学的核心概念之一，"自发秩序"系指"一类事物的状态，在此种状态中，各种不同的要素相互联系极为密切，使我们能够通过对其全体的某些空间或时间的组成部分的认识，而对剩余部分进行具体的预期，或者至少是有机会被证明为正确的推测"。② 与此同时，哈耶克从反对"社会工程"（Social Engineering）和"理性建构主义"（Rational Constructuralism）的概念出发，否定各种主张通过人的理性设计和集中控制社会秩序的政治理论。对此，哈耶克明确指出："对于任何想通过把个人互动的自生自发过程置于权力机构控制之下的方法，去扼杀这种自生自发的过程并摧毁我们的文明的做法，我们必须予以坚决的制止。"③

① 在研究过程中，哈耶克又将"自发秩序"和"人造秩序"分别称为"内部秩序"和"外部秩序"，其中"自发秩序"指的是个人主动追求私利的过程中主动形成的执行，"人造秩序"类似于寻求第三方权威机构的帮助下实施某个预设目标的集体工具。而且，自发秩序与人造秩序这两种社会秩序类型中所依赖的协调手段是不同的，后者依赖命令与服从，而前者所依赖的是与特定环境紧密相连时所遵循的规则之后果。可参见：邓正来. 规则·秩序·无知——关于哈耶克自由主义的研究 [M]. 北京：生活·读书·新知三联书店，2004：75-76.
② Friedrich von Hayek. *The Sensory Order: An Inquiry into the Foundations of Theoretical Psychology*[M].The Uiversity of Chicago Press, 1973: 36.
③ 〔英〕弗里德利希·冯·哈耶克. 法律、立法与自由（第二、三卷）[M]. 邓正来，等译. 北京：中国大百科全书出版社，2000：492.

时至 20 世纪 70 年代初期，哈耶克又在"自发秩序"的基础上进一步提出"扩展秩序"（Extended Order）的概念。比较而言，前者强调个人在利益冲突中自发有序的互动行为，从而将利益冲突维持在一定范围内的过程；后者侧重于自发秩序在时间和空间维度上的生成、发展及变化的过程。从哈耶克的行文中，我们可以看出他所论述的"扩展秩序"是强调由自由市场中主体自发地产生规则的过程，因为哈耶克相信个人在自由竞争的社会环境中能够很好地协调利益并产生分配方案，比如，哈耶克说道："（扩展秩序是）在没有强制和专断干预的情况下，使我们的行为相互协调的唯一办法。"[①] 概言之，哈耶克所论述的"自发秩序"和"扩展秩序"理论对 20 世纪七八十年代以后反思政府干预和计划经济弊端的学者触动很大，其中就包括对奥斯特罗姆的影响。此后，这些学者更加注重经验与传统在人类智识体系中的重要意义，提倡追求具体的而非抽象的知识，即所谓与情境相关的理性或者说实践的知识。基于此，奥斯特罗姆将政府看成一个多元的体制安排，它们是自发创造的秩序，她认为："多中心体制设计的关键因素是自发性……自发意味着多中心体制内的组织模式在个人有动机创造或者建立适当的有序关系模式的意义上将自我产生或者自我组织起来。"[②] 进一步分析，奥斯特罗姆并非一个反市场经济的学者，正如菲利普·布思（Philip Booth）认为的那样："奥斯特罗姆教授的思想与自由经济理念绝不冲突。……（她）关于如何管理资源系统的观察，本质上是对自由经济行为者工作的观察。"[③] 而且，奥斯特罗姆正是继承和发展了古典自由主义传统的积极自由思想，支持分散和私人所有的产权制度，认为国家应保障每个公民主

---

① Friedrich ron. Hayek. *The Road to Serfdom*[M].The University of Chicago Press, 1972: 36.

② 〔美〕迈克尔·麦金尼斯主编. 多中心体制与地方公共经济 [M]. 毛寿龙，李梅，译. 上海：上海三联书店，2000：78。

③ 〔美〕埃莉诺·奥斯特罗姆，克里斯蒂娜·张，马克·彭宁顿，等. 公共资源的未来：超越市场失灵与政府管制 [M]. 郭冠清，译. 北京：中国人民大学出版社，2015：前言 6。

动探索和尝试不同规则的自由。不过，尽管奥氏在研究中尽力避免被冠以"粗俗"的意识形态标签，但她的自主治理思想体现了分权治理的有效性。可以说，奥斯特罗姆的自主治理思想的本质特征是倡导多层次的自发秩序，是对整体秩序建构社会工程的警惕，也是对个体公民之间磨合与协商能力的承认。

（二）回归公共治理：国家与社会关系的重塑

国家与社会之间的关系，是西方社会科学界的核心议题之一，并呈现出"国家中心论"与"社会中心论"等观点，且二者的理论边界也逐渐模糊。[①] 概言之，19 世纪末 20 世纪初以来，受到霍布斯的主权理论和韦伯的理性化官僚制度的综合影响，在各国个人事务逐渐公共化的同时，公共事务仅被极少数人关注。这一结果导致人们逐渐放弃了开发并提升自身创造力的可能性，从而给了统治者无限使用权力和滥用公共空间的机会，并抑制了社会自主治理的愿望和能力。其中，"国家中心论"的支持者认为每一个理性的个体将权力让渡给一个权威机构，由该权威机构来有效地组织集体行动，从而实现公共资源的有效配置和供给。但在无政府主义者看来，社会中出现的各类弊病均源于国家的存在，国家的强制力量导致民众的屈从，从而成为诸多邪恶的源泉。因此，无政府主义者认为应废除一切国家形式，构建以个人自由联合的、以生产者为基础的绝对自由社会。不过，上述论调在二战后新自由主义的影响下有所调整，世界主要国家陆续启动了治道变革的历程，其大致的趋势是强调政府决策的民主化、提高地方自治水平等一系列公共治理革新，涉及政府职能的市场化、政府行为的法治化、政府决策的民主化、政府权力的多中心化等领域。与这一治道变革潮流暗合，各国政治

---

① 有关西方国家与社会关系理论的流变情况，参见：郁建兴，周俊. 论当代资本主义国家与社会关系的变迁 [J]. 中国社会科学，2002 (6)：162-173+208；王建生. 西方国家与社会关系理论流变 [J]. 河南大学学报（社会科学版），2010 (6)：69-75。

体制也开始从单中心的政府走向多中心的公共治理，并开启了政府再造运动。其中20世纪后期治理理论的兴起便是该项运动的重要体现，具体趋势表现为政府与非营利的第三部门或社会团体、中介机构、市场组织进行合作治理。

上已述及，直至20世纪60年代末70年代初，以美国为首的西方主要资本主义国家结束了二战以来的经济腾飞，这些国家纷纷陷于经济"滞胀"的泥潭而不能自拔。更为糟糕的是，国家干预主义政策（凯恩斯主义政策）的长期施行使得欧美国家的政府背上了较重的财政负担，各国经济普遍受挫，而且随着通货膨胀和失业率"双高"的奇特现象出现。这一切都指向凯恩斯主义的国家干预失灵问题，促使人们关注并重视公共治理问题，并逐渐抛弃由国家（政府）单一主体处置公共事务的传统理念，而致力于开发多重权力中心治理的模式。此后在以哈耶克、弗里德曼等为代表的自由至上主义经济学家的坚决反对下，西方主要资本主义国家纷纷在20世纪80年代前后调整国家政策，改变以往强国家干预的倾向，进行国家治理体制的改革，以重新调整国家、社会与市场三者之间的关系。其中，乔尔·S. 米格代尔（Joel S. Migdal）从过程的、动态的角度对国家与社会关系予以阐释，并以"社会中的国家"（State in Society）为分析路径对复杂社会现实进行认识和理解。在分析中，米格代尔批判前人对"国家"的定义有高度抽象的倾向，认为"只有国家能够和应该创造规则且只有国家能够和应该保有暴力手段使人们屈从并遵守规则——这一假设简化了发生于每个人类社会多重规则体系中的大量谈判、沟通与抗争。"[①] 可以说，学界有关国家与社会关系的探讨，更为注重由公民个体主动行使治理公共事物的权利，并集体决定公共资源的配置，建立资源共享与交换的社会自主性网络，形成公民自我管理模式，以维护及增进公共利益。

---

① 〔美〕乔尔·S. 米格代尔. 社会中的国家——国家与社会如何相互改变与相互构成 [M]. 李杨，郭一聪，译. 南京：江苏人民出版社，2013：16。

随着公共治理理论的兴起，国家与社会、公域与私域的边界逐渐模糊，并朝着日渐交融的方向演进，突出体现为包括政府在内的社会各主体对公共事务的共同参与。在公共物品与服务的生产、供给过程中，政府管理权限和职能不断向地方社群和相应的社会组织转移，逐步形成权力下放、地方自主治理的格局。其中，社会公共事务的管理权限也更多地由地方社群承担。在公共治理的框架中，国家与社会的关系趋向整合与交融，而且更重视以社群的自发调节力量来解决社会发展进程中出现的各种矛盾，由此呈现出多中心的政治秩序状态，这在一定程度上能够克服国家机构管理带来的弊端。其中，多中心政治秩序主要"意味着众多权威和责任的领域（或中心）交叠共存。这些领域从地方社群、国家政府，到非正式的全球性治理安排，规模不一"。① 为此，奥斯特罗姆考察了作为外部变量的政府在制度供给中发挥的作用。简而言之，她将外部政府分为"促进型政府"和"冷漠型政府"两类。在前一类政府中，她假定政府官员都是负责任的，且十分愿意去解决公共资源的治理问题。不过，那些向政府官员表达自身观点的人，较有可能影响政府官员制定有利于他们的规则，但其他资源占用者则难以遵守这些被他们认为是不公正、低效率的规则。在此种情境下，由政府官员订立的规则倘若得以实施，将花费更高的成本。在后一类政府中，奥氏假定政治体制是一个腐败的集权体制，如果官员不正直，那么制度供给将变得更为困难。自主治理思想起源于奥斯特罗姆夫妇对美国南加州地下水治理问题的分析，经城市服务供给研究的沉淀，成熟于 20 世纪 90 年代的公共池塘资源的治理研究。可以说，奥斯特罗姆所倡导的自主治理思想，在公共领域的理论建构层面沿袭了"大社会、小政府"的路径，其本质是通过寻求各种公民社会的力量与资源，在国家与社会权力的划分中强调多元权力主体的合作治理，是适应复杂人类社会的制度安排，以达成

---

① 〔美〕迈克尔·麦金尼斯主编. 多中心治道与发展［M］. 王文章，毛寿龙，等译. 上海：上海三联书店，2000：2。

自治与共治的多中心秩序和多元主体"共治"的美好图景。

（三）对官僚制的正当性反思

20世纪初期以来，德国社会学家马克斯·韦伯（Max Weber）正式提出官僚制理论①，其后，政治学、公共行政学、经济学与社会学等学科的研究者对这一领域十分关注，并纷纷将这一理论视为现代政府管理的基本原则。具体而言，作为一套职业的文官系统，官僚制是"那些由被任命的官员执行法律和政策的庞大组织的统称"。② 现代官僚机构的特征包含固定正式的管辖范围原则、机构等级和多级权力层次原则、建立在书面文件（档案记录）之上、专业性的机构管理、要求官员充分发挥自身能力、遵循特定的规则。③ 简言之，官僚制是借助专业分工来提升组织效率的一套科层制度。与此同时，20世纪的诸多政治运动，促使官僚组织或行政问题成为政治理论关注的重要议题。尤其是在20世纪70年代之后，以美国为首的西方主要国家在经历经济恢复和发展阶段后，一度陷入衰退状态。战后西方经济发展的黄金期逐步结束，各国纷纷陷入"滞胀"的困境，而长期的国家干预主义政策让政府背上沉重的财政负担。总之，作为传统政治学理论基础之一的官僚制组织范式，在20世纪中后期，遭到理论界与实践界的多方批判。20世纪80年代，在官僚制面临上述困境之际，有学者陆续提出"突破官僚制"④

---

① 〔德〕马克斯·韦伯. 官僚制〔M〕//彭和平，竹立家. 国外公共行政理论精选. 北京：中共中央党校出版社，1997：33-42；〔德〕马克斯·韦伯. 经济与社会（第1卷）〔M〕. 阎克文，译. 上海：上海人民出版社，2009。

② 〔美〕迈克尔·G. 罗斯金，等. 政治科学（第十二版）〔M〕. 林震，等译. 北京：中国人民大学出版社，2014：263。

③ 〔美〕理查德·J. 斯蒂尔曼二世编著. 公共行政学：概念与案例（第七版）〔M〕. 竺乾威，等译. 北京：中国人民大学出版社，2004：80-82。

④ 〔美〕麦克尔·巴泽雷. 突破官僚制：政府管理的新愿景〔M〕. 孔宪遂，等译. 北京：中国人民大学出版社，2002。

"摒弃官僚制"① 等口号，这使得作为政治治理形式的官僚制受到人们的质疑。概述而言，学界对于理性官僚制的批判主要围绕其存在的两个问题：压制个体、绩效不佳。

其一，官僚体制中压制个体的问题。齐格蒙特·鲍曼（Zygmunt Bauman）对理性官僚制的正当性进行了体察并予以反思，他认为"在权威的官僚体系内，关于道德的语言有了新的词汇。它充斥着像忠诚、义务、纪律这样的概念——全部都是朝向上级。上级是道德关怀的最高目标，同时又是最高的道德权威。……下级感到耻辱还是光荣依赖于他有多么恰当地实施了权威所要求的行动"。② 倘若理性官僚制的公共责任蜕变为政治统治的执行工具时，作为其内在精神的公共责任随之消逝，出现政治信任的伦理危机以及无法满足公众对公共品的合理需求。此后，尽管部分学者通过论证"专家知识"为官僚制提供技术合法性，不过这一论证越发遭到学者的质疑。正如官僚制最杰出的阐释者马克斯·韦伯自身所指出的，"理性的铁笼"中的人们很可能"在骚动的妄自尊大中渲染出来一种机械式的麻木"，而此类文化的终点就是最为经典的悲观论调："专家们失却了灵魂，纵情声色者丢掉了心肝；而这种空壳人还浮想着自己已经达到了一种史无前例的文明高度"。③

其二，官僚体制中绩效不佳的问题。这一问题可分为激励结构与信息结构两类问题。一方面，由于官僚制的终极使命是高效率地执行政治命令，"在这种假定下，职业官僚只不过是为其规定着完全固定行动路径的不断运转的机制上的一个小小的齿轮而已"。④ 而传统的官僚制行

---

① 〔美〕戴维·奥斯本，彼德·普拉斯特里克. 摒弃官僚制：政府再造的五项战略 [M]. 谭功荣，刘霞，译. 北京：中国人民大学出版社，2002。

② 〔英〕齐格蒙特·鲍曼. 现代性与大屠杀 [M]. 杨渝东，等译. 南京：译林出版社，2002：210。

③ 〔德〕马克斯·韦伯. 新教伦理与资本主义精神 [M]. 马奇炎，陈婧，译. 北京：北京大学出版社，2012：184。

④ 〔美〕戴维·奥斯本，彼得·普拉斯特里克. 摒弃官僚制：政府再造的五项战略 [M]. 谭功荣，刘霞，译. 北京：中国人民大学出版社，2002：17。

政是对民主的背叛，对此文森特·奥斯特罗姆解释称："我们可以断定官僚机器会束缚住职业官僚，把公民变成依附性的群众，使其政治'主子'变成软弱无能的'外行'。"① 另一方面，官僚体制中信息结构的问题。作为一种特殊的组织结构，官僚制的结构效率高度依赖组织内部特定的激励效果和决策权安排，同时高度依赖这一结构与环境的兼容适应程度。在马克斯·韦伯看来，依照层级原则组织劳动分工的官僚科层结构，是提升行政效率的需要。不过，基于决策权安排的官僚制科层结构，其上下级之间呈现严格的命令与服从的关系，身处科层结构高层的决策者缺乏对政策相关信息的了解，而身处下层的执行者只能通过自下而上的信息通道逐级传递信息，这样会产生大量信息阻塞或超载问题。因此，"官僚制既承受信息短缺之苦，也遭受信息泛滥之害。"②

可以说，对于官僚制的反思，使得 20 世纪后期以来的学者们普遍认识到若完全依赖官僚垄断供给公共物品，将由于竞争的缺失、个人偏好的多元和理性官僚的自利倾向等因素，从而产生公共物品的供给效率不足、腐败蔓延等问题。"传统的统治型政府基本不承担公共服务的责任，管理型政府的官僚制履行的只是公共服务的'短缺性'供给，而多中心治理的合作机制则是一种能符合公共服务再生产要求的制度选择"。③ 由于官僚机构的独立性对政策的连贯性造成损害，对此，B. 盖伊·彼得斯（B. Guy Peters）认为政府改革的方向应是破除权力垄断格局，以实现权力向市场、地方的分散。④ 官僚制在 20 世纪以来的实践中日渐暴露出局限性，引发学者的批判和反思，而随着 20 世纪 70 年代以

① 〔美〕文森特·奥斯特罗姆. 美国公共行政的思想危机 [M]. 毛寿龙，译. 上海：上海三联书店，1999：40。
② 〔英〕戴维·毕瑟姆. 官僚制（第二版）[M]. 韩志明，张毅，译. 长春：吉林人民出版社，2005：10。
③ 孔繁斌. 公共性的再生产——多中心治理的合作机制建构 [M]. 南京：江苏人民出版社，2012：56。
④ 〔美〕B. 盖伊·彼得斯. 政府未来的治理模式 [M]. 吴爱民，等译. 北京：中国人民大学出版社，2014：34-35。

来新公共管理思潮的兴起，学界对于官僚制正当性的批判达到了一个新的高度，并掀起了一股政府改革思潮。对此，研究者已经逐渐认识到，传统的官僚制组织已经不适用于治理复杂的公共事物，以戴维·奥斯本（David Osborne）为首的新公共管理学派的诞生以及与此同时发生于世界各地的新公共管理运动，就是人们对官僚制度反思的结果之一。其后，戴维·奥斯本和彼得·普拉斯特里克（Peter Plasterk）研究认为官僚制政府拒绝接受变革。① 而在奥斯特罗姆的研究中，集体行动的解决途径随着环境的变化而改变，其中自愿组织和公共权威混合的解决方法比纯粹的官僚等级制或者纯粹的市场机制，在 CPRs 的场域中更为有效。总之，围绕公共物品的供给有效性、公平性等问题，学界引出治理范式转换这一紧迫问题，其中以统一、科层和命令为出发点的单中心治理结构（科层官僚体制）遭遇合法性危机，最终促成了多中心秩序的自主治理的兴起。

上述时代背景为奥斯特罗姆自主治理思想的建构提供了基本的社会前提。因为，奥斯特罗姆是在霍布斯的主权理论和韦伯所讨论的官僚制度之外寻找有利于公共事物治理的复杂制度安排。② 作为对官僚组织缺陷的补足，奥氏自主治理思想重在激励由公民个人组成的自组织承担具有公共责任的制度设计任务，并试图通过个体对公共品供给的参与，重构公共品的供给主体、规则与实践机制。其中，自主治理意味着以个体的自律和自治为基础，不同于以他律和他治为基础的官僚科层制的管理。对此，丹尼尔·贝尔（Daniel Bell）曾预言："在未来几十年中，'传统的'官僚科层体制的形式将让路给比较能够适应于发展首创精

---

① 〔美〕戴维·奥斯本，彼得·普拉斯特里克. 再造政府：政府改革的五项战略 [M]. 谭功荣，刘霞，译. 北京：中国人民大学出版社，2014。
② 〔美〕文森特·奥斯特罗姆. 美国公共行政的思想危机 [M]. 毛寿龙，译. 上海：上海三联书店，1999；另可参见：蓝志勇，陈国权. 当代西方公共管理前沿理论述评 [J]. 公共管理学报，2007（3）：1-12。

神、增加空余时间、实行共同商议等等需要的组织模式。"① 与此同时，乌尔里希·贝克（Urich Beck）和安东尼·吉登斯（Anthony Giddens）等人也认为"由更加灵活的、中心分散的权威系统取代官僚等级制的趋势很明显。在此，民主化进程再次与制度的自反性联系到了一起，且明显表现出自治原则"。② 事实上，自 20 世纪后期以来，官僚制理论遭遇了来自不同学科领域的批判，诸多学者在不同程度上表示出超越或者摒弃官僚制的理论倾向，而以奥斯特罗姆夫妇为代表的多中心治理理论便是代表之一。

二　理论积淀：集体行动问题的研究传统

西方学界有关集体行动问题的研究历时弥久，社会科学家们较早便运用不同方法对这一问题予以分析，特别是自 20 世纪初期以来，该领域的研究更是获得了蓬勃发展，成为政治学、经济学、社会心理学等学科共同探讨的话题。③ 包括由阿瑟·F. 本特利等人开创的传统集团理论、曼瑟尔·奥尔森等人构建的第一代集体行动理论以及赫伯特·布鲁默（Herbert Blumer）提出的符号互动理论等。上述学者的理论为奥斯特罗姆思想的生成提供了理论积淀。④ 值得一提的是，关于"集体行动"的内涵阐释，埃莉诺·奥斯特罗姆认为："'集体行动'这一术语系指：由个人独立做出的行动决策，最终却对行动所涉及的每一个人都

---

① 〔美〕丹尼尔·贝尔. 后工业社会的来临——对社会预测的一项探索 [M]. 高铦，王宏周，等译. 北京：新华出版社，1997：356。

② 〔德〕乌尔里希·贝克，〔英〕安东尼·吉登斯，〔英〕斯科特·拉什. 自反性现代化：现代社会秩序中的政治、传统与美学 [M]. 赵文书，译. 北京：商务印书馆，2001：245。

③ 与"集体行动"相近的概念还有"集体行为""集群行为""社会运动""社会冲突"和"集体抗争"等。可参见：赵鼎新. 社会与政治运动讲义 [M]. 北京：社会科学文献出版社，2006：2-6；王国勤. "集体行动"研究中的概念谱系 [J]. 华中师范大学学报（人文社会科学版），2007（5）：31-35。

④ 本研究所采用的学科视角及其划分，并不必然代表学者相关研究的学科属性，而是从学者所涉及的研究方法及主要议题等维度，对其予以暂时性剖析。

将产生影响。"① 此外，亦有学者将集体行动（Collective Action）理解为社会运行中群体的聚合行为。② 同时，国内也有学者从狭义层面将"集体行动"区别于"社会运动"和"革命"等概念，并将集体行动理解为有许多个体参加的、具有很大自发性的制度外政治行为。③ 总之，学界对于集体行动的内涵是在不同层面上阐述的，从而也被赋予了不同的视角。

（一）来自政治学视角的分析

在西方政治思想史的发展中，古希腊柏拉图以降的政治学家大多乐观地认为，社会成员为了实现共同利益，能够以自愿合作、签订契约等方式促进集体行动的达成。例如，在亚里士多德（Aristotle）关于"人是天生的政治动物"④ 的哲学命题中就包含了对人类集体行动的早期观察。他认为雅典公民能够为城邦利益而主动参与公共生活，以保持并促进城邦内部人们的德行与善业。其后，英国哲学家托马斯·霍布斯（Thomas Hobbes）有关人类"自然状态"的设想便呈现出集体行动中"公地悲剧"的原型：人们追寻自我狭隘利益，最终却导致彼此间的残酷厮杀。对此，霍布斯认为处于自然丛林中的个体是非理性、无知或恶意的，他们为了避免"一切人反对一切人"⑤ 的战争状态，唯一可行的选择是通过创建政治秩序并相互之间签订契约，即借助无限制的主权国

---

① Elinor Ostrom. Polycentric Systems for Coping with Collective Action and Global Environmental Change[J]. *Global Environmental Change*, Vol. 20, No. 4(October2010) . p. 551.
② 〔美〕西德罗·塔罗. 运动中的力量：社会运动与斗争政治 [M]. 吴庆宏，译. 南京：译林出版社，2005：18。
③ 赵鼎新. 社会与政治运动讲义 [M]. 北京：社会科学文献出版社，2006：2-6。
④ 亚里士多德的原话为："城邦出于自然的演化，而人类自然是趋向于城邦生活的动物（人类在本性上，也正是一个政治动物）。凡人由于本性或由于偶然而不归属于任何城邦的，他如果不是一个鄙夫，那就是一位超人。"可参见：〔古希腊〕亚里士多德. 政治学 [M]. 吴寿彭，译. 北京：商务印书馆，1965：7。
⑤ 〔英〕霍布斯. 利维坦 [M]. 黎思复，黎廷弼，译. 北京：商务印书馆，1985：94-95。

家的制度安排加以解决。对此，正如罗杰·马斯特斯（Roger D. Masters）指出的那样："霍布斯的自然状态就像一个囚徒困境或是公地悲剧……惟有借助于能对（个体）短期利益施加强制限制的、被接受的仲裁者或主权者才能避免战争状态。"① 与此同时，作为苏格兰启蒙运动的代表人物，大卫·休谟（David Hume）从经验主义的人性论出发，对人类行为的利己倾向予以考察。值得一提的是，休谟当时便已提出著名的"农夫困境"（Plight of Farmers），即在缺乏可信的承诺与合作的社会中，个体的交往容易产生集体行动困境，表现为农夫甲不主动帮乙收庄稼，那么农夫乙也不会帮甲收庄稼，致使大家的庄稼都烂在地里。② 在这项研究中，休谟逐渐意识到，社会尽管对个体财产安全起到保护作用，但私人利益与社会利益之间的隔阂始终存在，并表现为个体为了实现自身利益，而罔顾社会秩序中的公共利益。更为关键的是，休谟意识到在上述困境中农夫们并非缺乏理性或无知，而是由于彼此之间缺乏可信承诺，从而倾向于选择相互背叛的"搭便车"行为，即"（人们）每一次破坏公道的后果似乎是辽远的，不足以抵消由破坏公道所可能获得的任何直接利益。……公道的破坏在社会上必然会非常频繁，而人类的交往也因此而成为很危险而不可能的了。"③ 基于此，帕特南在考察休谟的"农夫困境"后，认为核心问题在于对欺骗行为缺乏令人信服的制裁，这让人们确信他人在逃避义务的诱惑面前难以恪守诺言。④ 此外，有学者认为休谟针对集体行动问题的探讨，已隐约将私人利益和集体利益之间的冲突归因为"搭便车"行为，并在奥尔森之前指出了小集团相比大集团更利促成集体行动。⑤

① Roger D. Masters. *The Nature of Politics*[M].New Haven: Yale University Press, 1989: 174.
② 〔英〕休谟. 人性论（下册）[M]. 关文运，译. 北京：商务印书馆，1997：561。
③ 〔英〕休谟. 人性论（下册）[M]. 关文运，译. 北京：商务印书馆，1997：575。
④ 〔美〕罗伯特·D. 帕特南. 使民主运转起来：现代意大利的公民传统 [M]. 王列，赖海榕，译. 南昌：江西人民出版社，2001：190-217。
⑤ Keith L. Dougherty. Public Goods Theory from Eighteenth Century Political Philosophy to Twentieth Century Economics[J].*Public Choices*, Vol. 117, No. 3-4(December2003). pp. 239-253.

与此同时，法国启蒙思想家让-雅克·卢梭（Jean-Jacques Rousseau）根据人类在自然界的生存状况，认为"人类没有办法可以自存，除非是集合起来形成一种力量的总和才能克服这种阻力，由一个唯一的动力把他们发动起来，并使他们共同协作"。① 不过，卢梭质疑个体之间的协作能力，从而提出"猎鹿博弈"（Stag Hunt Game）的寓言。在该则寓言中，卢梭假设某座森林中有两位饥肠辘辘的猎人（他们具备基本的沟通与理解能力），他们偶然碰到一起并同意一起猎鹿，而一头鹿能够填饱他们两个人的肚子，不过在围猎的途中出现很多野兔，如果其中一个猎人由于理性的自私并对另一个猎人不信任，放弃围猎并独自追逐兔子，从而导致"猎鹿"行为破产。② 对此，当代学者布莱恩·史盖姆斯（Brian Skyrms）将这一寓言形式化为博弈论中的经典博弈结构，其中双方合作或不合作均为纳什均衡状态。③ 其后，英国功利主义学说的创立者杰里米·边沁（Jeremy Bentham）在探讨个人利益与社会利益关系的问题时，采取将社会整体还原为个人的方法，试图化解二者之间的矛盾。他认为社会是由具体的个人结合而成的想象共同体，那么计算社会利益就是个人利益的加总过程。按照边沁的意思，社会中所有的个人只要都遵循趋乐避苦的功利原则，社会也将实现共同利益的最大化。延续边沁的功利主义研究，古典自由主义的集大成者约翰·穆勒（John S. Mill）尽管也认为自由市场可以激发个人生产的主动性，但与亚当·斯密不同的是，他进一步认为个人私利不足以成为社会公共利益的保障，并举例说明：将劳动时间由 10 小时缩减至 9 小时，对于每个工人都是有益的，可是对于任何一个工人而言，他们都不愿承担促成 9 小时工作制得以实施的全部成本，每个工人都将基于"成本—收益"的考

---

① 〔法〕卢梭.社会契约论［M］.何兆武，译.北京：商务印书馆，2003：19。
② 〔法〕卢梭.论人类不平等的起源和基础［M］.李常山，译.北京：商务印书馆，1962：114-115。
③ Brian Skyrms. *The Stag Hunt and the Evolution of Social Structure*［M］.Cambridge: Cambridge University Press, 2003.

虑选择不行动。① 因此，穆勒注意到了个人利益与社会利益之间的矛盾及其选择问题，并且呼吁个人应限制自己的欲望，应为他人和社会利益牺牲自己的部分利益。

时至美国建国初期，联邦党人为争取新宪法获得各州代表会议的批准，在以"普布利乌斯"（Publius）为笔名而发表的论文集中，其开篇便提出一个重要问题："人类社会是否真正能够通过深思熟虑和自由选择来建立一个良好的政府，还是他们永远注定要靠机遇和强力来决定他们的政治组织。"② 对此，联邦党人的回答是肯定性的，认为人类能够通过自由选择和自主决策，而非基于命运和强力以实现社会自身的良善治理。联邦党人的立宪选择研究，为奥斯特罗姆夫妇的理论研究供给了传统资源。例如，文森特·奥斯特罗姆认为上述两种选择，将导致不同秩序的产生，前者是基于自治和自由的秩序，后者则是基于统治和服从的秩序。③ 19 世纪早期，法国政治社会学家阿历克西·德·托克维尔（Alexis De Tocqueville）观察到美国乡镇中的人们能够为共同利益而自愿结社，并对公共事务有着较高的参与程度，他将其称为"乡镇自治精神"，并积极推崇"公共精神"和"结社的艺术"的积极价值，进而认为"在美国，乡镇不仅有自己的制度，而且有支持和鼓励这种制度的乡镇精神。……（新英格兰的居民）他们关心自己的乡镇，因为他们参加乡镇的管理；他们热爱自己的乡镇，因为他们不能不珍惜机制的命运。"④ 与之相对的是，托克维尔在分析法国旧制度对于公民的影响时，

① 〔英〕穆勒. 政治经济学原理（下卷）〔M〕. 胡企林，等译. 北京：商务印书馆，1991：553-555。
② 〔美〕汉密尔顿，杰伊，麦迪逊. 联邦党人文集〔M〕. 程逢如，等译. 北京：商务印书馆，1980：3。
③ 〔美〕文森特·奥斯特罗姆. 隐蔽的帝国主义、掠夺性国家与自治〔M〕//〔美〕V. 奥斯特罗姆，D. 菲尼，H. 皮希特编. 制度分析与发展的反思——问题与抉择. 王诚，等译. 北京：商务印书馆，1992。
④ 〔法〕托克维尔. 论美国的民主（上卷）〔M〕. 董果良，译. 北京：商务印书馆，1989：74-76。

认为"人们原先就倾向于自顾自：专制制度现在使他们彼此孤立；人们原先就彼此凛若秋霜：专制制度现在将他们结冻成冰"。① 这表明，托克维尔并未在施行旧制度的法国观察到公民参与公共事务的传统，从而对人们的集体行动持否定和消极态度。

在前人研究基础上，20 世纪初期美国政治学家阿瑟·本特利在《政府的过程：社会压力研究》中以"集团"（Group）作为理论阐述和研究工作的核心概念，并认为任何社会运动与政府过程，都是集团之间相互作用的结果，而在集团内部，他认为"拥有相同利益的个人将会自愿地为促进集团的共同利益而行动"。② 对此，戴维·格林斯坦（David Greenstone）等人在对集团理论展开阐述时，认为本特利假定政治生活拥有在"稳定—干扰—反抗"模式中自我平衡的倾向，而一旦社会中利益的平衡被打破，利益集团便会采取集体行动尽力恢复原有的平衡。③ 凯伊（V. O. Key）在《政治、政党和压力集团》中将利益集体研究与公共政策的形成相结合，并提出政党是一种表达团体利益的主要工具，而议会中同属于一个党的议员们能够组成政府内党，在一系列问题上保持高度一致的协调行动。其后，戴维·杜鲁门（David B. Truman）在《政治过程：政治利益和公共舆论》中更为详尽地论述了利益集团形成的原因，并研究个人态度、公共舆论与利益团体的关联。具体而言，杜鲁门首先在涉及利益集团的研究中摒弃了"国家整体利益"的观念，声称所谓的公共利益只能借助集团利益予以呈现，因而并不存在超越集体利益的整体利益④，其后他主张"社会中还有一些基本的游戏规则来保护潜在集团的利益。对这些规则的破坏会遭到其他利益集团的

---

① 〔法〕托克维尔．旧制度与大革命［M］．冯棠，译．北京：商务印书馆，1992：35。

② Arthur F. Bentley. *The Process of Government: A Study of Social Pressures*［M］.Evanston: Principia Press, 1949: 111.

③ 可参见：〔美〕格林斯坦，波尔斯比．政治学手册精选（上卷）［M］．竺乾威，等译．北京：商务印书馆，1996：375-399。

④ 〔美〕杜鲁门．政治过程：政治利益与公共舆论［M］．陈尧，译．天津：天津人民出版社，2005：54-55。

攻击和社会的不齿，从而导致其社会地位和影响力的下降。利益集团之间以及利益集团与潜在集团之间的多重成员身份也能够成为多元集团社会中的一种主要平衡力量"。① 总之，多元主义集团理论将集体内部的共同利益理解为集体行动的充要条件，从而对集体行动持理想的乐观态度。② 这一理论进而认为，当某一社会群体的利益遭受其他利益集团的侵犯时，他们将会自愿创建组织维护共同利益，即弱势集团可以借助建立联盟的方式增强自身竞争力。多元主义的集团理论认为如果某一集团是由理性的个体组成，那么该集团本身也是理性的。换言之，正如个体趋向于为达成自身利益而行动一样，集团也会为成员的共同利益而行动，而这正是现代民主思想的体系基础。

20 世纪 70 年代，查尔斯·蒂利（Charles Tilly）尝试对社会运动中的各种集体暴力情形予以阐释，他认为各种暴力抗争运动的原因在于那些参与集体暴力的人之间的平等关系，并且暴力抗争运动与政治之间存在相互塑造的关系。③ 对于如何克服公共物品供给中的"搭便车"问题，罗伯特·D. 帕特南（Robert D. Putnam）主张构建公民参与网络（合作社、福利互助组织与兴趣团体等），使共同体拥有大量的社会资本，进而实现基于共同利益而自愿合作的集体行动。④ "自愿的合作可以创造出个人无法创造的价值，无论这些个人多么富有、多么精明。在公民共同体中，公民组织蓬勃发展，人们参与多种社会活动，遍及共同体生活各个领域。公民共同体合作的社会契约基础，不是法律的，而是

---

① 〔美〕杜鲁门. 政治过程：政治利益与公共舆论 [M]. 陈尧，译. 天津：天津人民出版社，2005：543-558。
② 应指出的是，20 世纪初期的西方政治学理论，通常认为个人的动机与目标是利他主义的，能够超越个人利益。
③ 〔美〕查尔斯·蒂利. 社会运动，1768-2004 [M]. 胡位钧，译. 上海：上海人民出版社，2009；〔美〕查尔斯·蒂利. 集体暴力的政治 [M]. 谢岳，译. 上海：上海人民出版社，2006。
④ 〔美〕罗伯特·D. 帕特南. 使民主运转起来：现代意大利的公民传统 [M]. 王列，赖海榕，译. 南昌：江西人民出版社，2001：204-206。

道德的。"① 与此同时，拉塞尔·哈丁（Russell Hardin）从规范意义上对当代社群主义政治理论予以反思，他认为"不同社会中的人似乎受到各种不同规范的限制。在各式各样的群体中，社会建构的规范在群体认同的形成和维持过程中发挥了核心作用"。② 此后，制度主义政治学家们认为，政治实则是一系列集体行动的困境，其中阻碍集体行动获得最优政策结果的因素，便是缺乏能够保证参与者做出补充性行为的制度安排。③ 有学者认为就政治学意义而言，探讨如何冲破集体行动的困境，实质是解决自由与秩序的冲突问题。④ 他们相信公民能够相互结合实现自治，这也是民主政治的社会基础，因为集体行为源自人类个体对集体目标的共同关怀，而其中共同利益乃是群体成员实施合作行为的直接原因。可以说，正如奥斯特罗姆所主张的那样，政治科学的中心议题乃是集体行动理论，它是国家正当性问题的关键。⑤ 政治学者必须在实证研究基础之上建立集体行动的相关理论，以阐释纷繁复杂的国际关系、公民投票、利益集团的形成等诸多现象的内在机理。

（二）来自经济学视角的分析

与政治学视角不同的是，经济学家对集体行动问题的研究经历了较大变迁，不过他们一般都从理性人的假定预设出发，认为理性的个体通过比较各项利益，将促成自我的利益最大化，并以最小的牺牲来满足自身需求。其中，受重农主义"自由放任"思想的影响，亚当·斯密在

---

① 〔美〕罗伯特·D. 帕特南. 使民主运作起来：现代意大利的公民传统［M］. 王列，赖海榕，译. 南昌：江西人民出版社，2001：215。
② 〔美〕拉塞尔·哈丁. 群体冲突的逻辑［M］. 刘春荣，等译. 上海：上海人民出版社，2013：82。
③ 〔美〕彼得·豪尔，罗斯玛丽·泰勒. 政治科学与三个制度主义［J］. 何俊志，译. 经济社会体制比较，2003（5）：24。
④ 陈毅. 走出集体行动困境的四种途径［J］. 长白学刊，2007（1）：59-62。
⑤ Elinor Ostrom. A Behavioral Approach to the Rational Choice Theory of Collective Action: Presidential Address, American Political Science Association, 1997[J]. *American Political Science Review*, Vol. 92, No. 1（March1998）. p. 1.

其名著《国民财富的性质和原因的研究》中写道："（人们）通常既不打算促进公共的利益，也不知道他自己是在什么程度上促进的利益……他所盘算的也只是自己的利益。在这场合，像在其他许多场合一样，他受着一只看不见的手的指导，去尽力达到一个并非他本意想要达到的目的。也并不因为事非出于本意，就对社会有害。他追求自己的利益，往往使他能比真正出于本意的情况下更有效地促进社会的利益。"① 与此同时，亚当·斯密在另一本著作《道德情操论》中同样表达了这一观点，他认为："富有地主的消费比穷人多不了多少，而且尽管生性自私和贪婪，……他们被一只看不见的手引导着去进行生活必需品的分配……这样，没有打算，也没有意识，却增进社会利益，并为人类的繁衍提供了生活资料。"② 换言之，在斯密看来人们参与集体行动以供给各类物品，是出于各自算计后的理性决策行动，即个人利益与社会利益之间可以自动协调，从而个人利己行为的极大化能够自动地实现整个社会的利益。其后在 1833 年，英国经济学家威廉·劳埃德（William F. Lloyd）出版了一本小册子，其中有一个假设牧人们过度使用公共资源的案例，概述了一种对公共财产无远见使用的隐喻。③ 劳埃德的这一寓言往往被视为加勒特·哈丁"公地悲剧"模型的最初来源。1911 年，凯瑟琳·科曼（Katharine Coman）论述了 19 世纪末至 20 世纪初期，移民美国西部的民众在有效组织灌溉系统时面临的诸多挑战。其中，她发现参与者存在忽视集体利益的倾向，而采取"保留策略"（Holdout Strategy），即不参与建立灌溉系统的集体行动，却能分享他人劳动投入

---

① 〔英〕亚当·斯密. 国民财富的性质和原因的研究（下卷）［M］. 郭大力，王亚南，译. 北京：商务印书馆，1974：27。

② Adam Smith. *The Theory of Moral Sentiments*［M］. Cambridge: Cambridge University Press, 2004: 215-216.

③ William F. Lloyd. On the Checks to Population［M］//Garrett Hardin, John Baden, et al. Managing the Commons. San Francisco: Freeman, 1977.

的集体利益。[①] 不过在奥斯特罗姆看来，科曼的文章尽管充斥着较多描述性的细节，但上述细节却未能解释不同制度安排为什么在某些情况下取得成功，而在其他情况下却陷入失败的境地。[②] 而旧制度经济学的代表人物约翰·R. 康芒斯（John R. Commons）认为"集体行动不仅仅意味着对于个体行动的简单'控制'。它包含了个体行动的解放和延伸，因此，集体行动从字面意义上将是获取自由的工具"。[③] 时至 20 世纪二三十年代，乔治·梅奥（George E. Mayo）从企业管理的角度探讨集体行动问题，并基于霍桑实验的观察结论提出工厂人际关系理论，认为非正式组织对个人在正式制度安排中追求自身利益的行为具有较大影响力。

不过，经济学领域对于集体行动的系统研究，始于 20 世纪 50 年代。1954 年，保罗·A. 萨缪尔森（Paul A. Samuelson）指出公益物品的不可排他以及不可分割属性，导致这一物品不可能依靠分权的、自发的（自主组织的）过程来实现与开放竞争市场所能实现的同等绩效。事实上，萨缪尔森的核心工作是试图建立公益物品供给过程中的"最优条件"，进而表明帕累托最优永远无法达到市场均衡的结果。同年，斯考特·戈登（H. Scott Gordon）也在《渔业：公共财产资源的经济理论》中构建了一个"渔场静态模型"（The Static Model of a Fishery），开创性地阐述了未经管制的自然资源为何被过度使用的动因，并十分经典地指出："属于所有人的财产将是不属于任何人的财产……任何人都可以自由获取的财产，将无法得到来自所有人的珍惜。"[④] 在上述经典的

① Katharine Coman. Some Unsettled Problems of Irrigation [J]. *American Economic Review*, Vol. 1, No. 1. 1911: 1–19.

② Elinor Ostrom. Reflections on "Some Unsettled Problems of Irrigation"[J].*American Economic Review*, Vol. 101, No. 1(2011) . pp. 51.

③ 〔美〕约翰·R. 康芒斯. 集体行动的经济学 [M]. 朱飞，田松青，等译. 北京：中国劳动社会保障出版社，2010：17。

④ H. Scott Gordon. The Economic Theory of a Common-property Resource: The Fishery [J]. *Journal of Political Economy*, Vol. 62, No. 2(April1954) . pp. 124–142.

渔场模型中，戈登假定在一个共有产权特性的开放竞争性渔场中，渔民在个人收支达到平衡之前，为实现捕捞的盈利平衡，他们将努力进行捕捞，并将浪费或破坏大量资源，从而对资源的长期可持续的发展构成威胁。不过，对于戈登构建的静态模型，奥斯特罗姆认为："当（人们）运用这一模型来设立新制度，以克服经济刺激导致的过度使用时，它的简洁性则成为致命的弱点。"① 尽管模型充分描述并试图解释了公共资源的使用情况，不过如果以这样的模型指导实践，并认为政府只需要施加一定的规则，改变占用者面临的不同刺激，就能够最大限度地持续产出效益，则显然是过于简单的设想。时隔一年，安东尼·斯考特（Anthony Scott）也开始对海洋渔业存在的过度捕捞现象予以理论分析，也宣称当地占用者将不可避免地陷入公共资源使用陷阱之中。② 总之，诸多研究者都指出了公益物品和公共池塘资源等集体物品所引发的次优结果。

至1965年，美国经济学家曼瑟尔·奥尔森发表了公共选择理论的奠基之作《集体行动的逻辑》，开启了集体行动的系统研究工作。奥尔森在这一著作中挑战了传统集团理论的观点，并提出"集团规模""搭便车""选择性激励"等概念③，通过批判理性人将自觉从事有助于集体利益行动的传统看法，从而阐明了集体行动领域的系列困境。④ 换言之，奥尔森驳斥了"理性个体将会自觉从事有利于集团利益的活动"这一传统观点，主张寻求"搭便车"而非主动承担集体行动的成本，更符合个体的理性选择。在分析过程中，奥尔森揭示了"集团规模"在集体行动中的影响，并认为相比于小集团而言，较大规模的集团更容

① Elinor Ostrom. Why Do We Need to Protect Institutional Diversity?[J]. *European Political Science*, Vol. 11, No. 1(March2012). p. 130.
② Anthony Scott. The Fishery: the Objectives of Sole Ownership [J]. *Journal of Political Economy*, Vol. 63, No. 2(19-55). pp. 116-124.
③ 应指出的是，奥尔森尽管在《集体行动的逻辑》中，从不同的角度使用"集团规模"的概念，不过综合而言，他将集体规模理解为参与集体行动的个体数量。
④ 〔美〕曼瑟尔·奥尔森. 集体行动的逻辑 [M]. 陈郁，郭宇峰，等译. 上海：格致出版社，上海三联书店，上海人民出版社，2014。

易陷入集体行动的困境。可以说，奥尔森开拓性的研究，既拓宽了公共选择理论的分析范围，亦开启了西方学术界对于利益集团这一传统命题的反思过程。

具体而言，奥尔森认为作为集体行动追求目标的公共物品，其所提供的仅仅是一种"集体性激励"（Collective Incentive），而这一激励不足以促使理性个体为了获得某一公共物品而努力。那么解决上述集体行动困境的有效途径，便是运用精英式的"选择性激励"（Selective Incentive），改变"集体性激励"条件下集体行动的动力不足问题。其中，奥尔森提出的"选择性激励"，大致包括三种方式：其　是集团规模较小；其二是组织结构分层；其三是不搞平均主义。而且，奥尔森将选择性激励分为两类：第一，"正向选择性激励"，包括奖励、荣誉、资助、机会等；第二，"反向选择性激励"，主要是借助惩罚等手段强迫人们参与集体行动。可以说，奥尔森对集体行动所作的分析，挑战了传统集团理论的解释力，与此同时，他的研究引出了新的问题：现实中人们的合作水平远超出理论模型所预测的水平。这为后继学者的研究，提供了一个努力的方向，即现实世界中的人类克服集体行动困境的动力源于何处。例如，在长期存续的公共池塘资源制度特征的设计原则中，奥斯特罗姆总结出"分级制裁"原则，认为违反操作规则的资源占用者将受到其他占用者、相关官员或他们二者的分级制裁，其中制裁的程度取决于违规的内容及其严重性。上述原则，与奥尔森的"选择性激励"颇有相似之处。不仅如此，奥斯特罗姆等从集团异质性的角度对奥尔森的"集团规模"理论进行论证，认为大集团中个体之间的异质性较强，从而使得同质性较强的小集团更易于实现集体行动。[①] 与此同时，对于奥尔森所提出的集体规模与集体行动的关系理论，奥斯特罗姆研究表明，

① Amy R. Poteete, Elinor Ostrom. Heterogeneity, Goup Size and Collective Action: The Role of Institutions in Froest Management [J]. *Development and Change*, Vol. 35, No. 3 (June2004). pp. 435-461.

当供给集体物品的成本伴随集团规模的增加而明显提高时，小集团确实比大集团易于实现集体行动、供给集体物品，不过当集体行动参与者的规模增加，但集体收益与生产成本保持不变或减少而利润并未降低，那么合作的可能性反而将随着群体规模的增加而提升。[①]

1968 年，英国经济学家加勒特·哈丁以公共草场为例构建出"公地悲剧"模型，指出每个理性的牧人都将寻求私人利益的最大化（增加畜养的牲口数量），并试图让所有牧人承担资源损耗的延迟后果。更为糟糕的是，加勒特·哈丁认为在特定环境中，即使彼此合作有利于共同利益的实现，理性参与者也不倾向于选择合作，由此衍生出公共资源困境的二阶困境。[②] 在分析过程中，加勒特·哈丁不无悲观地认为，倘若缺乏有效的办法规制个人选择的"搭便车"偏好，解决集体行动困境将变得不可能实现。对此，奥斯特罗姆等认为加勒特·哈丁忽略了一个事实，即现实中许多社会团体，包括公地上的牧民，已经通过发展和维持自治机构，成功地克服了资源退化的威胁。[③] 在传统集体行动理论的视角中，集体行动困境往往被抽象为个体理性与集体理性之间的冲突。并且她认为在公共治理进程中，若缺乏制度安排，完全理性的、以自我利益为中心的个体将不会为了集体利益而行动，促使有限的资源与无限的个人欲望之间呈现出较大张力，进而导致资源的滥用、损耗甚至枯竭。

（三）来自社会心理学视角的分析

有关集体行动的社会心理学分析，其学术渊源可追溯至法国社会心理学家古斯塔夫·勒庞（Gustave Le Bon）在其著作《乌合之众：大众

---

① Elinor Ostrom. A Behavioral Approach to the Rational Choice Theory of Collective Action: Presidential Address, American Political Science Association, 1997[J] .*American Political Science Review*, Vol. 92, No. 1(March1998) . pp. 1–22.

② Garrett Hardin. The Tragedy of the Commons[J] .*Science*, Vol. 162, No. 3859(1968) .pp. 1243–1248.

③ Thomas Dietz, Elinor Ostrom, Paul C. Stern. The Struggle to Govern the Commons[J] .*Science*, Vol. 302, No. 5652(2003) . p. 1907.

心理研究》中，针对法国大革命中群众（Crowd）聚集时非理性特质的阐述。在这一研究中，勒庞提出"心智归一法则"（The Law of Mental Unity），认为作为非理性的、缺乏责任感的个体一旦聚集，随着人群规模的不断增大，彼此之间的感染力将随之提升，使得互不相同的人们在思维与行为方式上渐趋一致，从而增加了集体行动或社会运动的可能性。[1] 勒庞进一步主张，由于受到群体意识的控制，个体的理性及其责任感消失殆尽，此时处于集体无意识的群体极易被权威动员甚至操纵，成为缺乏理性的乌合之众。总之，作为群众心理学家，勒庞是从病理学的角度看待聚众做出违反常规的行为。时至20世纪初期，社会学家罗伯特·帕克（Robert E. Park）等人首次运用"集体行为"（Collective Behavior）的概念界定群体类现象，对于社会学层面的集体行动研究具有重要意义。[2]

美国早期集体行动的研究者中，部分学者继承了勒庞开创的社会心理学传统。其中，尼尔·斯梅尔瑟（Neil J. Smelser）基于结构功能论的视角，认为社会运动的发生必须由以下6个要素构成：结构的有利条件、结构性紧张、一般化信念的增长、突发因素、参与者行动的动员以及社会控制的实施。[3] 换言之，斯梅尔瑟认为当个体感知自身权益遭受剥夺，将促使其投入社会行动、集体行动或骚乱之中。詹姆斯·戴维斯（James C. Davies）提出"J曲线理论"，认为人们是否发起社会运动，并不取决于食物、尊重、平等、自由等若干需求的实际满足状况，而取决于人们对需求满足状况的主观感受与心理期望。[4] 赫伯特·布鲁默

① 〔法〕古斯塔夫·勒庞. 乌合之众：大众心理研究［M］. 冯克利，译. 北京：中央编译出版社，2004：8-11。
② Robert E. Park, Ernest W. Burgess. *Introduction to the Science of Sociology*［M］.Chicago: University of Chicago Press, 1921.
③ Neil J. Smelser. *The Theory of Collective Behavior*［M］.New York: The Free Press, 1962: 14-18.
④ James C. Davies. Toward a Theory of Revolution［J］. *American Sociological Review*, Vol. 27 (1962). pp. 5-10.

（Herbert Blumer）使用符号互动理论，认为个体聚集的形成机制是人与人之间符号互动的循环反应，包括集体磨合（Milling）、集体兴奋（Collective Excitement）和社会影响（Social Contagion）三个阶段，进而可能演变为社会性骚乱。[1] 20 世纪 70 年代，社会学家泰德·格尔（Ted Robert Gurr）提出"相对剥夺感"（Relative Deprivation）的解释概念，试图探讨社会运动中人们的心理根源。格尔认为每个人都有价值期望，如果社会变迁导致社会价值能力小于个体的价值期望，人们则会产生相对剥夺感，而随着这种剥夺感的上升，人们反抗的可能性亦随之增强。[2]

其后，拉尔夫·特纳（Ralph H. Turner）运用突生规范理论（Emergent Norm Theory）认为集体行动的发生，往往需要包括共同的思想、意识形态甚至是愤怒等心理。特纳进一步认为，若群体中某一特定共同规范得以形成，由群体共同心理支配的集体行动才可以衍生。[3] 有关集体行动的社会心理学研究过程中，研究者较多引用斯蒂芬·怀特（Stephen C. Wright）等人的定义，即"如果某人像所属群体典型成员那样去行动，且其行动旨在改善所属群体状况，那么他（她）即是投入到了集体行动中"。[4] 而群体动力理论，将群体行为解释成个体内在需要（P）与环境外力（E）相互作用的关系函数，即 B = f（P，E）。对于有别于传统解放运动的新社会运动（New Group Movement），例如生态主义运动、民权运动等，有学者认为它与解放运动不同的是，新社会运动的参与者对于身份认同的强调，是与这一运动自身的特质相关，这使得集体

---

[1] Herbert Blumer. *Collective Behavior*[M]//Alfred M. Lee. Principles of Sociology. New York: Barnes and Noble, 1969: 67-121.

[2] Ted Robert Gurr. *Why Men Rebel*[M].Princeton, NJ: Princeton University Press, 1970.

[3] Ralph H. Turner, Lewis M. Killian. *Collective Behavior*[M]. Englewood Cliffs: Prentice Hall, 1987.

[4] Stephen C. Wright, Donald M. Taylor, Fathali M. Moghaddam. Responding to Membership in a Disadvantaged Group: From Acceptance to Collective Protest[J] .*Journal of Personality and Social Psychology*, Vol. 58, No. 6(1990). pp. 994-1003.

认同感对于新社会运动既有工具性的意义，也成为新型运动的重要目标之一。① 对此，曼纽尔·卡斯特（Manuel Castells）对全球化和网络化背景下国家、社区与个人身份认同予以阐述，并主张新型社会运动包含三个重要方面：认同、敌人与目标，其中认同因素无疑是最为关键的。②

那么，究竟是什么因素促使个体采取牺牲自我而非背叛的方式，增进群体利益？对此，社会心理学家亨利·泰弗尔（Henri Tajfel）提出"群体认同"（Group Identity）的解释变量，认为当个体将自我归属于某一特定群体时，所获得的群体资格（Group Membership）将会赋予他（她）某种价值和情感意义，能够对群体建立忠诚感，从而克服不顾群体内他人利益以谋求自身利益的背叛行为。③ 总之，相比于其他学科领域，社会心理学倾向于对集体行动的微观心理机制予以研究，例如考察个体在集体行动中的情绪、动机及决策过程，进而剖析哪些因素将促进或抑制个体投身于集体行动之中。早期有关集体行动的研究，主要从群体心理学的理论维度，将集体行动视为人们非理性的心理冲突与病态行为，较为关注民众心理怨恨与相对剥夺感的分析，其缺陷在于无法有效诠释民众的心理怨恨催生集体行动的具体机制，同时无法对其中的内在规律予以清晰描述。从社会心理学的角度对集体行动研究，一般是对个体参与抗议示威等集体行动的考察，从中发现激发个体投身集体行动的不同动机，其中包括工具理性、社会认同、群体情绪等不同因素。在这一取向下，研究者们从微观上关注集体行动中参与者的心理活动，并认为集体行动的参与者是非理性的，并携有怨恨、不满等心理因素。他们纷纷认为社会运动的根源在于民众的心智状态，当民众的心智受到"挫

---

① 〔美〕威廉·甘姆森. 集体行动的社会心理学［M］//〔美〕艾尔东·莫里斯，卡洛尔·麦克拉吉·缪勒主编. 社会运动理论的前沿领域. 刘能，译. 北京：北京大学出版社，2002：63-64。

② 〔美〕曼纽尔·卡斯特. 认同的力量［M］. 曹荣湘，译. 北京：社会科学文献出版社，2006：173。

③ Henri Tajfel, John C. Turner. *The Social Identity Theory of Intergroup Behavior, Psychology of IntergroupRelations*［M］.Chicago: Nelson Hall, 1986.

折"或处于"剥削"状态时则可能发生革命，而研究者的分歧在于对于上述挫折或剥削感的来源，有的学者将其归结为短期的经济失败抑或经济机会对特定群体的系统性关闭，而其他学者认为来源于城市化与现代化的长期影响或者其他因素。

三　学术沿承：自主治理思想的理论渊源

追溯自主治理思想的理论渊源，将奥斯特罗姆的该项研究置于特定的历史背景中进行考察，从中探寻它与其他理论之间的沿承关系及其发展脉络，能够促进并深化学界对于奥氏研究的理解程度。正如埃莉诺·奥斯特罗姆自身所强调的，对于公共池塘资源自主治理的研究而言，"公共和集体选择理论、交易成本经济学、新制度经济学、法和经济学、博弈理论以及许多相关领域的最新研究也正在作出重要的贡献"。[①] 综合而言，以詹姆斯·布坎南（James M. Buchanan）、戈登·塔洛克（Gordon Tullock）为代表的公共选择理论，以罗纳德·科斯（Ronald Coase）、道格拉斯·诺思（Douglass C. North）为代表的新制度经济学，劳埃德·夏普利（Lloyd Shapley）、莱因哈德·泽尔腾（Reinhard Selten）的合作博弈理论和以文森特·奥斯特罗姆（Vincent Ostrom）为代表的多中心治理理论以及相关领域的最新研究，构成奥斯特罗姆自主治理思想衍生的学术渊源与知识传统。

（一）公共选择理论

作为新政治经济学（New Political Economics）的重要分支，公共选择理论肇始于20世纪50年代末，并由美国学者布坎南和塔洛克等人于20世纪60年代正式创立，其后渐趋发展为美国社会科学领域的显学。由于深受二战以来行为主义思潮的影响，公共选择理论试图统合市场选

---

① 〔美〕埃莉诺·奥斯特罗姆. 公共事物的治理之道——集体行动制度的演进 ［M］. 余逊达，陈旭东，译. 上海：上海三联书店，2000：318。

择与非市场选择两大领域，从而将人类的行为纳入统一的分析框架，运用经济学的基本假设和分析方法来研究个体的行为，并探讨某一条件下的自利个体追求利益最大化和策略行为，将如何影响公共政策的制定与实施过程。按照丹尼斯·C. 缪勒（Dennis C. Mueller）的说法，"公共选择理论是对非市场决策的经济研究，或者说是经济学在政治学中的应用。公共选择的主题就是政治学的主题：国家理论、选举规则、选民行为、党派政治、官僚体制等"。[1] 可以说，公共选择理论以社群中的个体为基本分析单位，是新古典经济学的基本原理在公共领域分析中的具体应用。综合而言，公共选择理论呈现以下特征。

其一，秉承理性经济人假设，认为政治行为主体同经济行为主体一样，为了利益或满意度最大化而理性行动。作为一种规范理论，公共选择理论采用经济学的方法论，既延续了亚当·斯密的"理性经济人"假设，也继承了马克斯·韦伯的"工具理性"概念，以个体为基本分析单位并假定所有个体都是理智、自利的，从而将个体在特定环境中的选择与行为动机视作分析要点。对此，奥斯特罗姆在研究过程中，亦将公共选择理论的结构要素概括为三类假设：关于追求物质利益偏好的假设；关于完全信息的假设；关于最大化选择模式的假设。[2] 换言之，公共选择理论试图统合有关经济市场和政治市场中的个人行为模型，并假设参与社会生活中的任一个体，都将致力于追求个人利益最大化。而与在经济活动中的自利行为相同的是，个体在政治活动中也表现出相同的利益驱动模式，即人们倾向于采取成本—收益的分析，做出最有利于自身利益的行为。例如，公共选择理论对于个体行为的分析，认为个体"搭便车"而非主动承担集体行动的成本，是更为符合个体理性的行为。

---

① 〔美〕丹尼斯·C. 缪勒. 公共选择理论［M］. 杨春学，等译. 北京：中国社会科学出版社，1999：4。

② Elinor Ostrom. A Behavioral Approach to the Rational Choice Theory of Collective Action: Presidential Address, American Political Science Association, 1997［J］. *American Political Science Review*, Vol. 92, No. 1(March1998). pp. 1-22.

　　其二，旨在分析政府行为缺陷的原因，并致力于提高资源配置的总体效率。公共选择理论拥有广阔的研究领域，包括将公民个体以及利益集团的政治行为、公民投票与选举、政党与官僚行为等问题纳入其研究的视野和分析范围，从而吸引了众多政治经济学家的关注。进一步分析，这一理论根据"理性经济人"的假设，指出政府并非抽象的实体，其本身也是无法超越个人的组织机构，同样拥有组织自身的利益。那么，既然政府是一种人类组织，它不可避免地具有人类的共同弱点，致使政府干预可能像人一样犯错误，而国家机器的执行者可能追求自身的利益而不是公共利益。由此观之，政府并非仁慈和中立的，它也有自身的利益诉求，容易被利益集团俘获，并成为后者的代言人。正如加里·贝克尔（Gary S. Becker）所言，所有的政治系统都可能屈服于那些尝试利用政治影响来提升自身福利的特殊利益集团。① 此外，布坎南等人在《同意的计算》中区分了政府、市场和社区等多种治理制度，并提出"去中心化"（Decentralization）思想，从而为奥斯特罗姆针对公共资源问题的社区自治研究开辟了新的分析领域，以此启迪了奥氏的研究方向。②

　　其三，贯彻方法论的个人主义，从个体行为动机的角度揭示了政治生活的微观动力和行为方式。传统研究中倾向于以团体（或集团）为分析单位，其中较为明显的就是多元主义理论，呈现出方法论的集体主义分析思路。与此不同的是，公共选择理论强调方法论上的个人主义。后者认为政治秩序的基本单位是个人，因而主张在微观经济分析过程中，将个体作为逻辑分析的出发点，从个人出发分析问题，并将个人的决策调整为集体选择与行为的基础。正如布坎南等人所强调的，"我们

---

① Gary S. Becker. Public Policies, Pressure Groups and Dead Weight Costs[J] .*Journal of Public Economics*, Vol. 28, No. 3(December1985) . pp. 329–347.
② Elinor Ostrom. Honoring James Buchanan[J] .*Journal of Economic Behavior and Organization*, Vol. 80, No. 2(2011) . pp. 370–373，另可参见：罗影，汪毅霖，朱成全．布坎南宪政经济学思想研究［M］．大连：东北财经大学出版社，2015：21–22，158–159。

的'理论'归结为'方法论的个人主义'也许最为合适"①。区别于传统政治理论的集体主义方法论，公共选择理论认为个体是社会秩序的基本组成单位，而国家（政府）仅是个体互动作用的制度复合体，个体通过这一制度复合体做出集体决策以实现集体目标，也唯有个人才具备评判决策结果的能力和资格。因而，公共选择理论十分注重分析集体行为中的个体行为，例如分析投票者、政治家、官僚等个体行为，意图揭示个体行为是如何对经济活动以及集体行为产生影响的。奥斯特罗姆显然借鉴了布坎南等人的方法，通过分析个体的行为对于集体决策或政府决策的影响，将铁板一块的集体剥离成单独的个体，这种分析思路为研究集体行为开创了一种新思路。正如奥斯特罗姆在其学术自传中承认的那样，"我较大程度上借鉴了布坎南和塔洛克发表的《同意的计算》和乔治·斯蒂格勒（George Stigler）关于地方政府功能的诠释以及他对约瑟夫·熊彼特（Joseph Schumpeter）著作的解读"。②奥斯特罗姆等学者的努力，促使20世纪70年代后期的公共选择理论逐渐突破传统政治经济学的束缚，并在某种程度上融入新制度经济学的范畴。

综上所述，通过对非市场决策领域进行观察和分析，公共选择理论提炼出"政府失败理论""寻租理论"等阐释以政府为代表的公共权力部门在向社会提供公共服务的同时，公共部门中的个人和分部门也拥有各自的私人利益，当此种利益与社会公共利益产生矛盾和不一致时，理性的个体将优先照顾个人利益而罔顾集体利益。也正是对"政府失败"的判断，研究者对政府不再满怀期待，而是转向思考如何设法避免政府决策失误，并专注于压缩政府决策空间，从而给公民自治的理论和实践留下了较大空间。而奥斯特罗姆正是在公共选择理论研究结论的基础上，在解决公共事物的

---

① James M. Buchanan, Gordon Tullock. *The Calculus of Consent: Logical Foundation of Constitutional Democracy*[M].Ann Arbor: The Michigan University Press, 1962: 3.

② Elinor Ostrom. A Long Polycentric Journey[J].*Annual Review of Political Science*, Vol. 13, 2010: 6.

治理问题上，抛弃了传统"利维坦"模型的解决方法，并结合公共选择理论的研究成果[1]，从而开发出自主治理思想。进一步分析，奥斯特罗姆是从公共选择理论出发，将制度分析与理性选择相结合，并将制度宽泛地理解为一套配置收益、分配报酬的规则，以理性选择的方法考察支撑社会资本概念的微观基础，从而提出了超越集体行动困境的自主治理思想。对此，有学者认为奥斯特罗姆工作重点体现在布坎南等人的一项申明之中，即权力下放和规模因素都表明，在可能的情况下，集体行动应该以小而不是大政治单位的方式进行。大型单位中的组织可能只在地方化和分权化后仍然存在外部性的地方，才是合理的。[2] 与此同时，阿图罗·劳拉（Arturo Lara）考察了理性选择理论在奥斯特罗姆研究中的作用，认为奥氏运用这一理论体现在四个方面：在研究涉及私人物品交换的竞争情况的同时，还研究社会困境问题；构建关于制度的语法结构；发展更广泛的理性概念；将这一理论纳入一个复杂而现实的个人和社会结构之中。[3]

（二）新制度经济学

在公共选择理论致力于考察政府为何会失败的同时，其他经济学家从制度因素分析其对经济发展的作用，并侧重制度的运行机制及其效果方面。为了与传统制度研究路径区别开来，这种研究路径被称为"新制度经济学"。举其要者，新制度经济学（New Institutional Economics）是在20世纪70年代至80年代初期，以美国经济史学家罗纳德·科斯、道格拉斯·诺思、奥利弗·威廉姆森（Oliver Williamson）和哈罗德·德姆塞茨（Harold Demsetz）等人为代表，并以主流经济学方法来分析

---

[1] 可以说，奥斯特罗姆夫妇较早关注公共选择问题。可参见：Vincent Ostrom, Elinor Ostrom. Public Choice: A Different Approach to the Study of Public Administration[J] . *Public Administration Review*, Vol. 31, No. 2(1971) . pp. 203–216.

[2] John Kincaid. Elinor Ostrom: An Intellectual Biography[J] . *The Journal of Federalism*, Vol. 47, No. 4(2017) . p. 1.

[3] Arturo Lara. Rationality and Complexity in the Work of Elinor Ostrom[J] . *International Journal of The Commons*, Vol. 9, No. 2(September2015) . pp. 573–594.

制度的经济学，也是政治经济学领域中最具影响的分支之一。[①] 实际上，新制度经济学的核心概念"交易成本"（Transaction Costs）或"交易费用"，早在科斯 1937 年的经典论文《企业的性质》中就已经明确提出。确切地说，新制度经济学承袭了新古典经济学的核心假设、分析方法和理论工具，对资源配置所依赖的制度条件进行探讨，并将传统理论视作外生常量的交易费用、产权制度和组织结构作为分析的关键变量。概括而言，新制度经济学呈现如下特征。

其一，新制度经济学在分析政治问题时，认为各类制度在社会中具有基础作用，它们（国家体制中的政党制度、官僚制度等）塑造着人们的行为和态度，也是促进经济增长的重要因素。西方学界自哲学家亚里士多德对当时百余个政体予以实证研究始，就已经开启了制度研究的先河。但在早期研究中，大部分学者都假设制度是固定不变的，并在这一前提条件下研究经济与其他变量之间的相互关系。新制度主义则与此不同，它将制度视为影响人类行为的一个变量，通过研究制度及其变迁历程，并将经济、政治、法律和社会意识等因素予以综合考量，试图借助制度来解释个人行为并解释制度变迁与经济增长的关系。具体来看，诺思通过观察利益集团对于推动制度变迁的作用，发现意识形态在集体行动中的作用，从而在研究中将狭义经济人拓展成广义经济人，以解释在允许"搭便车"的情境中个人为何依旧选择促成集体行动。其中，诺思认为意识形态能够让集团成员单纯计算利益因素，从而克服"搭便车"心理，"制度是一个社会的博弈规则，或者更规范地说，制度是一些人为设计的、形塑人们互动关系的约束条件"。[②] 在一定程度上，人类社会是由

---

① 作为规范性制度主义的代表人物，詹姆斯·马奇（James G. March）和约翰·奥尔森（Johan P. Olsen）于 1984 年提出"新制度主义"（New Institutionalism）这一术语。可参见：James G. March, Johan P. Olsen. The New Institutionalism: Organizational Factors in Political Life[J].*American Political Science Review*, Vol. 78(1984). pp. 734-749.

② Douglass C. North. *Institution, Institutional Change and Economic Performance* [M]. Cambridge: Cambridge University Press, 1990: 3.

一定的结构和秩序构成，既表现为长期生存进化的行为模式，也表现为制约个体行为选择的正式与非正式规则。也正是上述两类规则共同构成促进社会繁荣与持续发展的各项制度。基于此，受到新制度经济学强调非正式制度的影响，奥斯特罗姆将非正式制度纳入制度分析之中，主张根源于文化、观念和意识形态的共享规范对于克服"搭便车"现象，促成集体行动具有重要作用，并促使制度得以与社会资本相联系，从而拓展了传统制度分析的范围。与此同时，奥斯特罗姆相对弱化了法律等正式制度的作用。此外，奥氏吸收了新制度经济学中有关制度决定论的观点，指出个体行动者的行为既受利益最大化动机的驱使，又受制度框架的影响和控制。

其二，新制度经济学从规则的角度理解制度，并将制度变迁视为个体行为的因变量。可以说，新制度主义主张"制度十分重要"（Institutions Do Matter），而且将"制度"因素放置于自变量的解释地位，并从规则的角度理解制度。例如，新制度经济学学者西奥多·W. 舒尔茨（Theodore W. Schultz）认为制度是"一种行为规则，这些规则涉及社会、政治及经济行为"。① 诺思认为，制度是社会博弈的一种规则，是人们所造的用以限制各自行为的框架，"制度提供了人类相互影响的框架，它们建立了构成一个社会，或更确切地说一种经济秩序的合作与竞争关系"。② 其后，杰弗里·霍奇森（Geoffrey M. Hodgson）梳理了旧制度经济学与新制度经济学有关"制度"定义的区别，即倡导从规则的角度对制度加以界定，认为"我们将制度界定为已经建立和流行的社会规则系统，他们结构化社会互动……规则可被广泛地理解为社会化可传递、习惯性的规范命令，或者内在和规范倾向"。③ 概言之，新制度经济学认为适

① 〔美〕西奥多·W. 舒尔茨. 制度与人的经济价值的不断提高［M］//〔美〕罗纳德·H. 科斯，等. 财产权利与制度变迁——产权学派与新制度学派译文集. 刘守英，等译. 上海：格致出版社，上海三联书店，上海人民出版社，2014：176。
② 〔美〕道格拉斯·诺思. 经济史中的结构与变迁［M］. 陈郁，等译. 上海：上海三联书店，1991：225。
③ Geoffrey M. Hodgson. What Are Institutions? ［J］. *Journal of Economic Issues*, Vol. 40, No. 1（March2006）. pp. 2-3.

当的制度供给和制度变迁能够消融个体偏好的问题，因为制度结构和价值倾向可以使个人可选择的范围缩小，从而将人们行动的某些选项排除在外，促使集体朝共同的方向努力和前进。受新制度经济学理论影响，奥斯特罗姆也是从规则角度对制度予以理解，并运用制度分析的方法，试图阐释不同社群中各种复杂的内外部因素是如何影响规则供给，同时这些制度、规则又是如何反向影响个体行为的，即制度如何在各种因素的交互作用中完成渐进性的自主转化，直至达到均衡状态。

其三，新制度经济学十分注重"产权"，并认为市场过程接近有效水平的关键是私有产权的清晰界定。新制度经济学倾向于将技术和制度视为产权安排中两个基本要素，并特别关注产权安排所导致的经济绩效问题，而不甚关心公共资源的协作和管理机制问题，以至于并不在意产权安排的集体行动问题。与此同时，新制度经济学关注人类行为的复杂性，将社会经济作为整体系统引入经济理论的研究之中，强调问题分析过程中须全面考虑政治、法律、风俗等因素，并将之视为内生变量，试图解释个人行为与制度演进及经济增长之间的关系。基于此，奥斯特罗姆认为，本地社群对于公共池塘资源的权利必须如企业或个体的私有产权一样得到妥善保护。对此，埃里克·弗鲁博顿（Eirik G. Furubotn）等人认为奥斯特罗姆在对大量长期存续的、自我管理以及自我组织的公共资源进行制度经济学分析之后，发现私产和公产是可以共存的，它是"类私人性"与"类公共性"制度的混合。① 此外，"新制度经济学家被认为保留了方法论的个人主义。老制度主义者指出，制度，在新制度经济学那里被认为是个人独立行事的产物。"② 这一研究方法显然对奥斯特罗姆产生了深远影响。

概括而言，奥斯特罗姆借鉴了新制度经济学中制度分析框架的逻辑

---

① 〔美〕埃里克·弗鲁博顿，〔德〕鲁道夫·芮切特. 新制度经济学：一个交易费用分析范式〔M〕. 姜建强，等译. 上海：上海人民出版社，2006：134。
② 〔荷〕杰克·J. 弗罗门. 经济演化——探究新制度经济学的理论基础〔M〕. 李振明，等译. 北京：经济科学出版社，2003：3。

起点与行为假设，其中包括有关制度的概念界定、"经济人"假设、有限理性假设和机会主义假设等。例如，奥斯特罗姆在对 IAD 框架进行评估时，主张框架中所包含的要素与道格拉斯·诺思、奥利弗·威廉姆森等人的新制度经济学传统研究存在十分密切的关系。[①] 在新制度主义者看来，制度及其安排决定着个体在社会、政治和经济方面展开各种活动的激励结构，一方面降低了人类活动的不确定性，并成为塑造个体之间关系的行动指南。科斯研究表明，许多经济学家理论上将灯塔视作非排他性的公共物品，因而不能由私人提供，但实际上灯塔主要是借助私人方式提供的。奥斯特罗姆借助新制度经济学创始人之一的科斯建立的案例，解决个体理性与集体理性之间的利益冲突，强调合作规范的重要性，并认为制度是改善（或抑制）社会福利的规则体系。[②] 不仅如此，奥斯特罗姆认同新制度经济学有关"制度安排的绩效取决于所需解决问题的特定类型"这一假设，并认为新制度经济学对环境的不确定性、信息获取的高成本以及不同参与者的利益差异等问题加以分析，从而对新古典主义经济学忽略制度安排予以批判。[③]

（三）合作博弈理论

博弈理论（Game Theory）的正式提出于 1944 年，约翰·冯·诺依曼（John von Neumann）和奥斯卡·摩根斯顿（Oskar Morgenstern）合作出版《博弈论与经济行为》，就此奠定了博弈理论的研究基石。在上述研究中，"博弈"（Game）这一概念指涉利益相关的个体或组织在事

---

① 〔美〕埃莉诺·奥斯特罗姆. 制度性的理性选择：对制度分析和发展框架的评估 [M] // 〔美〕保罗·A. 萨巴蒂尔主编. 政策过程理论. 彭宗超，钟开斌，等译. 北京：生活·读书·新知三联书店，2004：45-91。

② 〔英〕马克·彭宁顿. 埃莉诺·奥斯特罗姆：公共池塘资源和古典自由主义传统 [M] // 〔美〕埃莉诺·奥斯特罗姆，克里斯蒂娜·张，马克·彭宁顿，等. 公共资源的未来：超越市场失灵与政府管制. 郭冠清，译. 北京：中国人民大学出版社，2015：16。

③ 〔美〕埃莉诺·奥斯特罗姆，拉里·施罗德，苏珊·温. 制度激励与可持续发展 [M]. 陈幽泓，谢明，等译. 上海：上海三联书店，2000：52。

物发展过程中，做出彼此影响的直接决策活动，从而全面展示博弈内部的个体如何思考的过程。由此可知，博弈论是指研究若干主体在特定的规则情境中，依靠信息从各自允许选择的策略进行选择、并从中取得相应结果的一套理论，其中包含博弈方（亦称为"局中人"）、相关信息、行动策略、博弈次序、支付函数五个要素。作为现代应用数学的一个分支，博弈论作为"两个或两个以上的比赛者或参与者选择能够共同影响每一个参加者的行动或战略的方式"①，它的主要功能是在既定制度和规则下，分析个人面对不同选择困境进行选择的动因以及集体困境的成因，并能够解释理性的个人在困境中做出帕累托次优结果的前提条件。可以说，博弈论成为社会科学领域应用最为广泛的理论之一，它与统计学、应用数学有着密切的内在联系，又成为政治、经济或国际关系理论的重要应用领域，并旨在分析运用博弈规则如何影响并产生均衡结局。基于此，奥斯特罗姆等将博弈论作为刻画制度的基本语法。②

至 20 世纪 50 年代，阿贝特・塔克（Albert Tucker）以囚徒博弈的方式进一步对传统博弈模型予以阐发，推动了非合作博弈理论的研究进程。与此同时，约翰・纳什（John Nash）也发表了涉及非合作博弈的相关文章，并提出"纳什均衡"理论以论证在单轮囚徒困境的博弈过程中，互相背叛对于每个参与者而言都是绝对占优策略。其后的 20 世纪 80 年代，莱茵哈德・泽尔腾（Reinhard Selten）将博弈研究由静态博弈模型转入动态分析，提出"子博弈完美纳什均衡"的概念。可以说，经典博弈理论主要研究非合作博弈问题，它以"理性经济人"和个人利益最大化的行为假设，并认为"局中人"各自独立行动而不与他人进行沟通。因而，经典博弈论暗含这一假设，即每个"局中人"都将依据所有其他参加者的预期行为进行抉择，并做各自认为最大限度增进

---

① 〔英〕保罗・萨缪尔森. 经济学［M］. 萧琛，译. 北京：华夏出版社，2003：169。

② Sue E. S. Crawford, Elinor Ostrom. A Grammar of Institutions［J］. *The American Political Science Review*, Vol. 89, No. 3（September1995）. pp. 582-600.

自身利益的选择。换言之，作为决策分析的一种方法，非合作博弈论建立在"理性选择"的主流经济学范式基础上，假定个体是完全理性的，其结构呈现出两个或多个"局中人"选择的相互作用，并集中于关注社会生活中的利益及其矛盾的冲突关系。值得一提的是，为了阐明博弈的结构并预测结果，研究者通常需要假设：①博弈者的数量；②博弈者所处的决策位置；③博弈者在决策树内部的特定节点所能采取的行动集；④特定决策节点可以获得的信息集；⑤博弈者联合行动的结果；⑥博弈者及其行动映射于结果的函数集；⑦"行动—结果"的收益与成本。

劳埃德·夏普利于1953年就已对"谈价还价"的合作博弈理论进行了探讨，其后罗伯特·奥曼（Robert J. Aumann）、迈克尔·马希勒（Michael Maschler）等人于20世纪60年代发展了不完全信息的重复博弈理论，并通过引入"联合控制的彩票"（Jointly Controlled Lottery）这一概念，阐明参与者没有单方面改变彩票不同结果的能力，从而得出非零和博弈的合作结构。可以说，合作博弈的学者们正是希望借助机制设计来规避个人盲目追求自身利益最大化，探究博弈结构中的"局中人"发起合作的可能性，例如通过改变"局中人"博弈支付转移的配置、调整博弈规则或者将一次博弈过程转为多轮重复博弈等不同方式或手段。正如布赖恩·巴里（Brian Barry）所揭示的那样："博弈论的力量在于突出'人性'具有许多潜在的可能性；至于在某一既定的情境下，哪一种可能性能够得以实现，主要依赖于它所展示出的激励结构。"[①]其后，阿玛蒂亚·森（Amartya Sen）提出"保证博弈"（Assurance Game）模型，即当合作在超过两个参与者之间展开时，只要其他的参与者承诺合作，其中一个参与者将同意合作。[②] 罗伯特·阿克塞尔罗德（Robert Axelrod）在其研究中对两轮"重复囚徒困境"的情境予以探

---

① 〔美〕罗伯特·古丁，汉斯-迪特尔·克林格曼. 政治科学新手册（下册）〔M〕. 钟开斌，王洛忠，等译. 北京：生活·读书·新知三联书店，2006：757。

② Amartya Sen. Assurance, and The Social Rate of Discount[J]. *Quarterly Journal of Economics*, Vol. 81, No. 1(1967). pp. 112–114.

讨，发现在两轮竞赛中"一报还一报"（Tit-for-Tat）的策略均能胜出，以试图解释个体之间并非将合作搁置而是选择合作共赢的心理机制。[①]应该说，合作博弈理论有助于研究者对社会互动中结构与秩序的理解，其中"结构"与博弈规则类似，"秩序"与博弈的结果和均衡状态相近。相较于非合作博弈关注参与人在博弈中选择何种策略（Strategy）而言，合作博弈则研究人们期望得到什么结果（Outcome）。[②]对此，奥斯特罗姆借鉴阿玛蒂亚·森的相关研究，将集体行动问题也概述为一种保证博弈，并认为集团成员在多轮合作博弈过程中将塑造一系列的制度，其中包括规范、道德、习俗等意识形态因素，它们将能够抑制个体的机会主义行为以促成集体行动。与此同时，奥氏在对于资源自主治理的案例中，并未发现资源占用者采取"触发"（Grim Trigger）策略[③]，而是认为资源占用者往往将创造出相关规则以监督和制裁规则使用者，促使合作得以有效维持。[④]

20世纪80年代，奥斯特罗姆在德国比勒费尔德大学（University of Bielefeld）的跨学科研究中心访问期间，她深受非合作博弈论学者莱茵哈德·泽尔腾（Reinhard Selten）[⑤]影响，进而思考如何构建公共经济学的一般性分析框架，由此开发出制度分析与发展（IAD）的框架。对此，奥斯特罗姆认为"IAD是与博弈论相一致的通用框架，使我们能够开展各类实证研究，例如我们利用这一框架对世界各地的公共池塘资源

---

① 〔美〕罗伯特·阿克塞尔罗德. 合作的进化（修订版）［M］. 吴坚忠，译. 上海：上海人民出版社，2007。

② 董保民，王运通，郭桂霞. 合作博弈论［M］. 北京：中国市场出版社，2008：6。

③ "触发策略"，又名"冷酷策略"，是指若博弈的一方采取不合作的策略，另一方随即也将采取不合作策略，并且将持久保持不合作策略。

④ Elinor Ostrom. Beyond Markets and States: Polycentric Governance of Complex Economic Systems［J］. *American Economic Review*, Vol. 100, No. 3(2010) . p. 650.

⑤ 莱茵哈德·泽尔腾为子博弈完美纳什均衡的创立者，并因在"非合作博弈理论中开创性的均衡分析"而获得1994年诺贝尔经济学奖。

系统的研究案例进行荟萃分析（Meta-analysis）"①。可以说，正由于受到博弈理论影响，奥斯特罗姆等认为可以借助博弈论的形式化语言，以对制度分析框架中行动情境予以描述，并使得研究者开发出特定情境下的数学分析模型，从而对理性个体的行为进行预测。② 例如，奥斯特罗姆早年考察了美国加利福尼亚南部地区地下水流域的一系列诉讼博弈过程及多中心的公共企业制度的起源，并对该地区的抽水竞赛引起的诉讼博弈进行细致分析。她发现各水资源生产商为了摆脱恶劣的抽水竞赛，在自主建立公共企业的基础上，最终形成了"多中心公共企业博弈"格局。至此，奥斯特罗姆也意识到现实中的制度安排，比理论抽象的博弈结构更加复杂。因此，奥斯特罗姆在合作博弈理论的基础上，认为多轮博弈可以避免囚徒困境，并从现代博弈的角度探讨公共池塘资源自主治理的理论可能性，进而提出即使未有强有力的中央集权或彻底的私有化，个体依然能够通过自筹资金以实现公共池塘资源的有效治理，从而开创了"自筹资金的合约实施博弈"模型。在这一博弈中，个人能够达成一个有约束力的合约，承诺实行由他们自己制定的合作策略。正如有学者在对奥斯特罗姆的理性选择制度理论予以研究后，同样认为"埃莉诺受博弈论学者的影响，认为可以借鉴博弈论的形式语言来对行动情境进行描述"。③

　　具体而言，奥斯特罗姆自主治理的相关思想，是将集体行动问题当成一类保证博弈（Assure Game），即个体的选择基于对他人选择的预期，其中个体的不合作根源于对其他参与者不合作的判断，不过参与者的声誉、沟通、进入及退出的高成本、更长时限的视域、惩处机制，皆

---

① Elinor Ostrom. Beyond Markets and States: Polycentric Governance of Complex Economic Systems[J] .*American Economic Review*, Vol. 100, No. 3(2010) . p. 641.

② Sue E. S. Crawford, Elinor Ostrom. A Grammar of Institutions [J] . *The American Political Science Review*, Vol. 89, No. 3(September1995) . pp. 582–600.

③ 李文钊. 制度多样性的政治经济学——埃莉诺·奥斯特罗姆的制度理论研究 [J]. 学术界，2016（10）：223–237。

有助于促进参与者之间的合作预期。在上述保证博弈中，奥斯特罗姆强调存在"规范使用者"（Norm-Using Players），主要包括意愿惩罚者和有条件的合作者，前者愿意支付成本去惩罚"搭便车"者，后者在预期有一定比例的人会采取合作回报时，则也会选择合作。① 进一步分析，自组织通过资源占用者自主制定规则、相互监督，达致群体的共同受益和公共资源的可持续开放，这一治理方式亦被称为"自筹资金的合约实施博弈"。在后期的研究中，奥斯特罗姆在多个场合强调"博弈论是一种强有力的工具，它能使研究者建构特定情境的数学模型，并预测在这一情境中理性个体的预期行为。"② 与此同时，奥氏认为"博弈理论已经形成了一套宝贵而有用的工具，它能够使学者预测一旦一种情况的结构表现为博弈时的结果"。③ 基于此，奥斯特罗姆重新对哈丁的牧人博弈（博弈一）、完全信息的中央当局博弈（博弈二）、不完全信息的中央当局博弈（博弈三）、自筹资金的合约实施博弈（博弈五）进行考察，从而分析了完全信息、不完全信息及处罚不恰当等不同约束条件下对公共池塘资源实行集中控制的不同运行效果。④

综上所述，奥斯特罗姆运用博弈理论剖析了作为非合作博弈的典型模型："公地悲剧"、"囚徒困境"和"集体行动的逻辑"等所隐含的博弈结构，认为上述博弈模型并不能完全描述实地场景中个体之间的互动过程，因而她利用实证研究的方法探讨有关个体之间信任合作的博弈结

---

① Elinor Ostrom. *Understanding Institutional Diversity* [M]. Princeton, NJ: Princeton University Press, 2005: 100 – 134.; Elinor Ostrom. Collective Action and the Evolution of Social Norms [J]. *The Journal of Economic Perspectives*, Vol. 14, No. 3(Summer2000). p. 142.

② Elinor Ostrom. A Long Polycentric Journey [J]. *Annual Review of Political Science*, Vol. 13, 2010: 12.

③ 〔美〕埃莉诺·奥斯特罗姆. 制度安排和公用地两难处境 ［M］//V. 奥斯特罗姆, D. 菲尼, H. 皮希特编. 制度分析与发展的反思——问题与抉择. 王诚, 等译. 北京: 商务印书馆, 1992: 103.

④ 其中, 奥斯特罗姆将博弈四设定为博弈三的具体案例。可参见:〔美〕埃莉诺·奥斯特罗姆. 公共事物的治理之道——集体行动制度的演进 ［M］. 余逊达, 陈旭东, 译. 上海: 上海三联书店, 2000: 26-27。

构，以探索公共资源自主治理的可能性。更进一步分析，奥斯特罗姆拓展了公共池塘资源情境中的博弈理论模型，并认为在开放性的资源情境中，不受任何限制的占用过程可用囚徒困境博弈加以描述。与此同时，她还主张在群体共同拥有财产的封闭式情境中，其资源结构则不适用于囚徒困境博弈。[①] 对于公共资源治理的国有化方案，奥氏借助完全信息与不完全信息的中央当局博弈进行考察。在针对致使国有化（利维坦）方案失败中，有关个体间沟通困难或者缺乏沟通以及没有改变规则能力的假说，她不无批判性地指出："对我来说，宁愿致力于提高当事人改变博弈中约束规则的能力，进而使博弈的结局不同于囚犯困境中那样冷酷的悲剧。"[②] 总之，基于社群内部治理主体的博弈分析是奥斯特罗姆自主治理制度研究的基础，她在大量实证研究的基础上认为在自主组织的公共资源治理制度中，利益相关者能够经由合作博弈达成一个有约束力的合作策略，承诺实行由他们共同制定的合约。

---

① Elinor Ostrom, Roy Gardner. Coping with Asymmetries in the Commons: Self-Governing Irriga-tion Systems Can Work[J] .*Journal of Econmic Perspective*, Vol. 7, No. 4(1993) . pp. 93 - 112.;〔美〕埃莉诺·奥斯特罗姆. 公共事物的治理之道——集体行动制度的演进 [M]. 余逊达，陈旭东，译. 上海：上海三联书店，2000：78。
② 〔美〕埃莉诺·奥斯特罗姆. 公共事物的治理之道——集体行动制度的演进 [M]. 余逊达，陈旭东，译. 上海：上海三联书店，2000：19。

第二章　奥斯特罗姆自主治理思想的应用场域

　　"在存在'搭便车'或者过度利用公共池塘资源以谋求私利之激励的情况下，如何实现持续可靠地利用公共池塘资源这一公共目标？不论资源的范围多么狭窄，或者与之相关的社群规模多么小，这在本质上都是个政治问题。"

——迈克尔·麦金尼斯《多中心治道与发展》

　　"把假定无沟通、无改变规则能力的模型用于规模较小的公共池塘资源情形中，便超出了模型的使用范围，而超出范围使用模型所产生的后果是弊大于利。"

——埃莉诺·奥斯特罗姆《公共事物的治理之道》

　　任何思想均存在特定的应用场域，忽视这一情境要点将导致理论的误解或滥用，甚至反过来削弱思想的科学程度并对社会实践造成不良后果。因此，研究埃莉诺·奥斯特罗姆自主治理思想，亦需考察这一思想的应用场域及其相应的理论假设，从而有助于规范奥氏研究的边界条件与分析主线，为深入阐述这一思想奠定坚实基础。应该说，奥斯特罗姆最早是由水资源研究开启公共治理的探索历程，并在保罗·萨缪尔森（Paul A. Samuelson）、詹姆斯·布坎南（James M. Buchanan）等人的研究基础上对公共物品的范畴予以细分，从而将自身研究聚焦于规模较小的公共池塘资源，从此构成自主治理思想的基本适用场景与领域。① 更深层次分析，奥氏在实证研究的政策分析中，对理性经济人的人性假设予以矫正，将个体理解为完全理性与有限理性的合理连接，并从新制度主义的视角理解作为博弈规则的制度，以此构成自主治理思想的预设前提。此外，奥斯特罗姆剖析了传统公共资源分析过程中的三大模型，并从中提炼出集体行动面临的机会主义的诸多问题，包括激励机制的四重缺陷和制度供给的二阶困境，上述内容构成集体行动问题的场域困境。换言之，奥斯特罗姆将研究对象聚焦于公共池塘资源，拓宽了传统政治学研究的领域，并使得公共资源治理成为政治经济学、政治学、经济学、行政学以及生态学等诸多学科共同关注的热点领域，而这与 20 世纪 90 年代西方政治学者明确主张"政治学研究不能孤立于社会问题和经济问题之外"② 的观点不谋而合。

一 运作对象：小规模的公共池塘资源

综合而言，埃莉诺·奥斯特罗姆长期关注公共资源问题，其研究的逻辑起点是对物品的属性划分及其使用的特征剖析，并在有关物品的传统二分基础上，将研究对象聚焦于公共池塘资源。可以说，与其他政治学家关注官僚制、议会、选举等宏大政治议题不同的是，奥斯特罗姆长期关注小规模的公共池塘资源这一微观议题，涉及森林、渔业、灌溉等各类可再生资源，聚焦于公共池塘资源的可持续使用与共同治理难题。十分值得关注的是，CPRs 这一运作对象构成奥氏自主治理思想的逻辑出发点和落脚点，后续研究者不能忽视该场域情境，而将其思想拓展至其他任意领域。

（一）物品类型与公共池塘资源

1. 物品类型的划分及其改进

纵观西方有关资源物品及其产权的研究历程，德裔美国政治经济学

---

① 应予明确的是，奥斯特罗姆并未将自主治理机制任意拓展至集体行动的其他领域，而是大体将其限定在公共池塘资源的治理领域，这也成为奥氏学术生涯的主要研究对象。

② 〔美〕罗纳德·H. 奇尔科特. 比较政治学理论——新范式的探索 [M]. 高铦，潘世强，译. 北京：社会科学文献出版社，1998：14。

家理查德·A.马斯格雷夫（Richard A. Musgrave）较早关注公共物品的生产问题，他将其区分为生产与供应两类现象，并以消费者之间是否存在竞争性来界定"公益物品"的概念。① 其后，新古典综合派经济学家萨缪尔森于1954年根据关联消费（jointness of consumption）的属性，以是否具有受益的排他性将物品划归为两种类型：公益物品和私益物品。② 其中，公益物品既具有非排他性又具有非竞争性，而私益物品与此正好相反，后者同时兼具排他性和竞争性两种独立属性。对于这一基本分类，奥斯特罗姆认为："（它）与制度领域的分类是一致的，后者分为市场环境中的私人产权交换和官僚科层制下的政府所有产权。（而）现实生活中的个体则通常仅被视为消费者或选民。"③ 1959年，马斯格雷夫针对萨缪尔森的观点，认为物品属性中是否减少他人总的消费量更为重要，并由此将物品划分为私人物品和公共物品。④ 有关萨缪尔森与马斯格雷夫之间物品的分类差异，奥斯特罗姆有细致阐述（见表2-1），她认为萨缪尔森主要是基于个人消费是否会减少其他人的总消费量，即区分出A与B两类物品，而马斯格雷夫则是基于排除他人的可行性对物品进行分类，即区分出A与C两类物品。⑤ 可以说，早期物品分类的学说较为简单，学者均采用单一维度的标准对其予以分成两类，他们之间的区别在于采取何种指标，包括排他性、竞争性、相对成

① Richard A. Musgrave. The Voluntary Exchange Theory of Public Economy[J]. *The Quarterly Journal of Economics*, Vol. 53, No. 2(1939). pp. 213-237.

② Paul A. Samuelson. The Pure Theory of Public Expenditure[J]. *The Review of Economics and Statistics*, Vol. 36, No. 4(1954). pp. 387-389; Paul A. Samuelson. Diagrammatic Exposition of a Theory of Public Expenditure[J]. *The Review of Economics and Statistics*, Vol. 37, No. 4 (1955). pp. 350-356.

③ Elinor Ostrom. Beyond Markets and States: Polycentric Governance of Complex Economic Systems[J]. *American Economic Review*, Vol. 100, No. 3(2010). p. 642.

④ Richard A. Musgrave. *The Theory of Public Finance: A Study of Public Economy* [M]. New York: McGrawHill, 1959.

⑤ Elinor Ostrom. How Types of Goods and Property Rights Jointly Affect Collective Action[J]. *Journal of Theoretical Politics*, Vol. 15, No. 3(July2003). pp. 240-241.

本[①]和公共性[②]等。

表 2-1　萨缪尔森与马斯格雷夫有关物品分类的比较

		萨缪尔森的分类	
		个人消费会减少其他人的总消费量	个人消费不会减少其他人的总消费量
马斯格雷夫的分类	排除他人是可行的	A 类	B 类
	排除他人是不可行的	C 类	D 类

资料来源：Elinor Ostrom. How Types of Goods and Property Rights Jointly Affect Collective Action[J] .*Journal of Theoretical Politics*, Vol. 15, No. 3(July2003) . p. 241.

　　1965 年，公共选择学派的代表人物布坎南在萨缪尔森、马斯格雷夫等人有关物品二分的基础上，从物品的可分性原则出发，将物品分为完全可分物品、部分可分物品和不可分物品三类。据此，布坎南为物品分类加入了另一类物品：俱乐部物品（或称自然垄断物品）。[③] 他认为与其他物品相比，该类物品易于被相关群体建立私人协会予以管理，并将非协会成员排除在外，而只向内部成员供给非竞争性的物品或服务。其后，约拉姆·巴泽尔（Yoram Barzel）正式提出准公共物品的概念，并认为它是纯私人物品和纯公共物品的混合，从此将物品分为私人物品、混合物品和公共物品三大类。[④] 不过，由于早期研究者往往不加区分地使用"公共事物"（Commons）、"公共资源"（Common Resources）或"公共财产资源"（Common Property Resources）等相近概念，并较为笼统地指称灌溉系统、公共牧地、海洋渔场、地下水盆地等资源系统，从而阻碍了这一领域研究的深化。基于此，1977 年奥斯特罗姆夫

---

①　John G. Head, Carl S. Shoup. Public Goods, Private Goods, and Ambiguous Goods[J] .*The Economic Journal*, Vol. 79, No. 315(September1969) . pp. 567–572.

②　Sally E. Holtermann. Externalities and Public Goods [J]. *Economica*, Vol. 39, No. 153 (1972) . pp. 78–87.

③　James M. Buchanan. An Economic Theory of Clubs [J]. *Economica*, Vol. 32, No. 125 (1965) . pp. 1–14.

④　Yoram Barzel. The Market for a Semipublic Good: The Case of the American Economic Review [J] .*American Economic Review*, Vol. 61, No. 4(1971) . pp. 665–674.

妇拒绝将物品予以二分的简单分类原则，他们立足于前人的分析和实证调研，并借助对个体应对多元公共问题的深入分析，主张从排他性和使用的耗损性①两个维度对物品类型做出进一步细分（见表2-2），因而新增加了第四类物品：公共池塘资源（Common-pool Resources）。②

表2-2　奥斯特罗姆有关物品的基本分类

		使用的耗损性	
		低	高
排他性	易	付费物品；剧院、乡间俱乐部、日托中心等	私人物品：食品、服装、手机、汽车、个人电脑等
	难	纯公共物品：国防、知识、天气预报、城市消防、社区安保、夕阳美景等	公共池塘资源：地下水流域、灌溉系统、渔业资源、森林资源、公共图书馆等

资料来源：Elinor Ostrom. *Understanding Institutional Diversity*[M].Princeton, NJ: Princeton University Press, 2005: 24.; Charlotte Hess, Elinor Ostrom. A Framework for Analysing the Microbiological Commons[J]. *International Social Science Journal*, Vol. 58, No. 188(June2006). p. 337.

① 所谓排他性（Excludability），是指较难排除人们从物品中受益。一般而言，物品与事物在由自然或人的活动生产出来以后，它们排除或限制潜在受益者（使用者）进行消费的难易程度（或成本）是不同的，其中建立围墙或将物品包裹起来是把潜在受益者排除在物品消费之外的最终物质手段；耗损性（Subtractability），即一个人消费该物品，使得同样享受该物品的其他人的收益减损。比如，一个渔民捕到一吨鱼，那么，这一吨鱼就再也不可能进入他人的渔网了。与之相反的情况是，某人对天气预报的使用就不会影响其他人对该预报信息的利用，因此，天气预报服务是不具有耗损性的。

② 可参见：Vincent Ostrom, Elinor Ostrom. Public Goods and Public Choices[M]//Emanuel S. Savas. Alternatives for Delivering Public Services: Toward Improved Performance. Boulder, Colo: Westview Press, 1977: 7 – 49。另外，对于"Common-Pool Resources（以下简写为CPRs）"的翻译，当前学界一般译成"公共池塘资源"，而无论是"共有财产"、"公共资源"抑或"公用资源"的译法，都难以准确表达这一含义。例如，奥斯特罗姆与他人合著的 *Rules，Games and Public Common-pool Resources*，其中"Common-pool Resources"即翻译为"公共池塘资源"，此种译法较为形象，它促使研究人员及普通读者在各自脑海中想象一幅画面：某地存在一方池塘，作为一种易被分割且能被耗尽的资源，人们可以任意提取池中之水，但不能阻止他人的提取行为。在上述场景中，该类资源作为整体难以排他，但作为资源系统却可被分割，因而具有明显的非排他性、耗损性与可分割性的特征，即资源一旦被提取成功，便成为私人拥有、私人享用的物品。不过，台湾政治大学汤京平教授主张将CPRs译为"共用性资源"或"共享性资源"，因为"公共池塘资源"这一概念过于具象化，不能涵盖CPRs的抽象特征，且容易让人产生概念的混淆。与CPRs类似的术语有公益物品（public goods）、共用物品（common goods）或共享物品（joint goods）等，不过上述术语在共同享用方面与公共池塘资源相异。

具体而言，公共池塘资源（下文简称 CPRs）与俱乐部物品相对应，"（它）是这样一类资源，并能够产生收入流，但要排除他人使用资源的成本却很高，而且一人对资源进行消费将减少他者从该资源所获的收益，它可以是自然的或人造的"。[①] 进一步分析，CPRs 是具有非排他性和可耗损性的公共资源，其前一类属性与公共物品相似，即这样的物品被整个社会共同享用，拥有理论上"向一切人开放"的特点；其后一类属性又与私人物品相似，具有使用的竞争、减损特征，其中，CPRs 的非排他性依赖于社会规范和正式规则的制度系统，而其可耗损性则在较大程度上依赖于物品本身的性质。随着占用者人数的增多，CPRs 系统将产生"拥挤效应"（Crowding Effects），从而降低每一个占用者在资源使用过程中所获得的边际收益或个人效用，因而这类资源也可被称为"拥挤性资源"。可以说，上述细分更贴近真实世界的复杂性，亦让集体行动的状态与物品属性之间的关联更为丰富多元。在研究过程中，为识别与确认影响个体激励的基本差异，奥斯特罗姆对物品（包括产品与服务）分类及公共物品理论所做出的努力可归纳为以下四个方面。

其一，在物品三分法的基础上，增加了第四类物品：CPRs，她认为该类物品兼具公共物品的非排他性和私人物品的耗损性两种属性[②]。

其二，用"使用的耗损性"（Subtractability of Use）概念替代"消

---

① Elinor Ostrom. Collective Action and the Evolution of Social Norms [J]. *The Journal of Economic Perspectives*, Vol. 14, No. 3(Summer2000). p. 148. 此外值得一提的是，奥斯特罗姆在早期研究中，将"公共池塘资源"界定为"一个足够大的自然或人造资源，致使排除潜在的受益者从其中获取利益的成本较高（但并非完全不可能排除）"。可参见：Roy Gardner, Elinor Ostrom, James Walker. The Nature of Common-Pool Resource Problems[J].*Rationality and Society*, Vol. 2, No. 3(1990). p. 335.

② 应该说，在不同场合奥斯特罗姆对于物品的分类标准略有不同，她也曾从排他性与使用或消费的共同性两个维度，对物品予以划分。可参见：〔美〕文森特·奥斯特罗姆，埃莉诺·奥斯特罗姆．公益物品与公共选择［M］//〔美〕迈克尔·麦金尼斯主编．多中心体制与地方公共经济．毛寿龙，李梅，译．上海：上海三联书店，2000：98-101。

费的竞争性"（Rivalry of Consumption）概念，以突出 CPRs 使用过程的耗散与减损特征。

其三，在界定"排他性"和"使用的耗损性"概念时，强调由低至高的强度变化，替代此前简单的"存在"或"不存在"非此即彼的二元定义方式。

其四，用"收费物品"（Toll Goods）概念替代"俱乐部物品"（Club Goods），以凸显自然垄断资源的付费特征。

2. 公共池塘资源的属性特征

CPRs 既非公益物品，也非私益物品，而是介于二者之间较难排他、又分别享用的物品。由于 CPRs 的非排他性以及开放式使用（Open Access）等特征，因而较难对这一物品进行现代产权层面的私有化或定量化界定。对于一般物品或事物而言，能否从经济或法律意义上限制甚至排除潜在受益者，往往取决于该类物品的自然属性以及物品所属地区的相关制度安排。因为，将物品置于某一私密空间（例如建造围墙、包裹物品）是将潜在受益者排除在物品消费之外的有力手段。不过，人们的上述行为必须有相应的、能够在一国法律体系中起到防护作用的有关财产权的系列规定充当坚实后盾。奥斯特罗姆对于 CPRs 具有的"排他性"，主要是从占用者试图阻止他人使用，自身所需花费的代价大小予以衡量的，而后者又依赖于资源的自然属性，如资源的规模、资源特性的复杂程度等。这导致 CPRs 具有非排他性的原因较多，涉及的因素包括：这一资源的物理规模较大，使得将潜在受益者排除在使用范围之外，需要花费较高成本；一国宪法、法律等相应制度安排不允许对潜在受益者予以限制使用；传统的规范以及伦理、公平等理念，使得排除其他受益者这一行为较难被纳入考虑范围。由于当前学界对于"排他性"的理解，是将其细分成实现个人之外的"排他"和特定群体之外的"排他"两类。其中，私人物品实现的是第一层含义上的"排他"，而俱乐部物品、CPRs 实现的是第二层含义上的"排他"。上述分析表明，

CPRs 的"排他性"与私人物品的"排他性"并非完全一致。与此同时，CPRs 的另一显著特性是，资源系统的产出在消费层面上而言具有耗损性，但是对现有占用者的资源获取进行限制或者排除潜在的资源提取者并非一件容易的事情（但也不是绝无可能）。但需说明的是，具有耗损性的是资源单位，而非 CPRs 本身。对于物品和服务在使用或消费层面的损耗性，其减损程度处于高度减损和不减损范围之内，其中针对大部分物品的使用都是易于减损的，即某一个体的使用将妨碍其他人的同样使用。

就现代社会的财产权制度而言，CPRs 系统多为国家或集体财产，属于混合体制（Mixed Regimes）的公有财产，在使用上拥有开放性，且排他成本较高，因而具备公共物品的部分属性。不过，CPRs 系统中的资源单位相对有限，这意味着个人不能无限制地使用资源单位，否则可能出现"公地悲剧"的情境。不过需要明晰的是，奥斯特罗姆针对 CPRs 的研究，仅是从物理属性层面阐述该类资源的普遍特征，即对一定范围内的占用者而言是开放的，却并未说明上述资源的产权分配在法律层面的界定状况，因而并不能称其为"公共财产资源"。进一步分析，CPRs 在产权体制方面可以是任何一种体制，包括社群财产、个人财产和政府财产等（见表 2-3）。对于 CPRs 的产权归属，拥有多种样态，例如村庄共有的草甸、牧场、水渠、林地等，所有权归属集体共同所有，而近海大型渔场、跨域森林及水系，所有权归国家所有，总之"极少有制度不是私有的就是公有的——或者不是'市场的'就是'国家的'。许多成功的公共池塘资源制度，冲破了僵化的分类，成为'有私有特征'的制度和'有公有特征'的制度的各种混合"。[1] 对此，奥斯特罗姆担心"公共财产资源"（Common Property Resources）这一概念将财产权和资源属性相混淆，因为这一术语同时表示政府拥有的财

---

① 〔美〕埃莉诺·奥斯特罗姆. 公共事物的治理之道——集体行动制度的演进 ［M］. 余逊达，陈旭东，译. 上海：上海三联书店，2000：31。

产、无主的财产、资源用户群体所拥有的财产等意涵，因而认为这类模棱两可的词语将使分析与解决方法变得不甚明确，因而主张用"公共池塘资源"（Common-Pool Resources）或"公共产权体制"（Common-Property Regimes）代替之。[①] 值得一提的是，当 CPRs 具有占用者规模小、产权较易界定以及拥有有效的奖惩机制时，CPRs 就可转化为私人物品予以处理。反之，如果 CPRs 的占用者规模较大，但依然可以有效排他时，CPRs 就可以转化为俱乐部物品予以处理。

表 2-3　用于规制 CPRs 的产权制度类型

财产权利	特征
开放进入	强制财产权的缺失
社群财产	一组可以排除其他用户的资源权限
个人财产	可以排除他人使用的资源权限
政府财产	政府拥有的资源权利，可以管制或补贴使用

资料来源：Elinor Ostrom, Joanna Burger, Christopher B. Field, et al. Revisiting the Commons: Local Lessons, Global Challenges[J] .*Science*, Vol. 284, No. 5412(April1999) .p. 279.

3. 情境分类：占用与提供

从奥斯特罗姆给出的关于"CPRs"的严格定义中，我们可知她讨论的资源类型相较于一般意义上的混合公共物品在内涵、范围和边界上都有所缩小。例如，与加勒特·哈丁（Garrett Hardin）所阐发的"公地"（Commons）概念的宽泛性不同，奥斯特罗姆论述的 CPRs 特指如下若干类自然资源，包括森林资源、渔业资源（近海渔场）、地下水资源、农田水利灌溉和公共牧场五个典型场域。[②] 而且，奥氏认为尽管自身的研究主题是可再生资源，但其研究的许多基本问题也适用于针对不

[①] 〔美〕埃德勒·施拉格，埃莉诺·奥斯特罗姆. 产权制度与近海渔场［M］//〔美〕迈克尔·麦金尼斯主编. 多中心治道与发展. 王文章，毛寿龙，等译. 上海：上海三联书店，2000：109。

[②] 奥斯特罗姆曾经将 CPRs 的研究拓展至具有统一解决方案的环境产品（Environmental Goods）。可参见：Elinor Ostrom. Why Do We Need to Protect Institutional Diversity?[J] . *European Political Science*, Vol. 11, No. 1(March2012) . p. 130.

可再生资源利用的规制。① 概言之，奥氏所研究的 CPRs 是一类稀缺的资源，而市场也未能对其使用进行收费，从而个人能够免费使用这一资源。可以说，奥斯特罗姆所指的 CPRs，不同于以政府为供给主体的大规模公共物品，后者如水利、公路、电力等大型基础设施。确切地说，CPRs 具有系统使用的非排他性、资源获取的竞争性两大特征，这使得占用者不可能或难以阻止其他占用者使用，而每个占用者在消费过程的边际成本大于零。奥斯特罗姆特意强调："这一点尤其重要，即在我们对自然资源予以分析时，发现大部分自然资源都是公共池塘资源。"② 由此看来，对如何治理 CPRs 这类复杂而重要的资源予以制度分析，是十分有意义的理论探讨。

　　针对 CPRs 系统的复杂而不确定情境，奥斯特罗姆将资源单位的占用者所面临的问题归为两类：占用问题与提供问题。其中，占用问题涉及如何排除潜在受益者并合理分配具有竞争性的资源单位。在这一问题中，CPRs 的流量是其关键，包括一次性静态情境中的提取与重复性情境中的提取等具体场景，涉及占用外部效应、技术外部效应、资源单位量的配置等问题。提取问题的分析集中于对 CPRs 本身投资的效益特征和时间依赖特征，包括创造、维持或提高资源生产力，以尽可能地避免 CPRs 存量遭到破坏等具体情境，涉及资源的发展、维护以及退化等问题。具体而言，理性占用者在占用和提取情境中倾向于分别考虑资源的流量配置和存量问题。依据具体的情境特征，提供问题可表现为一次性博弈、有限次重复博弈或无限次重复博弈三种情况。而且在自然场景中，人们所遇到的提供与占用问题往往是交织（嵌套）在一起的。例如，人工修建的灌溉系统，只有被修建（提供）出来才能为人所提取。

---

① 〔美〕埃莉诺·奥斯特罗姆，罗伊·加德纳，詹姆斯·沃克. 规则、博弈与公共池塘资源 [M]. 王巧玲，任睿，译. 西安：陕西人民出版社，2011：8。

② Elinor Ostrom. Why Do We Need to Protect Institutional Diversity?[J] .*European Political Science*, Vol. 11, No. 1(March2012) . p. 130.

而且，即使是天然的 CPRs——地下水流域或渔场，也可能涉及广泛的提供活动，以实现资源的有效提取或避免滥采而导致的资源枯竭。由此可知，提供活动与占用活动密切相关导致了 CPRs 本身成为一个极度复杂而不确定的情境。

（二）资源系统、资源单位及其占用者

1. 系统存量与单位流量

对于表 2-2 中所展示的四类物品，奥斯特罗姆认为它们内部又可以根据资源单位的流动性、测量的难易程度以及再生产的实践周期等维度，将其划分为性质各异的小类。① 在 CPRs 内部，可以根据资源单位的变动与否、有无储藏性两类标准，对其属性予以进一步的细分（见表 2-4），而这两类特征既影响资源占用者面对的占用与提供问题的严重性，又影响着占用者解决上述问题的难易程度以及占用者可供发展的制度安排种类。进一步分析，在 CPRs 内部，资源系统（Resource System）和资源单位（Resource Unit）是两个关键概念，前者指向非排他性，后者指向可耗损性，对这一资源予以研究的关键是认识作为存储变量的资源系统与由此系统产生的资源单位流量之间的依存关系，并对二者加以区别。具体来看，奥斯特罗姆将 CPRs 的资源系统看成一种储存变量，例如渔场、地下水流域、牧区、灌溉渠道、桥梁、停车库、计算机主机以及溪、湖、海洋和其他水体都是资源系统，而资源单位是个人从资源系统占用和使用的流量。以下是 CPRs 中资源系统与资源单位的一些实例：公共渔场和鱼的数量、油田和提炼的石油桶数、公共停车场和具体车位。研究者需要注意的是，只有具体的资源单位才具有竞争性，而不是 CPRs 系统本身具有竞争性。由于 CPRs 受到诸多外部因素的影响，例如降水量、日照量、洋流走势、地理位置等，奥氏研究中的 CPRs 成

---

① Elinor Ostrom. Beyond Markets and States: Polycentric Governance of Complex Economic Systems[J].*American Economic Review*, Vol. 100, No. 3(2010). p. 645.

为一个复杂、不确定的系统。

表 2-4　CPRs 的类型细分

		流量单位	
		变动性	稳定性
储藏性	不具有	第一组：渔业、河床式灌溉系统	第二组：畜牧区、年度生产型森林
	具有	第三组：水库式灌溉系统	第四组：地下水盆地、湖泊

资料来源：〔美〕埃德勒·施拉格，威廉·布罗姆奎斯特，邓穗恩. 流量变化、储藏与公共池塘资源的自主组织制度［M］//〔美〕迈克尔·麦金尼斯主编. 多中心治道与发展. 王文章，毛寿龙，等译. 上海：上海三联书店，2000：149.

　　针对不同情境中的 CPRs，资源提取者具体面临和必须解决的问题也千差万别。例如，将渔民组织起来设计一套针对捕鱼点分配问题的共同规则，与制定河流灌溉中如何分配水资源的规则设计之间存在着较大差异。总而言之，对于 CPRs 系统来说，利益相关方所面临的问题主要分为资源提取的外部性问题，资源禀赋差异的分配问题，技术的外部性问题。

　　其一，资源提取的外部性问题。资源提取的外部性，又可称为资源提取的竞争性，是指当资源的占用者在增加自身资源提取额度之时，带来收益的同时使其他占用者的收益减少。例如，若渔民增加每日撒网的次数，并由以往的一天一次提高到一天三次，那么若其他渔民在同一片区域内再次撒网，其捕获量低于往常的概率将大为增加。由上文分析可知，由于 CPRs 具有非排他性和可耗损性的属性特征，在这一情境中，因为利益的驱使或对他人占用资源的预期，即使资源占用者意识到了自身行为对于其他占用者可能产生负的外部性，也难以终止这一行为。

　　其二，资源禀赋差异的分配问题。承接上述分析，CPRs 系统的特征受到资源的区位特征、所属气候等诸多因素共同影响，这使人们在同一性质 CPRs 中获得的收益也并不相同。比如，占地面积较大的渔场可能同时存在"热点区域"与"冷点区域",渔民在"热点区域"捕捞通常比其他区域的效益高。由此观之,如果在集体行动过程中社群未能恰当处置好资源分配问题,将在很大程度上导致集体行动难以持续并最终走向决裂。

其三,技术的外部性问题。一般是指,资源占用者投资于制度安排以对 CPRs 进行管理时,个体将面临技术的外部性问题。这一问题是指一项新技术的采用将会使采用其他技术者的成本增加。例如,如果公共渔场中的某个渔民使用炸药来捕鱼,那么其他渔民的捕捞成本会由于这项生产技术的使用而提升。

2. 复杂情境中的理性占用者

在研究过程中,奥斯特罗姆将从 CPRs 系统中提取资源的行为称作"占用"(Appropriation),而将这一过程中的提取主体称为"占用者"(Appropriators)。[①] 这一术语可以用来指称从某一资源系统中提取资源单位的任意成员,包括牧民、农民或渔民,亦包括电脑服务器的使用者或地下水生产者,他们可以长期从 CPRs 储备"仓库"中获取一定量的资源单位,例如从地下水流域提取某一容积的水量、从渔场中获取某一吨数的鱼量、从油田抽取某一桶的油量等。

进一步分析,"占用者"这一概念不仅指拥有特定法律权利而提取资源的个体,同时包括无论是否具有使用权利而实际使用资源的人们。而且,奥斯特罗姆所研究的资源占用者并不拥有影响市场上产品供应水平的能力,也不会对资源系统外的包括制度在内的环境产生重大影响。一方面,奥斯特罗姆继承了早期公共选择理论有关人性自利的基本判断,因而在她研究资源系统的占用者时,是从理性经济人的角度出发,认为这些资源的占用者与其他的资源占用者处在一个相对复杂的环境当中,他们将会为了最大化获取资源而理性行事。比如,河流灌溉的占用

---

① 〔美〕埃莉诺·奥斯特罗姆.公共事物的治理之道——集体行动制度的演进 [M]. 余逊达,陈旭东,译.上海:上海三联书店,2000:53。

者知悉如果他们增大自身从河流中占用资源的提取量所将产生的结果，也熟知减少自身从河流中占用资源的行为会对下游资源占用者的农业产量构成的影响。另一方面，上述占用者也是复杂的社会人，他们之间可能有许多复杂的超脱于经济利益上的联系，比如基于血缘、亲缘、地缘或业缘等的信任关系。总之，奥氏自主治理思想是基于资源治理的复杂情境，从理性的资源占用者本身出发寻求问题解决的出路，并强调资源博弈的局中人将相关利益内化，以保证所设计的制度规则具有自我实施的相应属性。

二　预设前提：行为假设与制度多样性

埃莉诺·奥斯特罗姆在实证研究的政策分析中，一方面对人的特性进行分析，将个体理解为完全理性与有限理性的合理结合，并认为个体是"有意理性的"，即人们在特定环境中的策略选择，取决于他（她）如何考察并权衡各种不同策略的收益与成本及其可能的结果。[①] 另一方面，奥斯特罗姆从新制度主义的视角理解作为博弈规则的制度，将制度视为规则的组合，既包括操作规则、集体选择规则和宪法选择规则等正式规则，也包括共享规范、社群习俗等非正式规则。总之，奥斯特罗姆试图发展一种与现实情况贴近的集体行动理论，提出研究的理性假设与对制度的理解，从而构成自主治理思想的预设前提。

（一）制度分析的行为假设：完全理性与有限理性的结合

20 世纪六七十年代以来，西方社会科学领域兴起了一股方法论变革的浪潮，公共选择学派便是其中的拥护者和践行者。就研究方法和理论内容而言，公共选择学派是将经济学领域的"经济人假设"（Economic Assumptions）拓展到传统意义上的政治学和公共行政学领域，因此也被称为"政治的经济学理论"。正如丹尼斯·C. 缪勒（Dennis C. Mueller）

----

① 有关人性的基本假说，在社会科学研究者的理论中占据基础地位。

所说："公共选择理论可以定义为非市场决策领域的经济研究，或简单定义为将经济学应用于政治学领域。"① 对于个人理性的假设而言，奥斯特罗姆深受公共选择理论的影响，认为人类本性上是自私自利的，但反对将其视为绝对自私自利的个体，而主张个体仍存在有限同情与合作意愿。可以说，奥斯特罗姆十分关注实地场景中面临具体问题的个人，她在实证研究的基础上，致力于开发政策分析工具，其中涉及理性人假设的问题。总体而言，正如奥斯特罗姆自己所言："我们寻求的是有限理性理论与完全理性理论的合理连接点。这两种理论都提供了理解人类如何在多样情境下行动的工具。"② 进一步分析，奥斯特罗姆的处理方法是以理性选择理论蕴含的行为假设为基础，并对个体行为理论假设涵盖的结构要素抽象概括为三个方面：一是有关完全信息的假设；二是有关追求物质利益偏好的假设；三是有关最大化选择模式的假设。③

一方面，奥斯特罗姆承认在简单的情境中，完全理性人假设（或完全理性模型）将成为解释并预测人类行为有力的工具，并且认为她的实证研究，为完全理性人假设在完全信息、有限重复的 CPRs 情境中的适用性提供了经验证据。④ 至此，我们可以推测得知，奥斯特罗姆并不反对在 CPRs 的博弈情境中运用理性假设，正如她自己所说的："非合作博弈的完全理性预测为我们提供了分析公共池塘资源困境有用且有力的工具。"⑤ 正因如此，奥斯特罗姆在将制度分析与发展框架作为分析问题的基本组织模式时，将非合作博弈理论作为建构各种 CPRs 情境模型

---

① Dennis C. Mueller. *Public Choice II*[M].Cambirdge: Cambirdge University Press, 1989: 1-2.

② 〔美〕埃莉诺·奥斯特罗姆，罗伊·加德纳，詹姆斯·沃克. 规则、博弈与公共池塘资源 [M]. 王巧玲，任睿，译. 西安：陕西人民出版社，2011：355.

③ Elinor Ostrom. *Understanding Institutional Diversity*[M]. Princeton, NJ: Princeton University Press, 2005.

④ 严格地讲，奥斯特罗姆将理性经济人称为理性自我中心主义者（Rational Egoist）。可参见：Elinor Ostrom. Collective Action and the Evolution of Social Norms[J]. *The Journal of Economic Perspectives*, Vol. 14, No. 3(Summer2000). p. 139.

⑤ 〔美〕埃莉诺·奥斯特罗姆，罗伊·加德纳，詹姆斯·沃克. 规则、博弈与公共池塘资源 [M]. 王巧玲，任睿，译. 西安：陕西人民出版社，2011：355。

的主要工具，她认为"公共池塘资源情境模型，是以更具一般意义的理论——非合作博弈理论——提供的逻辑工具与技术构建的具体模型。"①基于此，奥斯特罗姆在对提取者博弈、试验研究中的 CPRs 基线提取实验、可能毁坏的实验中，均以完全信息与正确无误的处理过程为前提假设。例如，在对于 CPRs 提取者博弈的研究过程中，她假定模型中只有两个局中人，且每个局中人仅有两种行动选择。在上述情境中，奥氏认为完全理性人假定是合理的，有助于她进行精确预测，她认为："在实地场景中，古典博弈理论是极为有效的解释与诊断工具。有时，即使人们最初的行为并不符合预测，但他们的行为也往往会随着时间的流逝而向理论预测的方向靠拢。"②在这种条件下，奥斯特罗姆认为有关个人选择的完全理性假设正是进行制度分析的有用方法。

另一方面，奥斯特罗姆也清醒地认识到，所有工具都存在局限性，并认为各种模型与理论之间存在互补性，所以她并不认为在一系列长期重复的博弈过程中，试图以完全理性理论为基础去解释复杂情境中的合作过程，能够取得令人信服的解释力。因为倘若环境的不确定性和复杂性大大超出了常人的有限计算和理解能力范畴，在此种背景中尝试剖析决策者的行为，有限理性理论则显得更为适用与合理。尤其是奥氏发现了非合作博弈理论工具无法解释的经验证据之时，她对完全理性假设予以扬弃，加上存在不完全信息和个体认知的限制，她逐步接受行动者并非纯粹理性的前提假设。至此，她认为："有限理性论对分析公共池塘资源场景中所存在的较复杂情境非常有意义。"③也就是说，当博弈的情境日益复杂，有关人们是完全与全部信息处理者的假设就与现实相去

---

① 〔美〕埃莉诺·奥斯特罗姆，罗伊·加德纳，詹姆斯·沃克.规则、博弈与公共池塘资源 [M].王巧玲，任睿，译.西安：陕西人民出版社，2011：24。

② 〔美〕埃莉诺·奥斯特罗姆，罗伊·加德纳，詹姆斯·沃克.规则、博弈与公共池塘资源 [M].王巧玲，任睿，译.西安：陕西人民出版社，2011：37。

③ 〔美〕埃莉诺·奥斯特罗姆，罗伊·加德纳，詹姆斯·沃克.规则、博弈与公共池塘资源 [M].王巧玲，任睿，译.西安：陕西人民出版社，2011：25。

甚远。同时，如果环境的复杂性与不确定性远远超出了正常人有限计算能力的应对范围，那么要解释这些背景下的人类行为，有限理性理论就是更为适用的假设。"因为在此种场景中，个体通常无法在彻底剖析将来的所有行为以后，针对博弈情况形成一劳永逸的应对策略。与此相反，为了实现终极目的，他们既有可能走捷径，也有可能绕弯路。行为假设与观察到的实际行为偏离得越远，该假设对政策目的就无法发挥作用。在某些情况下，理性博弈的均衡模型可能出现如下结果：局中人所做的任何行为几乎都符合理论。如果我们据此预测人们会从一个大范围的可行策略范围内任意选择，那么这样的预测既不准确，也缺乏价值"。①

综上所述，奥斯特罗姆在主张运用她所开发的制度分析与发展框架对相关制度进行分析时，对行动场景（包含行动情境与行动者两个方面）予以辨别，以便探究人类制度的内部运作和更好地理解制度何以有效运作的问题。其中，在对行动情境的组成要素——信息进行剖析时，奥氏认为由于所涉及的自然关系太复杂或者由于规则阻碍了所有信息的可获得性，诸多情境只能产生不完全信息。而相对应地，完全理性理论通常假定：人们拥有完全信息。这意味着人们能将过往的信息长期存储，绝无丢失或偏差的可能，并在需要之时将充足的信息调出以做出正确分析。相比而言，有限理性则对局中人信息处理能力的假设并不十分乐观，其通常假设：一定情境中所产生的信息量往往大于人们能够收集与记录的量，人们也并不能够完全利用所获得的信息，而且他们在处理信息过程中也有可能出现错误。实际上，奥氏承认："当在一个产权受到十分严格执行，并且对买卖双方而言都有一个相对较低成本的设定中，去分析私人物品市场时，基于完全信息和利润最大化的市场行为和结果的理论都能很好地预测结果。"② 但研究者在理解许多关于当地公共

① Elinor Ostrom, Roy Gardner, James Walker. *Rules, Games and Public Common-Pool Resources* [M].Ann Arbor: University of Michigan Press, 1994: 321−322.
② Elinor Ostrom. A Long Polycentric Journey [J]. *Annual Review of Political Science*, Vol. 13 (2010). p. 18.

物品和 CPRs 的情境时，由于其中包含诸多不确定性，并且缺乏选择压力以及竞争市场的信息生产能力，因而，奥斯特罗姆认为："（在上述情境下），需要运用有限理性假设——那些个体主观是理性的，但受到限制——来替代公理式的选择理论中的完全信息和效用最大化的假设。"[①]

可以说，奥斯特罗姆有关个体的理性假设，已超越了公共选择理论有关"经济人"基本行为的简单假设，后者往往假定个体在实现效用最大化时，能够十分理性地根据自身利益来确定，并能够收集到相关信息以降低风险与不确定性。可以说，奥氏发现了"经济人"假设对于在认识到人的利己性的同时，也发现了这一假设对个体利己性之间的制约关系以及利他性的社会价值的忽视。但正如完全接受理性选择假设是不理智的，彻底拒绝理性选择假设同样是不理智的。也正是奥斯特罗姆对人类理性的复杂程度的洞悉，并在扬弃"完全理性"假设的基础上，她指出在不确定、复杂的环境中，个人的策略选择并非属于机械式的计算过程，而是一个对不确定的收益与成本进行有限评估的过程，其中所有个人的评估都存在若干已知的偏差。[②] 至此，奥斯特罗姆以个体既富有学习能力也会不断犯错误的理性假设为基础，致力于构建一种基于自治和多中心博弈的政治秩序。正如马克·彭宁顿（Mark Pennington）所评价的那样，他主张奥斯特罗姆研究的重要发现是"当与公共池塘资源问题有直接利害关系的人，积极参与改变和强化治理安排的时候，有效的规则更容易产生。当社区为它们自己制定规则的时候，它们有强烈动机执行规则并从错误中学习"。[③]

---

① Elinor Ostrom. A Long Polycentric Journey [J]. *Annual Review of Political Science*, Vol. 13 (2010). p. 18.

② 〔美〕埃莉诺·奥斯特罗姆. 公共事物的治理之道——集体行动制度的演进 [M]. 余逊达，陈旭东，译. 上海：上海三联书店，2000：306.

③ 〔英〕马克·彭宁顿. 埃莉诺·奥斯特罗姆，公共池塘资源和古典自由主义传统 [M] // 〔美〕埃莉诺·奥斯特罗姆，克里斯蒂娜·张，马克·彭宁顿，等. 公共资源的未来：超越市场失灵与政府管制. 郭冠清，译. 北京：中国人民大学出版社，2015：6.

（二）作为博弈规则的制度：一项基于新制度主义的理解

由于学界围绕 CPRs 治理的研究者属于不同的学科领域，且他们往往关注的是不同国家的公共资源，因而相关的研究结论未能获得有效整合与知识积累。基于此，奥斯特罗姆认为对 CPRs 治理制度的剖析，将成为政治学与经济学等学科整合探究 CPRs 治理的契机，也是沟通多个学科领域相关知识的桥梁。不仅如此，研究者普遍将制度视作一个固定的外生变量，而且经济制度与政治制度被认为是相互分离的状态，较少有学者将它们看作包含于人类互动的整体结构。对此，奥氏摒弃了制度外生性以及政治与经济相分离的假设前提，将个体行动和制度约束的要素相联系，继而从理性选择制度主义（Rational Choice Institutionalism）的层面理解制度，并将"制度"看作行动规则与个体动机的集合，以此构建社群及其内部个体行动的政治性空间。概言之，奥斯特罗姆有关制度的分析路径属于理性选择制度主义的一种类型，具体表现为将制度界定为规则的集合，认为制度与组织中的全体成员一致同意并遵循所订立的规则，以此交换他们作为内部成员能够获得的组织利益，从而社会群体也正是在人与制度的不断博弈中盛衰交替、曲折发展的。

1. 从规则角度理解制度

具体而言，由于受到约翰·康芒斯（John R. Commons）等旧制度主义经济学者的部分影响①，奥斯特罗姆将"规则"（Rules）这一概念定义为"有关什么行为（或状态）是被规定（Required）、禁止（Prohibited）或允许（Permitted）的强制规定，并成为有关参与者之间达成

---

① 旧制度经济学是凡勃伦开创，经由康芒斯、米切尔等人将该项研究推向纵深，强调运用习惯、风俗等因素解释经济社会制度的形成。其中，康芒斯认为工作规则是人们在就采取什么行动进行选择时实际使用的、需要监督和强制实施的规则，并将制度理解为限制、解放和扩张个人行为的集体行动。可参见：John R. Commons. *Legal Foundations of Capitalism*[M] .Madison, WI: University of Wisconsin Press, 1961.

的共识。"① 上述界定将"规则"视为被群体共同理解的，涉及如何制裁、监督与引导个体行为的共同规定，并将规则的运用视作"规定、禁止或允许"某类行为的方式，实际上是对实用中的规则（Rules in Use）而非形式中的规则（Rules in Form）的强调，它倾向于将个体融入现有规范的行为体系之中。除此之外，不难发现上述概念中"规定""禁止"及"允许"受到奥斯特罗姆的格外重视，这是因为她认为"把这3个义务作用词都包括在规则的定义中，就一定能够找到导致一种情形的一套规则。"② 因此，奥斯特罗姆认为个体行为的激励是规则的相应结果，而规则则用于奖励和约束各种活动的收益和成本，是指普遍赞同以及实施的解决办法。③

　　在对何谓"规则"予以界定之后，奥斯特罗姆得以明晰界定"制度"这一关键性概念。她认为"制度"（Institutionalism）是"个体运用的规则，这些规则将决定何人或者何物被纳入决策情境，信息又将如何构成，采取何种行动与按照何种次序，个体行动将怎样聚合成集体决策。"④ 不仅如此，奥氏认为若对制度展开研究，应在理解制度内涵的基础上试图厘清它们是如何以及为何被创建与维持的（Crafted and Sustained），也应该探究它们在多样性的情境中将产生何种结果。⑤ 值得一提的是，考察奥斯特罗姆的学术历程，可以发现她在不同时期对"制度"给出了诸多界定。例如，奥斯特罗姆在学术生涯的后期将"制度"理解为

① 〔美〕埃莉诺·奥斯特罗姆，罗伊·加德纳，詹姆斯·沃克. 规则、博弈与公共池塘资源 [M]. 王巧玲，任睿，译. 西安：陕西人民出版社，2011：39。

② 〔美〕埃莉诺·奥斯特罗姆. 公共事物的治理之道——集体行动制度的演进 [M]. 余逊达，陈旭东，译. 上海：上海三联书店，2000：214。

③ 〔美〕埃莉诺·奥斯特罗姆，拉里·施罗德，苏珊·温. 制度激励与可持续发展 [M]. 陈幽泓，谢明，等译. 上海：上海三联书店，2000：52。

④ Larry Kiser, Elinor Ostrom. The Three Worlds of Action: A Metatheoretical Synthesis of Institutional Approaches[M]// Elinor Ostrom, et al. Strategies of Political Inquiry. Beverly Hills, CA: Sage, 1982: 179.

⑤ Elinor Ostrom. Understanding Institutional Diversity[M]. Princeton, NJ: Princeton University Press, 2005: 15.

"个体用来组织不同形式的重复且有结构的交流规则,包括所有形式的家庭、邻里、市场、企业、体育团体、教会、私人协会以及政府间的交流"。① 此外,奥氏还进一步认为"'制度'这一术语是指人们在多个层次分析中,以各种重复的、结构性的方式进行互动时所运用的规则"。② 与之相似,奥氏同样认为"制度"包含"硬"的和正式的制度,亦有"软"的和非正式的制度,前者指涉国家强制执行的法律系统,后者指涉社群长期秉承的文化态度、激励偏爱等内容。

总体观之,在奥斯特罗姆的理解当中,"制度"这一概念涉及诸多不同类型的主体,一方面既涵盖组织这一实体,另一方面也包括用来构成组织内部及其之间相互作用的规则。③ 不过,奥斯特罗姆的相关研究倾向于用后一种含义理解制度,以此强调人类反复使用而共享的,由规范、策略和规则等构成的合集。而对于制度将如何促进或阻滞公共资源的可持续使用,奥斯特罗姆将制度的三种形式进行区别,其中包括作为规则的制度、作为规范的制度和作为策略的制度。④ 具体而言,对于制度的三种形式的划分,自我实施的道德伦理发挥了关键性作用,并有利于理解人类社会自身的运行逻辑。若深入分析,可以发现奥斯特罗姆对"制度"的理解,是以行为导向的规则世界为基本线索,这亦成为她后续研究的路径和基本方法。上述奥氏有关"制度"的阐述方式,与新制度经济学对"制度"的理解存在一致性,后者认为制度是人类相互

---

① Elinor Ostrom. *Understanding Institutional Diversity* [M]. Princeton, NJ: Princeton University Press, 2005: 16.

② Elinor Ostrom. Why Do We Need to Protect Institutional Diversity? [J]. *European Political Science*, Vol. 11, No. 1(March2012) . p. 130.

③ 〔美〕埃里诺·奥斯特罗姆. 制度性的理性选择:对制度分析和发展框架的评估 [M] // 〔美〕保罗·A. 萨巴蒂尔. 政策过程理论. 彭宗超,钟开斌,等译. 北京: 生活·读书·新知三联书店, 2004:47。

④ Elinor Ostrom. *Understanding Institutional Diversity* [M]. Princeton, NJ: Princeton University Press, 2005: 98.

交往的行为规则，制度能够抑制人际交往中的任意行为以及机会主义行为。① 可以说，奥斯特罗姆在一定程度上承袭了科斯有关制度的看法，认为任何主体的交易行为都存在成本，但在特定情境下的制度设计可以降低这一交易成本，从而促使集体行动的形成。

2. CPRs 制度安排的权利属性

针对在研究过程中涉及自然资源的用途及形式等不同情况，学界经常将"规则"与"权利"替换使用而不加以区分，据此奥斯特罗姆认为"权利是规则的结果而不等于是规则……权利指授权的特殊行为，规则指创造权利的个案"。② 在此之后，奥斯特罗姆在传统"产权四分法"③ 的基础上，将产权制度理解为"权利束"或"权利集"（Bundles of Rights）而非单一类型的权利，继而认为 CPRs 的占用者拥有以下五项产权：进入权、使用权、管理权、排他权和让渡权。它们在物主、所有人、债权人和授权用户等对象上呈现不同的权利归属（见表 2-5）。④ 具体而言，在 CPRs 占用者拥有的权利类型中，"进入权"（access rights）是指占用者进入某一物理区域，所获得的非消耗性收益的权利（划艇、远足等）；"使用权"（Withdrawal Rights）是指占用者使用资源单流量的权利（灌溉用水、捕鱼等）；"管理权"（Management Rights）是指占用者规范内部使用方式以及转移资源的权利；"排他权"（Exclusion Rights）是指占用者决定何人拥有使用资源的权利；"让渡

① 〔德〕柯武刚，史漫飞.制度经济学：社会秩序与公共政策 [M].韩朝华，译.北京：商务印书馆，2000：35。
② 〔美〕埃德勒·施拉格，埃莉诺·奥斯特罗姆.产权制度与近海渔场 [M] // 〔美〕迈克尔·麦金尼斯主编.多中心治道与发展.王文章，毛寿龙，等译.上海：上海三联书店，2000：111。
③ 这是一种主张产权应包括国有产权、公有产权、私有产权和开放产权的划分方法。
④ Edella Schlager, Elinor Ostrom. Property-Rights Regimes and Natural Resources: A Conceptual Analysis[J].*Land Economics*, Vol. 68, No. 3(August 1992). pp. 249–262; Charlotte Hess, Elinor Ostrom. A Framework for Analysing the Microbiological Commons [J]. *International Social Science Journal*, Vol. 58, No. 188(June2006). p. 338.

权"（Alienation Rights）是指占用者处置、转移上述四项权利的权利。①
在研究后期，奥斯特罗姆又在其研究中考察了 CPRs 占用者的"奉献
权"和"移除权"两项权利。事实上，奥斯特罗姆所提出的是网络结
构的产权概念，主张产权是能够分割并被不同的人拥有的混合物权。如
此看来，不同的权利束将直接影响资源用户的行为，因而在分析 CPRs
问题时，对相关用户拥有的产权类型予以明晰便是其中的关键步骤和重
要抓手。

表 2-5　CPRs 占用者的权利束

权利束	物主 （Owner）	所有人 （Proprietor）	债权人 （Claimant）	授权用户 （Authorized User）
进入权	√	√	√	√
使用权	√	√	√	√
管理权	√	√	√	
排他权	√	√		
让渡权	√			

资料来源：Edella Schlager, Elinor Ostrom. Property-Rights Regimes and Natural Resources: A Conceptual Analysis[J] .*Land Economics*, Vol. 68, No. 3(August1992) . p. 252.

　　由上可知，奥斯特罗姆在思考 CPRs 制度安排的相关问题时，致力
于探究人类制度如何应用于治理社会资源的规则结构及其内在运行规
律，并认为（新）制度应当由一组当事人自主供给。而且，她主张社
群内部能够自定义 CPRs 的规则并创制相应的监督机制，并使这一规则
符合社群生活的习俗特征。因此，奥斯特罗姆认为有必要将一些个人排
除在资源占用者之外，这些人没有使用资源的合法权利，并且对资源的
可持续性没有贡献，其中如何将个体排除在资源之外，可以基于一套公
认的社群规则。不仅如此，在 CPRs 情境中的个体拥有不同的权利，进
而影响他们拓展个体的福利与是否决定放弃单独行动，以达到均衡的状

---

① 　Elinor Ostrom. How Types of Goods and Property Rights Jointly Affect Collective Action[J] . *Journal of Theoretical Politics*, Vol. 15, No. 3(2003) . pp. 249-250, 262.

态。确切地说，奥斯特罗姆对个体能否以及如何开展合作予以系统分析，并探索哪些制度因素促进（或阻碍）人们的集体行动。在大量的案例研究基础之上，奥斯特罗姆开创了集体行动的自主治理思想，她对第一代集体行动理论的缺陷予以思考，认为自主治理可以成为除国家治理与私人治理公共事物之外的第三条道路，而且认为它是最重要且有效的道路。因为，她发现既不是集权的强制也并非市场策略，而是制度规则的结构改变了个人利益，从而克服集体行动中的问题。不过，CPRs的治理制度与个体权利束之间的逻辑关系尚待进一步的挖掘。

3. 制度的文法规则

奥斯特罗姆理解制度规则的独特方法是将可能受到规则影响的行动情境予以概念化，即对现有案例进行荟萃分析（Meta-analysis）后，提炼出影响博弈或行动情境的诸类规则，并将其进行组件化。在此过程中，奥斯特罗姆发现规则是由人类的语言构建而成，致使集体行动的参与者服从或遵循规则的行为。它并不像自然法则控制下的物理或生理现象那样能够被准确预测。进一步分析，人类的语言包含共通的一些缺陷，比如表意含混、易被误解以及可能发生变化等。由此可知，语言（词语）仅仅是它所指称复杂现象的简化形式。基于此，奥氏综合运用语言学的方法，认为制度是由个体之间的规则、规范和策略等构成的，进而探讨制度的文法规则（A Grammar of Institutions），她认为制度一般包括五大元素：特性（Attribute）、限定词（Deontic）、目标（Aim）、条件（Conditions）以及其他（Or Else），可合称为 ADICO。[①] 依据上述 ADICO 语法元素，奥斯特罗姆将制度划分为三类：规则（Rules）、规范（Norms）与策略（Strategies），其中"规则"涵盖全部要素，强调惩罚措施，并需要借助外部力量进行监督与惩罚；"规范"涵盖 ADIC 四个元素，它的遵守依靠内部监督及主体自觉，实质是主观价值的判断和评

---

① Sue E. S. Crawford, Elinor Ostrom. A Grammar of Institutions[J] .*American Political Science Review*, Vol. 89, No. 3(September1995) . pp. 582–600.

价；"策略"涵盖 AIC 三个元素，它并不强调主观偏好问题，而是倾向于何种策略是最优选择的问题。

在新旧制度的变迁演化之中，奥斯特罗姆十分强调外部政治制度对集体行动所产生的影响。在制度分析的视域中，自主治理与自主合约涉及一系列集体性制度选择，其中新旧制度的变迁，主要因素取决于彼此成本与收益的比较。由此，奥斯特罗姆区分了偏远地区与非偏远地区外部政治制度对于 CPRs 选择的不同影响。具体来看，当 CPRs 系统处于偏远地区，外部政治制度对资源占用者内部制度选择几乎不存在影响时，这一资源的制度变迁与资源占用者内部制度选择强烈相关。与此相反，当 CPRs 处于非偏远地区，外部政治制度对资源占用者内部制度选择及其自主程度，均产生明显作用。值得一提的是，来自外部政治力量的干预，往往会因为缺乏地方性知识以及改变了占用者之间的博弈地位，而难以设计出符合当地实际情境的规则，使得资源治理问题趋向于恶化。此外，奥斯特罗姆还通过引入规则的体系性这一理念探讨规则与博弈之间的关系，认为规则发生细微改变，将导致结果的重大变化，而且能够通过结果的改变来判断规则的改变情况。① 综上所述，奥斯特罗姆的研究具有浓厚的新制度主义政治经济学色彩，且集中于对公共领域的经济治理研究。其研究探讨制度对于自主的用户组织在公共资源治理过程中的影响，从制度的维度阐释经济兴衰及变迁。这正如奥氏自述的那样，她认为自己的研究"致力于更好地分析制度在不同环境中如何影响（人们的）行为及其结果"。②

三　场域困境：集体行动中的机会主义

在埃莉诺·奥斯特罗姆的研究中，机会主义指涉"企图以牺牲别人

---

① Roy Gardner, Elinor Ostrom. Rules and Games [J]. *Public Choice*, Vol. 70, No. 2 (May1991). pp. 121–147.

② Elinor Ostrom. A Long Polycentric Journey [J]. *Annual Review of Political Science*, Vol. 13 (2010). p. 1.

为代价来提高自己福利的欺诈行为，它有多种形式，从前后不一或无意识的偷懒行为，到精打细算地去欺骗有持续关系的合伙人的行为。"①由上述定义可知，机会主义行为的特点是：个体在集体行动过程中妄图借助"搭便车"、规避责任等方式进行"欺诈式自利"（self-interest with guile）。进一步推断，占用者在集体行动中采取机会主义的策略时，公共资源拥有的非排他性和可耗损性（或竞争性）并存的特质，是 CPRs 衍生"公地悲剧"的属性根源。而且，CPRs 在实际被使用的过程中，还将在自然、技术等方面呈现出更为复杂的特征，其表现为技术、自然方面的可分割性，即可以被人为分割成若干个细小的资源单位，这使得潜在占用者能以某种方式持续提取、利用这一动态流量。基于此，奥斯特罗姆剖析了传统公共资源治理过程中的三大模型，并从中提炼出集体行动面临的机会主义的诸多问题，包括激励机制的四重缺陷和制度供给的二阶困境，从而构成集体行动分析的场域困境。

（一）资源治理的三大模型

为评判已应用于资源治理中的政策分析模式，奥斯特罗姆首次系统地总结了学界用以分析公共事物治理的三大模型，分别是"公地悲剧""囚徒困境""集体行动逻辑"②。作为公共选择的分析工具和社会科学家用以分析资源与环境问题的主要框架，上述有关公有资源使用的模型均尝试描绘一幅图景：在面临集体利益与个人利益抉择之时，理性个体将遵循个人利益最大化的行为机理，即若个人难以被排除在享用由他人

---

① 〔美〕埃莉诺·奥斯特罗姆，拉里·施罗德，苏珊·温.制度激励与可持续发展 [M].陈幽泓，谢明，等译.上海：上海三联书店，2000：55。

② 国内学者杨立华针对奥斯特罗姆将奥尔森的"集体行动逻辑"模型与哈丁的"公地悲剧"模型、"囚徒困境"模型并列，曾撰文指出由于奥尔森的"集体行动逻辑"模型事实上揭示了更为普遍的一类现象，而并非一个隐喻性的描述，因而主张以"搭便车"模型替代"集体行动逻辑"模型这一表述。本书亦赞同此种做法，故而在下文具体论述过程中对"搭便车"模型予以探讨。可参见：杨立华.构建多元协作性社区治理机制解决集体行动困境——一个"产品-制度"分析（PIA）框架 [J].公共管理学报，2007（2）：6-23。

努力带来的利益之外，就缺乏动力促成共同利益的实现而选择"搭便车"。

1. "公地悲剧"模型

如上文所述，英国经济学家威廉·劳埃德（William F. Lloyd）在1833年出版的一本小册子中，谈及一个牧人们过度使用公共资源的典型案例，并据此揭示个体在使用公共财产过程中过度自私、毫无节制及缺乏远见的境况。① 基于此，英国学者加勒特·哈丁（Garrett Hardin）于1968年在《科学》杂志上发文提出"公地悲剧"②的概念模型。在这一模型中，哈丁建议人们设想一个"对所有人开放"的公共牧场，继而从一个牧人的立场出发考察了上述情形的结构——由于公共牧场中缺乏明晰的权责关系，每个牧人都将直接从自身放养的牲口中获取收益，但在公共牧场上过度放牧时，每个放牧人又因公共牧场的退化而承受延期成本，结果是任何牧人都有足够动力以提高自身放养的牲畜数量。其中的原因较为明显：牧人们各自承担过度放牧带来的一部分损失，远低于放牧的牲畜给给自身带来的收益。

不过作为一则经济学寓言，"公地悲剧"并非旨在揭示公共物品的资源配置结构与真实场景中的个体行为，而是致力于探寻规避资源退化现象的政策工具，并将政府规制和市场化运行看作截然对立的两种方式，继而认为个体的"搭便车"行为以及由此导致的市场失灵，必须通过政府管制来解决。其后，哈丁据此得出结论："这是一个悲剧。每个人都被锁定进一个系统。……在一个信奉公地自由使用的社会里，每个人追求他自己的最佳利益，毁灭是所有人趋之若鹜的目的地。"③ 此

---

① William F. Lloyd. On the Checks to Population [M]//Garrett Hardin, John Baden, et al. Managing the Commons. San Francisco: Freeman, 1977.

② 针对英文"The Tragedy of the Commons"，国内亦有学者将其翻译为"公用地悲剧"、"共用地悲剧"或"共用资源悲剧"等，不一而足。此外应予以说明的是，奥斯特罗姆所研究的CPRs比哈丁"公地悲剧"模型中的"公地（Commons）"概念更具指向性，属于公共资源其中的一种类型。

③ Garrett Hardin. The Tragedy of the Commons[J]. *Science*, Vol. 162, No. 3859(1968). p. 1244.

后不久，有经济学家对"公地悲剧"问题进行深入分析，认为公共资源只要对一批人开放，资源的总提取量则总是高于经济上的最优提取水平。① 其中，由于自然资源无法建立完备的私人产权，市场机制不能进行资源的充分配置，因而"公地悲剧"问题也被若干学者归因为"市场失灵"。不过，对于"公地悲剧"的使用，阿罗认为这一寓言具有误导性，因而并不能接受这一概念的关键用法。与之相似，奥斯特罗姆也认为以哈丁为代表的社会科学家的观点值得商榷，她认为更应注重个体在公共资源使用过程中的制度创新，以及其背后的自主组织的合作机制。②

2. "囚徒困境"模型

20 世纪中期，随着应用数学领域博弈理论的迅速发展，兰德公司的研究员梅里尔·弗勒德（Merrill M. Flood）与梅尔文·德雷希尔（Melvin Dresher）率先对囚徒博弈问题进行探讨，其后由阿尔伯特·图克（Albert W. Tucker）正式建立的"囚徒困境"博弈模型。值得提及的是，罗宾·道威斯（Robyn M. Dawes）于 1973 年将"公地悲剧"问题提炼与阐发为"囚徒困境"（prisoner's dilemma）的形式结构，由此论证了二者结构的相似性。③ "囚徒困境"的博弈模型具体内容如表 2-6 所示。

在某一案件中，两名犯罪嫌疑人被关进拘留所审讯，地方检察官将他们分别看管。在此过程中，尽管检察官确信两人涉嫌违法，但因缺乏足够的证据而无法在审判中证明他们有罪。此时，检察官分别告诉甲、乙两名犯罪嫌疑人：倘若两人都承认犯罪，那么两人均判 8 年刑牢；若两

① P. S. DasGupta, G. M. Heal. *Economic Theory and Exhaustible Resources*[M]. New York: Cambridge University Press, 1980: 36.

② 〔美〕埃莉诺·奥斯特罗姆. 制度安排和公用地两难处境 [M] // 〔美〕V. 奥斯特罗姆, D. 菲尼, H. 皮希特编. 制度分析与发展的反思——问题与抉择. 王诚，等译. 北京：商务印书馆，1992：88。

③ Robyn M. Dawes. *The Commons Dilemmas Game: An N-Person Mixed-Motive Game with a Dominating Strategy for Defection*[M]. ORI Research Bulletin, Vol. 13(1973). pp. 1-12.

人中

表 2-6 "囚徒困境"的博弈模型

		囚徒乙	
		不承认犯罪	承认犯罪
囚徒甲	不承认犯罪	各判刑 1 年	囚徒甲：判刑 10 年 囚徒乙：判刑 3 个月
	承认犯罪	囚徒甲：判刑 3 个月 囚徒乙：判刑 10 年	各判刑 8 年

注："囚徒困境"（prisoner's dilemma）的准确表述应为"犯罪嫌疑人困境"，此处涉及理解上的偏差，不过为了遵循国内学术翻译的惯用术语，本书依旧采用"囚徒困境"，而不另造新词。资料来源：〔美〕埃莉诺·奥斯特罗姆. 公共事物的治理之道——集体行动制度的演进 [M]. 余逊达，陈旭东，译. 上海：上海三联书店，2000：13.

一人承认犯罪，而另一人拒不承认，那么承认者只被判 3 个月，而拒不承认者将被重判 10 年刑牢；若两人均不承认犯罪，那么两人都将判刑 1 年。在此种情形中，由于甲、乙两名犯罪嫌疑人都无法准确知悉对方是否承认犯罪，所以只能从自利倾向出发，即努力寻求自身刑罚的最小化，以求得个人境遇的最优状态。因此，两名犯罪嫌疑人都将做出对于自身最有利的决策，即互相背叛求得轻判，但结局却是因两人都承认犯罪，从而均被判刑 8 年。① 通过对"囚徒困境"模型的分析可知，在一次性简单博弈的情境中，理性的个体倾向于追求自身利益的最大化，不过这一策略对于集体而言，带来的却不是帕累托最优的结局。

进一步分析，作为博弈论中非零和博弈的典型案例，"囚徒困境"模型反映的是个人最优选择而非群体的最优选择，也说明为何在合作对双方均为有利的情况下，保持合作依然是极为困难的问题。因此必须承认，结构简单的"囚徒困境"模型较好地反映出个人机会主义的心理，乃是证明个人理性与集体理性存在矛盾冲突的有力工具。不过，奥斯特

① 值得一提的是，学界中有关"囚徒困境"模型的各类版本中对于囚犯判刑的年限规定并不一致。可参见：〔美〕埃莉诺·奥斯特罗姆. 公共事物的治理之道——集体行动制度的演进 [M]. 余逊达，陈旭东，译. 上海：上海三联书店，2000：13-16。

罗姆认为若 CPRs 的治理问题被人们等同于"囚徒博弈"困境，则存在较大的误解，她认为"公共调查员都有意将罪犯隔离，使得他们之间无法相互交流，但公共池塘资源的用户们则并没有上述限制"。① 因而可以说，由于"囚徒困境"是指在非合作博弈条件下因双方寻求私利而使两者境况变得更糟的情形，而 CPRs 治理情境中的个体之间通常拥有交流互动和信任互惠等特征，他们能够在一定条件下达成合作博弈。

3. "搭便车"模型

20 世纪 60 年代中期，美国制度经济学家曼瑟尔·奥尔森在《集体行动的逻辑》一书中批驳了之前的传统集团理论，奥尔森认为由出于共同利益诉求的个体而形成的利益团体，能够为他们之间的共同利益提供集体物品，并自动展开集体行动。例如，各类工厂中大量存在的工会会为工人争取更高的工资待遇、更好的工作环境而努力；股份公司将会为其股东的利益而奋发拼搏等。对此，奥尔森对集体行动中的个体予以剖析，认为通常个体对于公共事物以及集体利益存在"理性的无知"（rational ignorance）现象，例如，一个投票者对做出何种选择方能实现大多数人的利益，往往呈现出不甚清晰的状态，这意味着大部分选民无法意识到他们真正的利益所在，而易被所谓的惠及总体社会利益的政策蒙蔽。② 基于此，奥尔森主张"除非一个集团中人数很少，或者除非存在强制或其他某些特殊手段以使个人按照他们的共同利益行事，有理性的、寻求自我利益的个人不会采取行动以实现他们共同的或集团的利益。"③ 可以说，奥尔森试图阐述个人理性并非实现集体理性的充分条件，从而提出如果组织规模超过一定限度，个人对于组织群体利

---

① Elinor Ostrom. Beyond Markets and States: Polycentric Governance of Complex Economic Systems[J].*American Economic Review*, Vol. 100, No. 3(2010). p. 648.

② 〔美〕曼瑟·奥尔森. 权力与繁荣 [M].苏长和，嵇飞，译. 上海：上海人民出版社，2018：100-102。

③ 〔美〕曼瑟尔·奥尔森. 集体行动的逻辑 [M].陈郁，郭宇峰，等译. 上海：格致出版社，上海三联书店，上海人民出版社，2014：2。

益的投入和产出就很有可能不成正比，个人则有可能通过"搭便车"等方式来降低自己对于集体利益的投入，但同时能不降低自身的收益。对于如何解决上述问题，奥尔森认为"只有一种独立的和'选择性'的激励会驱使潜在集团中的理性个体采取有利于集团的行动。……激励必须是'选择性的'，这样那些不参加为实现利益而建立的组织，或者没有以别的方式为实现利益集团作出贡献的人所受到的待遇与那些参加的人才会有所不同。"① 不仅如此，奥尔森还认为"获得选择性激励的集团相比那些无法获得的，更有可能达成集体行动；小集团比大集团更可能参与集体行动。"② 对于奥尔森提出的"集体行动的困境③"，经济学家托德·桑德勒（Todd Sandler）将它与亚当·斯密提出的"看不见的手"并列，并将其视为经济学第二定律：追求自身利益最大化的个人成员不会采取集体行动以实现他们的共同利益。④

通过细致分析，可知上述三大模型均是从特定情境中抽象出来的思想实验，它们都集中表明：个人的理性行为将导致集体的非理性结果，而且集体中的个人即使清楚他们行为的结果，但所有关心集体行动的人却无法就问题的解决达成共识。不过，奥斯特罗姆认为上述模型仅是使用了极端假设的隐喻，"当特定环境接近模型的原有假设时，这些模型可以成功地预测人们所采用的策略及其结果，但是当现实环境超出了假设的范围，它们就无法预测结果"。⑤ 具体而言，"公地悲剧"模型中假

---

① 〔美〕曼瑟尔·奥尔森. 集体行动的逻辑 [M]. 陈郁，郭宇峰，等译. 上海：格致出版社，上海三联书店，上海人民出版社，2014：34—35。

② Mancur L. Olson. *The Rise and Decline of Nations: Economic Growth, Stagflation, and Social Rigidities*[M]. New Heaven, CT: Yale University Press, 1982: 34.

③ 萨缪尔森与诺德豪斯在其合著的《经济学》一书中将奥尔森的集体行动困境（悖论）称为"合成谬误"。可参见：〔美〕保罗·A. 萨缪尔森，威廉·D. 诺德豪斯. 经济学（第 12 版）[M]. 北京：中国发展出版社，1992：13—14。

④ Todd Sandler. *Collective Action: Theory and Applications*[M]. Ann Arbor, MI: University of Michigan Press, 1992.

⑤ 〔美〕埃莉诺·奥斯特罗姆. 公共事物的治理之道——集体行动制度的演进 [M]. 余逊达，陈旭东，译. 上海：上海三联书店，2000：275。

设公地是对所有人都开放的、个体之间缺乏基本沟通；"囚徒困境"模型中假设囚犯之间不能相互交流和展开多次博弈；"搭便车"模型假设集体行动参与者的人数规模偏少。不仅如此，这些理论模型的预测建立在如下假设之上：①参与者是完全理性的个体；②参与者只关心物质层面的收益，并且不存在利他主义倾向；③每个参与者对博弈结构充分了解，并相信其他参与者也是完全理性的；④缺乏外部参与者迫使参与人达成协议，并加以执行。不过，诺思曾经指出："奥尔森的分析和囚徒困境的最大缺陷是分析的静态性质。当'囚徒困境'游戏只进行一次时，游戏者所采取的主要策略是背离而不是实现一个相对于游戏者总体福利的有效结果。……如果游戏是不断重复进行的，背叛就不一定是所采取的主要策略。"① 与此类似，奥斯特罗姆认为前人总结的集体行动的理论模型并无错误，"当现实条件逼近（这些）模型的假设条件时，实际的行为和结果将与预测的行为和结果非常接近。"② 引申而言，当现实条件中存在较高的贴现率、互相之间很少信任，在缺乏沟通能力、无法达成约束力的协议和无法建立监督实施机制的情况时，个体独自行动时将不会采取促进共同利益的策略，除非这一策略恰巧是个体占据支配地位的策略。其实这涉及在治理公共事物时，资源占用者所采取的机会主义策略，即人们熟知的"搭便车"行为。

可以说，公共资源治理困境的传统模型均阐明这一悖论，即个人理性的支配策略导致集体的非理性，并挑战了"理性的个体能够取得理性结果"的基本信念。而根据上述模型的相关预测，对于缺乏外部权威管制的公共资源，其唯一结果将是个体过度利用资源进而导致资源的枯竭。对此，奥斯特罗姆亦承认"如果没有相应的规则制度，用来明确资

① 〔美〕道格拉斯·C.诺思.制度、制度变迁与经济绩效［M］.刘守英，译.上海：上海三联书店，1994：17。
② 〔美〕埃莉诺·奥斯特罗姆.公共事物的治理之道——集体行动制度的演进［M］.余逊达，陈旭东，译.上海：上海三联书店，2000：275。

源占用者和管理者的权利与义务，资源退化则将成为必然"。① 不过，奥斯特罗姆认为上述模型只适用于个体缺乏沟通、改变现有结构需要较高成本的大规模公共事物治理，但对于沟通顺畅并建立了彼此信任、规模较小的公共事物治理并不适用。此外，上述模型也未能反映制度变迁和自主转化的过程，且缺乏有关信息成本、交易成本和外部政治制度特征的考察。进一步分析，复杂的现实情境并非模型所刻画的简单图景，在面临资源困境时，资源占用者也许有能力借助多次重复博弈，并创设复杂的制度来规范个体之间的博弈行为。换言之，人们在一定的情境中，将有意愿制定共同遵守的行为规范来惩罚违约者，从而使资源得到可持续使用。

（二）激励机制的四重缺陷

一般而言，由于 CPRs 的可耗损特性，即资源的使用会耗费单位流量，从而资源的存量减少，以及由于排他性所需付出的较大代价，这使政策分析研究者认为 CPRs 治理中激励机制存在若干缺陷，体现为供给不足、过度提取、搭便车和寻租问题等方面，从而导致这一情境中存在广泛的机会主义现象。正如奥斯特罗姆等人论述的那样，"不管公地悲剧是否源自公共池塘资源的特殊情况，它取决于占用者的行为，也取决于占用者的形式结构和他们面对的激励。"② 总之，CPRs 的诸多特性塑造着个体和地方社群所面临的激励结构，也将直接影响人们对这一资源的使用或治理机制，从而可能对经济发展产生阻碍作用。

1. 供给不足问题

CPRs 在受益层面的非排他性，使对资源占用者的使用行为进行收

---

① Elinor Ostrom, Joanna Burger, Christopher B. Field, et al. Revisiting the Commons: Local Lessons, Global Challenges[J] .*Science*, Vol. 284, No. 5412(April1999) . pp. 278–282.

② 〔美〕威廉·布洛姆奎斯特，埃莉诺·奥斯特罗姆. 制度能力与公地困境的解决 ［M］// 〔美〕迈克尔·麦金尼斯主编. 多中心治道与发展. 王文章，毛寿龙，译. 上海：上海三联书店，2003：74。

费在技术上难以实现（或实施的成本过高）。换言之，若一种公共物品是由其他人的努力或自然提供的，某些个体将会选择"搭便车"甚至拒不合作的策略，这便是公共物品生产与供给缺乏激励的内在原因。"开放获取即对一切人免费，不过公共财产要求有一个被妥善定义的制度安排，这类制度安排涉及何人可以使用该资源，并且规则支配着资源的占用者以何种方式规范自身行为"。①此外，因为缺乏对资源的所有权，以及相关信息的有限性，个体缺乏主动承担系统维护和运行成本的动力，这为个体实施机会主义行为进一步提供了可能。更进一步分析，当缺乏使个体从资源保护中获益的排除机制时，个体将毫无节制地使用资源直至枯竭，从而发生"公地悲剧"。在这一过程中，资源占用者的时间贴现率较高，对资源开发的速度过快。总之，如何克服追求私利的个体对资源的过度利用，是其中较为关键的问题。

2. 过度提取问题

这一问题与占用者对 CPRs 的占用问题有关，它强调个体对资源的无节制使用，继而无法保证资源系统的长期存续，而在贴现率足够大的极端情况下，将会出现公共池塘资源由于利用率超过其安全底线而枯竭的后果。例如，过度捕鱼会导致鱼的存量减少，从而削减渔场的生产力。而且，与私人物品能够通过市场制度实现需求与供给不同，CPRs 需借助政治制度以实现需求与供给。公共物品的排他成本较高，表现在经济成本、技术成本和制度成本等若干方面，导致个人对公共物品提取不受他人的限制，从而进一步诱发资源枯竭的悲剧性结局。资源占用者中任何个体增加对 CPRs 消费，将减少他人获取资源的可得量，此时其边际成本将大于零，进而导致个体的使用资源行为具有竞争性。上述问题，归根结底是 CPRs 的竞争性与非排他性的属性特征，使资源在非正式制度安排下被免费占有，并由此诱发占用者过度提取资源情形，该问

---

① Fikret Berkes. Local-level Management and the Commons Problem: a Comparative Study of Turkish Coastal Fisheries[J] .*Marine Policy*, Vol. 10, No. 3(July1986) . pp. 215–229.

题亦被称为"拥挤效应"（crowding effect）问题。

3."搭便车"问题

与提供纯公益物品所面临的问题一样，CPRs 的设施提供与维护可能会遇到"搭便车"的问题，因为监督或阻止他人利用资源是极为困难的。CPRs 具有的资源获取竞争性、系统使用的非排他性两大特征，决定了对这一资源的治理面临诸多集体行动的困境。从供给与消费两个方面来看，由于 CPRs 的收益具有非排他性，即排除他人获得收益较为困难，从而容易产生"搭便车"现象。任何资源占用者都面临着一个集体行为的困境：在"搭便车"或者过度使用 CPRs 资源以谋求私利的情况下，如何实现持续可靠地利用公共池塘资源这一公共目标。按照奥尔森的理解，"搭便车"是指参与者无须支付任何成本而能够享受到与其他支付者完全相同的物品效用。① 它往往包含两类情形：一是个人享受组织或他人提供的利益后，完全不尽个人的义务；二是个人在享受组织或他人所提供的利益后，没有及时尽个人义务，而是在其他场合有所付出。② 可以说，由于"搭便车"问题的存在，供给公共物品时分担成本的公平性受损，以及供给活动本身不可持续。

4. 寻租问题

若公共资源主要是由国家（政府）集中进行管理，这种管理体制存在信息成本和执行成本过高而导致的政策延迟、行政低效等问题。而更为严重的情况是，政府集中管理的方式容易导致寻租行为和官员腐败。寻租问题的产生，实际是由政府大规模介入 CPRs 供给以克服"搭便车"问题引起的。通过寻租，少数人可以从 CPRs 治理过程中获得较大的私人利益，使对这一资源的治理不符合公共利益，进而导致市场机制在公共物品供给中出现失灵现象。不仅如此，公共资源治理职责的模

① 〔美〕曼瑟尔·奥尔森. 集体行动的逻辑［M］. 陈郁，郭宇峰，等译. 上海：上海人民出版社，1994：96-97。

② 王广正. 论组织和国家中的公共物品［J］. 管理世界，1997（1）：209-212。

糊性还易引发规避责任现象，致使责任难以追查。

对于上述问题，奥斯特罗姆沿用了奥利弗·威廉姆森（Oliver Williamson）对"机会主义"的概念界定，认为"机会主义"亦可称为"欺诈式自利"（self-interest with guile），是指人们从违背诺言、拒绝承担自己的责任、规避义务的行为中获得利益。[①] 就如同格雷欣现象（Gresham's Law）[②] 一般，在资源使用环境中，若存在"搭便车"、规避责任等机会主义，所有个体都会借助上述自利策略进行牟利，否则将被他人"抢占先机"，从而对自身造成负面影响。

在这种环境中，建立长期、稳定的承诺是困难的，高成本的监督和制裁机制也许是必需的。由于强制实施是需要成本的，一些曾经有效的长期合约变得不再可行。而在具有反对机会主义行为的强烈共识的环境中，每一个占用者都会较少地关注机会主义行为的危险。这些机会主义行为的后果是极其严重的，可是在规模稍大的公共池塘资源情境中，由于个体之间缺乏应有的沟通和监督，每一个个体都是单独行动而不受约束的，几乎没有人去关注单个人的行为，而且往往个人不愿意付出监督和制裁的成本，那么在此种情况下个人采取有利于自身利益最大化的机会主义行为就是"情理之中"的事情。

上述研究表明任何群体中都存在一些道德规范缺失现象，而且一旦有机会，个别人便采取利己的机会主义行为，而这会诱使遵守规则的人也采取违反规定的做法。如此分析，所有试图解决CPRs治理问题的社群及个人，都必须试图解决机会主义行为的问题。而这也是奥斯特罗姆探索在"搭便车"而获得不当利益的情况下，占用者们是如何通过制度设计等内容成功治理CPRs的原因所在。此外，奥斯特罗姆也从有关

① 〔美〕埃莉诺·奥斯特罗姆.公共事物的治理之道——集体行动制度的演进［M］.余逊达，陈旭东，译.上海：上海三联书店，2000：61.
② 早在16世纪，英国伊莉莎白女王时期有一位钱币铸造局局长格雷欣（Gresham）发现，消费者倾向于存储贵金属的货币，而使用贵金属含量低的货币进行市场交易与流通，上述发现也被学者称为"劣币驱逐良币"现象。

集体行动的模型中看到了这些模型成立的严格条件，而她在基于大量社会实证的调查研究中发现，现实世界中的情况并非与模型设定的情形一致，公共资源的占用者们已经在实践中摸索出对资源有效治理的制度设计。扼要论之，在可持续的集体行动面临的诸多挑战的情况下，奥斯特罗姆集中关注两类因素：一类是影响参与者类型分布的因素；另一类是影响参与者所秉承的信任以及互惠的社会规范（social norms）强度的因素。① 除此之外，随着市场变化或土地政策的改革，奥斯特罗姆还关注了新的威胁：政府将在一个行政单元内强制推行同样的规则；技术的可得性、对货币交易的依赖等方面的迅速变化；自组织的自主治理运作原则的代际传承出现失败；过于频繁地求助外部资源的支持；对本地知识与制度欠考虑的国际援助；腐败或其他形式的机会主义行为的泛滥；本地资源体系中缺乏相应的体制性安排，以化解地方政府与教育等机构产生的冲突。② 总之，奥斯特罗姆十分强调公共物品及 CPRs 的性质，并认为公共事物的资源性质是导致人类行为变化的严重问题。

（三）制度供给的二阶困境

传统制度分析理论一般认为，由于制度供给拥有诸多困境，社群内部自治组织无法提供制度安排。扼要论之，在奥斯特罗姆看来，CPRs 的占用者面临两层困境：第一层困境是指，由于每个占用者被允许免费使用资源，而他们总是希望抑制其他人而非自己对资源的使用量，具体涉及制度供给的成本与收益问题；第二层困境是指，由于新规则的供给

---

① 按照奥斯特罗姆的理解，"社会规范"（social norms）是指为人们所共享的关于人们有义务、允许以及禁止采取哪些行动时的认识。可参见：Sue E. S. Crawford, Elinor Ostrom. A Grammar of Institutions[J] . *The American Political Science Review*, Vol. 89, No. 3(September1995) . pp. 582–600.

② Elinor Ostrom. Collective Action and the Evolution of Social Norms [J] . *The Journal of Economic Perspectives*, Vol. 14, No. 3(Summer2000) . p. 153.

本身就是一种公共物品，资源占用者们如何努力改变规则成为一个难题。[①]

1. 一阶困境：制度供给的成本与收益

按照道格拉斯·诺思的经典界定："制度是一个社会的博弈规则，或者更规范地说，它们是人为设计的用以塑造个体互动关系的约束。"[②]奥氏延续这一定义，将制度作为分析人类行为的内生变量，并将"制度"（institution）界定为规则的组合，它被用来决定谁拥有在某个领域制定决策的资格、应该允许或限制何种行动、应该使用何种综合规则、遵循何种程序、必须提供或不提供何种信息，以及如何根据个人的行动给予回报。[③] 例如，在对美国加州南部地区地下水抽水竞赛研究案例中，理论上，抽水者为了自身利益未能终止抽水活动。因此，罗伯特·贝茨（Robert H. Bates）对保证合作博弈的结构模型予以考察，发现在这一博弈过程中供给新规则相对易于"囚徒困境"博弈的情境，这是因为一旦博弈的互利结局得以实现，将没有人愿意去改变这一潜在的均衡结局。[④] 不过，贝茨也认为即使在保证合作博弈的结构中，也并非一定能够给予局中人相同的回报，更为重要的是，不同的局中人对于制度均有自己的偏好，在选择何种制度时，他们可能产生根本分歧。

2. 二阶困境：作为公共物品的制度供给

新制度主义学者在重视制度因素的同时，也注重制度的行为，包括制度的供给和变迁。规则本身便是一种公共物品，一旦被制定出来，它都将适用于社群的全体成员。而且，制定可长期维持的监督与制裁规

① Elinor Ostrom. Collective Action and the Evolution of Social Norms [J]. *The Journal of Economic Perspectives*, Vol. 14, No. 3(Summer2000). p. 148.
② Douglass C. North. *Institutions, Institutional Change, and Economic Performance* [M]. Cambridge: Cambridge University Press, 1990: 3.
③ 〔美〕埃莉诺·奥斯特罗姆. 公共事物的治理之道——集体行动制度的演进 [M]. 余逊达，陈旭东，译. 上海：上海三联书店，2000：82。
④ Robert H. Bates. Contra Contractarianism: Some Reflections on the New Institutionalism[J]. *Politics and Society*, Vol, 16(1988). pp. 394-395.

则，本身就是一项复杂、困难的供给难题。对于这一问题，奥尔森认为由于新规则的制定有可能赋予社群成员"特权"利益，对于非常小的群体或某些个人而言，即使他们自身承担制定新规则的成本也是十分值得的。所以，按照罗伯特·贝茨的理解，"由于新规则的供给等同于提供另一种公共物品，因此一组委托人所面临的问题是，获得这些新规则的过程中存在着二阶的集体困境。"① 也就是说，理性的经济人为了寻求自己利益的稳定，而制度供给本身又是一个集体物品，所以制度供给仍然会有失败的风险。

在此之后，奥斯特罗姆需要解释在自主组织和自主治理模式中，在所有人都面对机会主义的诱惑之际，相互依存的集体如何能克服上述四重缺陷与二阶困境，并取得持久的共同利益。换言之，如何解释不依靠外部第三方实施的自主治理资源体系，往往比建立在外部正式规则基础上的政府治理资源体系更为优越？奥斯特罗姆在应用场域中，致力于发掘哪些因素促使潜在 CPRs 治理问题的解决。最后，奥斯特罗姆的研究取得了一系列重要突破，她的理论主要是证明了在有利于产生成功集体行为的种种条件下，人们已经在实践当中自我开发出自主治理的行为模式，从而证明了"公地悲剧"是可以被避免的。更为重要的是，为在实践当中深受机会主义困扰的人们有效治理"公地"指出了一条可能的路径。奥斯特罗姆对此有过系列总结，她认为若将特定社群治理较小规模的 CPRs，其破解集体行动困境的优势在于：①地方性知识。那些长期依赖某个资源系统生存的占用者，已经开发出相对可靠的有关该系统运行的智力模型，他们对某一资源系统的成功占用很人程度上得益于这种地方性知识。②包容互信的参与者。占用者可以设计规则，以提升个体之间的信任程度和互惠利他的可能性。③依赖于分散的知识。因为特定的资源系统对占用者行动变化的响应是以分散方式形成反馈的。

---

① 〔美〕埃莉诺·奥斯特罗姆. 公共事物的治理之道——集体行动制度的演进［M］. 余逊达，陈旭东，译. 上海：上海三联书店，2000：70。

④更适应规则。占用者更可能设计适应规则而不是采纳任何一般规则，以便更好适应每个公共池塘资源。⑤降低执行成本。占用者必须承担监督成本，使他们倾向于制定规则，使违规行为易于被察觉，从而有利于降低监督成本。⑥降低失效概率。建立并行的规则制定、解释和执行系统，将大幅度降低某一公共池塘资源区域内规则运行的失效概率。①

---

① Elinor Ostrom. Polycentricity, Complexity, and the Commons[J] .*The Good Society*, Vol. 9, No. 2 (1999) . pp. 38－39.

第三章　奥斯特罗姆自主治理思想的构建逻辑

　　"一群相互依赖的委托人如何才能把自己组织起来，进行自主治理，从而能够在所有人都面对'搭便车'、规避责任或其他机会主义行为诱惑的情况下，取得持久的共同收益。"

　　　　　　　　——埃莉诺·奥斯特罗姆《公共事物的治理之道》

　　"若民众欲成为统治者，社会成员即应当学会如何自主治理。他们不应该设想政府成为社会的监护人，指导和控制社会的运作。"

　　　　　　　　——文森特·奥斯特罗姆《民主的意义及民主制度的脆弱性》

　　应该承认，传统集体行动理论的相关模型为阐述个体理性与集体理性之间的张力提供了极富洞察力的分析工具。事实上，当人们从开放的公共池塘中提取稀缺性的资源单位时，倘若彼此之间缺乏交流与信任，未能建立全体一致遵从的制度安排，同时缺乏外部权威强制施行的具体规则，那么传统模型有关资源次优利用的预测较有可能成为事实。不过，上述观点只适用于少部分的公共池塘资源，正如埃莉诺·奥斯特罗姆指出的那样，与悲剧性结果相反的实例在现实中有很多，一定条件下社群中的个体能够将自身组织起来进行自主治理，并取得持久的共同收益。[①] 更为关键的是，

---

① 〔美〕埃莉诺·奥斯特罗姆. 制度安排和公用地两难处境〔M〕//〔美〕V. 奥斯特罗姆, D. 菲尼, H. 皮希特编. 制度分析与发展的反思——问题与抉择. 王诚, 等译. 北京: 商务印书馆, 1992: 90-98;〔美〕埃莉诺·奥斯特罗姆. 公共事物的治理之道——集体行动制度的演进〔M〕. 余逊达, 陈旭东, 译. 上海: 上海三联书店, 2000: 93-218.

上述隐喻化的模型对于奥斯特罗姆的研究对象——规模较小的公共池塘资源几乎派不上用场，因此，她转而剖析并提炼出自主组织的自主治理思想。基于此，本书紧密围绕奥斯特罗姆自主治理思想的阐发逻辑和分析主线，遵从"演进路径—分析脉络—研究框架—核心要素"的论述向度，探讨奥斯特罗姆这一研究的总体结构与主旨框架。概括而言，奥斯特罗姆自主治理思想的生成过程遵循从质疑到开创的演进路径，表现为她对传统解决 CPRs 场域中集体行动困境的两类政策方案予以质疑，继而另辟蹊径式地开创出第三条路径——自主组织的自主治理路径。其后，奥斯特罗姆自主治理思想遵循从个体到系统的分析脉络，包括分析个体策略选择的内外部变量、集体行动情境自主治理的三大难题、长期存续的公共资源体系的八项原则和集体行动制度分析的三个层次，并构建出 IAD 和 SES 两大元理论层面的研究框架，这有助于从宏观层面系统梳理某一制度安排的主要变量。最后，奥斯特罗姆十分重视"社会资本"这一要素，认为它能够充分挖掘个体自治的主体性，从而在避免外部施加强制力的基础上产生社会效应，甚至使个体走出集体行动的困境。通过对以上四大部分的探讨，本章详细概述奥斯特罗姆自主治理思想的总体内涵和综合布局，旨在积累自主治理的基础理论知识。

一 从质疑到开创：思想生成的演进路径

无论是在学术殿堂还是在现实生活中，人类社群如何可持续地利用公共资源，以保证资源的长期存续而不陷入枯竭状态，还未能找到较为妥善的解决办法。传统经济模型的相关分析强调，CPRs 的占用者必将陷入"公地悲剧"的困境中无法自拔，唯有借助作为"外部代理人"的国家权威的力量，通过引入一系列国有化或私有化的产权安排才能避免悲剧发生。上述理论逻辑是将资源治理的外部性内生化，即将公共物品转变为私人物品，并在现实中成为政策分析家与政府官员的"万能药"，成为实际政策选择的基础方案。

（一）质疑：非此即彼的政策方案

作为对经典模型的回应，研究者普遍认为处于 CPRs 情境中的人们，其环境结构必须由情境外部的力量加以改变。对此，学界认为政府管制与市场机制是解决公共物品供给问题的基本机制，而且是解决特定"公地悲剧"的"唯一"方案。换言之，学术界对于"公地悲剧"的解决之道，要么建议由国家对绝大多数的自然资源实行控制，防止它们的不可持续利用，要么建议把这些自然资源赋予个人，即通过授予私人以产权，从而实现资源的可持续利用。不过，埃莉诺·奥斯特罗姆对上述非此即彼的政策方案予以质疑，认为"利维坦"逻辑过分强调政府作用并依靠计划与命令等行政手段，往往引起来自政府的过度干预，无法达到资源的最优化配置，而"私有化"逻辑强调市场作为建构资源理论的基础，其中亦存在信息不对称、垄断和极端个人自私的行为等诸多弊端。可以说，这一质疑构成了奥斯特罗姆自主治理思想的逻辑起点。

1. 国有化的政策方案

依照集体行动理论的传统观点，人们并不会自愿转变行为方式，以促成公共利益的实现。换言之，必须存在一个外部权威强制施行一系列规则，以改变每个人面临的激励结构，否则将不可能出现旨在降低集体风险而主动实施的行动。主张这一政策方案的研究者通过假定"统治者是明智的、富有远见的利他主义者"，即统治者往往能够充分掌握相关信息、无代价地监督资源的使用，并使制裁活动可靠有效，从而主张一种由外在的政府机构决定公共财产资源的产权及使用规则。

前已述及，英国哲学家托马斯·霍布斯（Thomas Hobbes）是对自然状态中的集体行动困境问题予以研究的先行者。[①] 霍布斯认为，在自

---

① 哈佛大学政治学系教授罗伯特·D. 帕特南在《使民主运转起来——现代意大利的公民传统》一书中认为："霍布斯是最早直面集体行动困境的社会理论家之一。"可参见：〔美〕罗伯特·D. 帕特南. 使民主运转起来：现代意大利的公民传统 [M]. 王列，赖海榕，译. 南昌：江西人民出版社，2001：192。

然状态中，人们为了保证自身的存活，而彼此猜忌和离异、侵犯和提防、竞争和征服。每个人为了保全自己，"最合理的是先发制人，即使用武力或欺诈等来控制一切他所能控制的人，直到他确信没有其他任何力量能够足以危害他为止。"①　这种丛林法则式的人际关系，全凭个人武力而无须借助合作。对此，霍布斯注意到如果人们长此以往，将注定导致全体人类的覆亡，集体行动的困境问题由此产生。人们追求自我利益并为此展开竞争，终将导致无法收拾的恐怖局面甚至是战争状态的发生，为了避免这种"一切人反对一切人"②　的混乱局面，人类必须建立一种由权力支配的中心（利维坦）来规范社会所有关系，以实现全社会的秩序与和平。总之，霍布斯给出的方案是，通过全体人类的赋权从而制造出一个更为强大的利维坦（国家机器），以此来约束人们的集体行为。例如，在湖泊、近海的捕捞作业中，政府通常强制性规定每年（一般在春季或秋季）有几个月的休渔期，来维护生态多样性，促进渔业资源的可持续发展。客观地说，依靠使用国家强制力的方法在对付社群群体比较大、复杂多变的情况能够起到作用。

　　时至 20 世纪早期，以阿瑟·塞西尔·庇古（Arthur C. Pigou）、约翰·凯恩斯（John M. Keynesian）、理查德·马斯格雷夫（Richard A. Musgrave）等人为代表的经济学家，均认为市场交易的过程存在诸多明显缺陷，进而强调政府干预经济对于提升社会福利的重要作用。其中，被誉为"福利经济学之父"的庇古更是主张中央政府应对公共资源的使用征收相关税费，以此促使私人成本与社会成本达成一致。③　据此，庇古在经济学家阿尔弗雷德·马歇尔（Alfred Marshall）提出的"外部经济"概念之上发现"外部不经济"（External Diseconomy）的现

---

①　〔英〕霍布斯. 利维坦［M］. 黎思复，黎廷弼，译. 北京：商务印书馆，1985：93。

②　可参见：周辅成主编. 西方伦理学名著选辑（下卷）［M］. 北京：商务印书馆，1987：211。

③　〔英〕阿瑟·塞西尔·庇古. 福利经济学［M］. 金镝，译. 北京：华夏出版社，2017。

象，借此关注边际私人净产值与边际社会净产值的差异与背离现象，并将其最终解释为经济的外部性（Externality）效益。在研究过程中，庇古进一步提出消除上述现象的策略，即由政府对边际私人成本低于（或高于）边际社会成本的行为征税（或补贴），从而将经济活动中的外部效应予以内部化。与之类似，英国经济学家凯恩斯对古典经济学展开激烈批判，并在货币供给外生性原理与货币非中性原理的基础之上，提出国家干预的财政政策与货币政策，主张"国家可以向远处看，从社会福利着想，计算资本之边际效率，故我希望国家多负起直接投资之责。"①同样地，马斯格雷夫等人基于市场存在的若干失灵问题，认为公益物品应由政府采用税收融资的方式予以供给。② 其后，萨缪尔森等人针对现实情境中的没人关注集体利益，也无人自愿供给公共物品的现象，同样认为"由于公共物品的私人提供量会普遍不足，政府必须插手提供公共物品"。③ 总之，面对市场失灵所带来的诸多困境，凯恩斯主义者强调，政府应在公共事物的治理中主动"划桨"，并借助国有化的手段主导公共资源治理体系。

综上所述，由于下述若干因素的存在，在 CPRs 的治理过程中政府治理机制难以发挥预期作用：①政府在硬件、人力、监管等方面需要付出高昂的管理成本，但其效益成本比通常不高。与此同时，中央政府也缺乏足够的激励机制以有效管理资产，若仅依靠国家的命令和计划等手段，可能出现公共政策制定失误或执行效率低，从而既不能促使资源达到最优配置状态，也无法促进并保障公众的经济利益和政治利益。②政府即使介入 CPRs 的管理，也较难获取地方性的精准信息，而且存在信

① 〔英〕凯恩斯. 就业利息和货币通论 [M]. 徐毓枬，译. 北京：商务印书馆，1983：140。
② 〔美〕詹姆斯·M. 布坎南，理查德·A. 马斯格雷夫. 公共财政与公共选择：两种截然对立的国家观 [M]. 类承曜，译. 北京：中国财政经济出版社，2000：22-38。
③ 〔美〕保罗·A. 萨缪尔森，威廉·D. 诺德豪斯. 经济学（第 12 版）[M]. 高鸿业，等译. 北京：中国发展出版社，1992：82。

息不对称问题，它将导致公共物品供给的低效率和高成本。③政府掌握资源分配决策权，使得利害关系人发生寻租行为，进而破坏层级治理机制。政府在公共资源的治理过程中，由于盲目的扩张或寻租行为，官员腐败等系列问题将会出现。在现实政治生活中，政府并非公共利益的天然代表者，政府机构实际上由诸多部门或个人组成，其本身拥有明显的经济与政治私利，因此在公共政策的制定过程中将夹杂着私人利益，而且较容易受到利益集团的游说，以至于无法对规则的实施进行有效监督。对此，奥斯特罗姆认为，呼吁政府从 CPRs 的情境外部制定新的规章制度，认为人们并不总是需要求助于外来的权威来破解集体行动之困境，而彼此信任、互惠的个体之间，同样可以通过创新体制、协同合作、强化监督，以克服面临的难题。而且，奥氏认为求助于政府管制，可能破坏资源占用者自身设计适合他们规则的能力。由此，奥斯特罗姆直言不讳地说道："在有效提供和生产地方性公益物品和公共池塘资源方面，政府垄断同样也会失败。"① 但与此同时，奥斯特罗姆又不得不重视政府对于 CPRs 自主治理的影响，她认为："如果外部的政府官员认为只有他们才有权力去制定规则，那么，当地的占用者想长期维持一个由规则治理的公共池塘资源体系，就将是非常困难的。"②

2. 私有化的政策方案

18 世纪中后期，英国古典主义经济学家亚当·斯密反对重商主义的国家干涉政策，认为在社会相互认同的规则框架中，拥有不同利益诉求的理性个体受到市场机制这只"看不见的手"之驱使，纷纷致力于追逐自身的私人利益，这种分散追求的努力最终汇合成了推动社会利益增长的动力。例如，斯密曾经这样指出过："（个体）往往既不希图增加公共的利益部分，更不知道他自己是在何种程度上能够促进那种利

---

① 〔美〕埃莉诺·奥斯特罗姆, 帕克斯, 惠特克. 公共服务的制度建构——都市警察服务的制度结构 [M]. 宋全喜, 任睿, 译. 上海: 上海三联书店, 2000: 中文版序言 3.
② 〔美〕埃莉诺·奥斯特罗姆. 公共事物的治理之道——集体行动制度的演进 [M]. 余逊达, 陈旭东, 译. 上海: 上海三联书店, 2000: 311-312.

益。……他所计算的也只是他自己的那部分利益。在此种场合中——像在其他许多场合一样——个人其实是被一只看不见的手指引着，他尽力为达到一个并不是他的本意想要达到的目的。……个体追求着自己的利益，这却往往使他能比在真正出于本意的情况下更有效地促进社会的共同利益。"① 在上述社会秩序中，开放市场的诸多契约与产权安排均由相关法律确定，个体在其中寻求获利机会并为此展开竞争，从而促进市场的优化配置与社会整体福利的激增。自由主义的支持者们从对利维坦式政府作恶的可能性出发，要求限制国家（政府）对社会市场生活的干预。因此，托马斯·杰斐逊（Thomas Jefferson）曾经说过："管得最少的政府就是最好的政府。"② 与这一观念相对应的公共政策就是鼓励竞争与建设开放的市场。理论家们认为只有依靠市场自身的力量，通过赋予人们以产权的方式，才能促进经济的发展。对于公共资源中集体行动的困境，他们提出了市场私有化的路径，主张把共有资源分配给市场中具体的个人，从而激发个人的创造性和主动性。这一方案备受新古典主义经济学家的推崇，他们主张借助买卖、委托、竞标、承租或授权等方式，将公共资源转化成短期或长期的私有物品，通过市场路径实现帕累托最优的结果。

与之相似，新制度主义经济学的代表人物，罗纳德·科斯（Ronald H. Coase）对庇古的相关理论进行了批判，认为若不存在交易费用，在经济活动中，双方只要通过自愿协商，无须征税就能够实现资源的最优配置，而若存在交易费用，外部性的内部化则需要双方对政策手段的成本与收益进行权衡比较，他以此说明政府管制不是必需的。在科斯等产权理论学者看来，通过界定权利产权得以明晰化，从而能够克服由外部不经济带来的诸多影响，并有利于改善资源配置低效的情形。不过，明

① 〔英〕亚当·斯密. 国民财富的性质和原因的研究（下卷）[M]. 郭大力，王亚南，译. 北京：商务印书馆，1974：27。

② 可参见：〔美〕罗斯金. 政治科学 [M]. 林震，等译. 北京：华夏出版社，2001：40。

晰产权是否可以一劳永逸地解决"公地悲剧"难题呢？对于这一问题，美国学者迈克尔·赫勒（Michael A. Heller）发现，过于明晰的产权以及对产权过分的保护，容易出现产权的"碎片化"现象，从而导致资源使用的不足，即产生"反公地悲剧"问题。① 可以说，西方制度经济学有关自然资源权利配置的两个隐喻式命题，其理论意义在于论证了国家对自然资源所有权配置的限度，即公民对于资源使用的权利缺失或国家公权力的过度干预都将导致悲剧的发生。

　　上述方案也被概述为市场治理路径，该方案十分强调产权的清晰界定。但是与国有化路径相同的是，市场化的解决办法依然有其自身无法克服的难题。市场在公共物品、限制垄断、约束个人极端自私行为、降低信息成本、克服生产的无政府状态等方面，都存在内在局限和矛盾。在制度的演进过程中，产权明确是个体之间自愿协商的前提条件。不过在实际情境中，把作为混合公共物品的 CPRs 的产权界定为私人物品的难度往往非常高。而对于"私有化政策究竟在多大程度上适用于公共物品领域"这一问题，萨缪尔森较早便注意到。他指出依靠自发的市场竞争难以实现公共物品的供给优化。进一步分析，由于私有化方案是以"成本—效益"为核心的分析思路，这将导致公共物品在供给时公共性的缺失以及公共利益不足等问题。事实上，由于在公共物品的供给与消费过程中，存在明显的"外部性"（Externality）特征，若根据自由市场经济的规则开展与之相关的交易活动，则可能出现"市场失灵"现象，而且监督和实施行为也容易产生巨额的交易成本。同样地，奥斯特罗姆认为 CPRs 的非排他属性，使其产权难以被界定，加上交易行为中

---

① 1998 年，迈克尔·赫勒（Michael A. Heller）在考察俄罗斯路边摊贩与正规店铺货品数量出现的较大反差现象后，阐述了一种与哈丁"公地悲剧"相反的理论模型，即"反公地悲剧"，指出如果对一种稀缺性资源设定多个财产权，便会发生"低度使用"的反公地悲剧现象。可参见：Michael A. Heller. The Tragedy of the Anticommons: Property in the Transition from Marx to Markets [J]. *Harvard Law Review*, Vol. 111, No. 3 (January1998). pp. 621-688；〔美〕迈克尔·赫勒. 困局经济学 [M]. 闾佳，译. 北京：机械工业出版社，2009：16。

交易标的并不清晰，这导致 CPRs 难以运用市场的治理机制。① 也就是说，由于 CPRs 的属性特征，这一资源难以被分割且难以允许个人控制所分到的份额，因此市场机制的解决方法并不适用于 CPRs 治理。例如，奥氏通过对许多渔场进行实证研究发现，当实施定额管理之后，并未能有效解决渔场的过度使用问题。

综上，无论是政府垄断的国有化方案，还是市场供给的私有化方案，均未能跳出"政府—市场"非此即彼的思维局限，本质上均是单一中心的治理路径。它们成立的前提假设是：①本地社群无法有效管理当地资源；②本地社群违背了基本的公正与责任原则，或者造成了有关社会整体的其他问题。对此，奥斯特罗姆认为上述观点造成了政府与公民社会、国家与市场之间的"巨大鸿沟"（The Great Divide），并人为地构建出人类问题解决的"概念陷阱"（Conceptual Traps）。② 不仅如此，上述政策既无法为 CPRs 的治理提供有效规则，也不能促进人们的相互信任。③ 但仍需说明的是，奥斯特罗姆针对传统国家理论和市场理论的质疑，并不意味着其思想与上述理论完全决裂，相反上述理论的若干要素和假设经改造以后成为她开发新理论的基础。奥氏强调对于不同环境、不同文化或不同自然属性的公共资源，应选择方式各异的治理手段，并没有说要选择普遍意义上的公共资源治理模式。换言之，鉴于上述两种治理逻辑不可能覆盖现实中的所有可能性，奥氏继而尝试提出第三条道路，她认为："理性个体将（解决问题的）组织方式与物品类型予以二分的经典假设，掩盖了个体和群体之间自发组织以寻求解决社会

---

① 也正是奥斯特罗姆对市场经济与产权私有化缺陷的研究，使得她成为非市场经济制度研究的杰出代表。可参见：郭其友，李宝良. 公共资源和企业边界的经济治理之道——2009 年度诺贝尔经济学奖得主的主要经济理论贡献述评 [J]. 外国经济与管理，2009（11）：11-19。

② Elinor Ostrom. Crossing the Great Divide: Coproduction, Synergy, and Development[J]. *World Development*, Vol. 24, No. 6(June1996). pp. 1073-1087.

③ Elinor Ostrom. Reflections on "Some Unsettled Problems of Irrigation"[J] .*American Economic Review*, Vol. 101, No. 1(2011). pp. 49-63.

困境（例如公共池塘资源的过度使用、地方公共物品的供给短缺）所潜在的生产性努力。"[1] 可以说，奥氏正是从挑战传统国有化和私有化理论出发，开启其自主治理思想的学术探索。

（二）开创：另辟蹊径的治理路径

如上所述，奥斯特罗姆认为集体选择的传统模型以及建立在这一模型上的单中心治理路径存在较大缺陷，进而寻求通过研究占用者如何自主订立规则对 CPRs 进行治理，从而发现了在政府、市场之外的自组织的力量。[2] 综合而言，奥氏是从理论性与经验性的维度出发，探讨如何突破传统治理路径的解决方案。

1. 理论性替代解决方案

对于中央政府而言，使其拥有充足的时间与空间信息，准确估算 CPRs 的负载能力，并为促使合作行为设定适当的罚金等，实际上是一件难以实现的任务。奥斯特罗姆通过相关研究发现，CPRs 占用者所面临的博弈结构十分复杂，并非简单的"囚徒博弈"模型所涉及的结构，其中 CPRs 占用者所面临的问题包含占用和提供两个层次，而这些问题的复杂性取决于基本环境参数的变化，以及根据实际情况的变化而发生的更复杂转变。不仅如此，奥氏认为传统制度理论一般着眼于对具体、微观操作层次的分析。可是在实际情境中，影响集体行动的制度因素往往并不只局限于操作层次上，人们在思考集体行动问题时，更应该思考集体选择规则和宪法选择规则对集体行为和个体选择产生的影响。因此，奥斯特罗姆提出"自筹资金的合约实施博弈"这一理论性替代解决方案。自筹资金的合约实施博弈规定，由社群内部的私人参与者扮演外部执行人（仲裁者）的角色，其职能是帮助社群寻求在执行工作规

---

① Elinor Ostrom. Beyond Markets and States: Polycentric Governance of Complex Economic Systems[J]. *American Economic Review*, Vol. 100, No. 3(2010). pp. 648.

② Elinor Ostrom. *Crafting Institutions for Self-Governing Irrigation Systems*[M]. San Francisco, CA: ICS Press, 1992: 16–41.

则时解决衍生问题的方法，促使 CPRs 占用者之间达成具有约束力的合约。这一博弈与不完全信息条件下中央当局的博弈相比，二者的显著差异在于参与者根据自身掌握的信息自行设计合约。不过需要明确的是，奥斯特罗姆自身也承认自筹资金的合约实施博弈并非万能的，CPRs 的占用者可能错误地估算资源的负载能力、自我监督机制的故障等问题。① 换言之，即使占用者之间实现了自主治理，也并不意味着研究者可以假定支撑自治的社会共识能够自动维持。

进一步分析，奥斯特罗姆假设在资源治理一轮博弈中，占用者各方必须事先就汲取 CPRs 的方式和份额等问题进行协商，并且在自筹资金的合约实施博弈中各方能够达成一个有约束力的合约，承诺实行由他们自己制定的合作策略。例如，对于哈丁的"公地悲剧"模型，奥斯特罗姆认为牧人若事先就放养多少牲畜予以谈判，而且谈判所达成的合约必须基于牧人的一致同意，由此任何一位牧人所提出的非平等分享牧场负载能力却平等承担执行费用的建议，都将被另一位牧人否定。② 值得注意的是，为了减少执行费用，占用者经常采用的一种做法是雇用私人仲裁者，而非把象征公权力的法庭作为实行强制执行的机构。③ 这是因为，若占用者各方使用一个私人仲裁者，他们不会让这个仲裁者将一个协议强加给自己，此时仲裁者的作用仅仅是帮助各方解决在执行工作规则时产生的问题，而这些工作规则是各方均同意的制度安排。在上述博弈中，占用者将根据他们手中掌握的信息自行设计自己的合约。由于经年累月地使用同一块草地的牧人，对草地的负载能力具有翔实而准确的信息，而且他们关注着其他牧人的行为，存在举报违规行为的动机。因

① 〔美〕埃莉诺·奥斯特罗姆. 公共事物的治理之道——集体行动制度的演进［M］. 余逊达，陈旭东，译. 上海：上海三联书店，2000：36-37。
② 〔美〕埃莉诺·奥斯特罗姆. 公共事物的治理之道——集体行动制度的演进［M］. 余逊达，陈旭东，译. 上海：上海三联书店，2000：35。
③ 相较而言，官方管理机构必须雇用监督人员，同时又面临如何确保它的监督人员忠于这一"委托—代理"关系的问题。

此，那些达成合约的占用者的自我利益便能引导他们相互监督，举报违约行为，从而促使合约有效地被执行。

2. 经验性替代解决方案

基于对上述理论的思索及探讨，奥斯特罗姆从现实经验出发展开实证研究，对来自世界各地的案例进行荟萃提炼，并将其分为三类：第一类案例拥有两个特色，一方面是 CPRs 占用者对当地公共池塘资源的使用，自主设计、应用并监督实施了一套规则；另一方面是该类资源系统及其相应的制度设计，已经存续了较长的时间，其中存续时间最短的不低于 100 年，历史最长的已逾 1000 年。该类案例主要涵盖瑞士及日本的高山（山地）草场及森林等和西班牙及菲律宾群岛上的公共灌溉河流系统。奥氏在对第一类案例分析的基础上，探索并总结出此类案例中包含的"设计原则"，由于制度持续的时间较为漫长，制度的设计、制定等供给问题已经无法查明，所以对于这一类案例而言，奥氏的分析主要集中在资源占用者相互的承诺、监督问题。而要分析、解释个体是如何通过自主供给新制度来解决 CPRs 治理问题的，便需要更进一步挖掘已有的案例。所以，奥氏开启了第二类案例的分析，该类案例涉及的是 CPRs 的制度供给如何成为可能的问题。通过对美国加利福尼亚南部地区用水制度制定前所发生的恶性抽水竞赛，以及由此引发的地下水资源恶化的情况进行观察，她发现为了避免抽水竞赛给自身带来的不利影响，且经过诸多的公共诉讼却无法避免这一现象时，水资源的生产商最后自主建立起公共企业，加强了对水资源的适当管理。

对这两类案例的分析，奥氏说明了 CPRs 自主组织和自主治理的制度何以能够长期持续，并且这些制度何以能够由占用者自主地供给。但是，从现实来看，许多 CPRs 的占用者却没有提供一套行之有效的制度安排，或者所提供的制度安排难以持续，从而导致了 CPRs 的退化。奥斯特罗姆接下来详细分析了第三类案例。这类案例主要包括土耳其近海渔场、加利福尼亚的部分地下水流域、斯里兰卡渔场、斯里兰卡水利灌溉系统和新斯科舍近海渔场，她主要分析这类 CPRs 治理失败的制度原因。

为扼要阐述奥氏对于实际案例的考察，本书用土耳其阿兰亚（Alanya）近海渔场的案例说明自主治理制度安排如何能够扩展理性个体的福利，促使人们放弃单独行动，进而揭示为了解决问题而协调彼此行为的方式。奥斯特罗姆借鉴了费科莱特·伯尔克斯（Fikret Berkes）用来考察人们如何能够在实际的资源治理过程中实现对"公地悲剧"超越的方法。具体而言，土耳其阿兰亚近海渔场的占用者们自行设计的解决方法，是一种既不同于政府集中管制，又不同于私有化的解决方案。有资料显示，阿兰亚的近海渔场是一个规模较小的渔场，在 20 世纪 70 年代后期，当地大约有 100 名渔民，其中大多数渔民在一种能够容纳 3 个人左右的小船上捕鱼。此前，阿兰亚的渔场资源竞争十分激烈，当地渔民的经济能力直接受到两个方面的制约：一方面，对渔场资源的无限制使用已经使得当地渔民间互相仇视，甚至产生暴力冲突；另一方面，由于存在"热点地区"，渔民为了争夺这些地理位置较好的捕捞点，而不断增加生产费用，从而提高了任何一条渔船潜在的捕捞量。在此之后，当地的合作社社员开始尝试设计出一种精致的制度来解决这两个问题，具体制度操作如下。

a. 每年的 9 月，渔民进行资格登记，其中涉及所有拥有执照的渔民，无论其是不是合作社成员。

b. 在阿兰亚渔民经常捕捞的海域范围内，所有的捕捞点被命名并以列表的形式呈现。而且这些捕捞点都有一定的间隔，保证在一个捕捞点下的网不会拦截进入邻近捕捞点的鱼。

c. 被命名的捕捞点的划分及其相应安排的有效期为每年 9 月至第二年的 5 月（其他时间段为休渔期）。

d. 到了每年的 9 月，通过资格登记的渔民经由抽签，被分配到每个已命名的捕捞点进行作业。

e. 从当年 9 月到第二年 1 月，渔民每天向东迁移至隔壁捕捞点；第二年 1 月到 5 月，渔民每天向西迁移至隔壁捕捞点。每年 9 月至第二年 1 月自东向西的迁移和第二年 1 月到 5 月自西向东的迁移，给渔民们提供了平等地利用渔场资源的机会。①

以上制度设计已经较为成功地把渔民在渔场里加以分隔，赋予了每一位渔民较充足的捕捞空间，而且也保证了每个捕捞点的捕捞量。与此同时，所有的渔船都能拥有最佳的捕捞机会，较大程度上降低了因为争夺某一热点地区而引发械斗的可能性。至此，奥斯特罗姆在理论和经验层面提出了与传统集体行动理论相左的观点。并论证了在国有化和私有化之外，还存在其他多种可能的治理方式，并且该方法也能有效运行。不过更深层次的问题，比如委托人如何才能把自己放在组织中解决制度供给、监督和承诺问题等，仍然属于理论难题。所以，奥氏接下来主要运用制度分析的方法，展开对上述疑问的探讨，为维护公共池塘资源的可持续开发、克服地方性公共物品的供给难题提供了若干有益启示。

二　从个体到系统：自主治理的分析脉络

概括而言，埃莉诺·奥斯特罗姆基本遵循从个体到外部系统的分析脉络，将影响个体选择的内外部变量纳入考核范畴。她认为社群内每个个体的选择策略将共同对外部世界构成影响，并影响其对未来行动收益及其成本的预期值。奥氏认为作为理性的经济人，个体策略选择受到功利最大化的动机驱使，也受到制度的约束和影响，认为它们共同构成 CPRs 自主治理的个体行为选择方式。

---

① 有关土耳其阿兰亚近海渔场的具体操作制度，可参见：〔美〕埃莉诺·奥斯特罗姆. 公共事物的治理之道——集体行动制度的演进 [M]. 余逊达，陈旭东，译. 上海：上海三联书店，2000：37 - 41；Fikret Berkes. Marine Inshore Fishery Management in Turkey [M]//Proceedings of the Conference on Common Property Resource Management. Washington, D. C. : National Academy Press, 1986: 73 - 74.

（一）影响个人策略选择的综合变量

奥斯特罗姆研究发现，CPRs 场域中资源占用者个人选择的内部世界如图 3-1 所示，即存在四个内部变量影响个人的策略选择[①]：内部规范、贴现率、预期收益和预期成本，继而共同对外部世界构成影响，并影响个体对行动收益与成本的未来预期。换言之，奥斯特罗姆是从个体选择未来的操作规则的角度出发，将解释的重点置于环境变量之中。一方面，内部规范的共享可用于降低监督和制裁活动的成本，从而有助于剖析 CPRs 内部的社会资本情况。与此同时，由于个体的行为深受处在特定情境中社群共有规范的影响，资源占用者将依据现实条件的变化而采取灵活的行动方案。另一方面，资源占用者对预期收益与成本的评价，直接影响到个人给予未来的贴现率水平，同时这一内部贴现率也受到外部复杂情境的影响。综上，社群中的个体是否遵守内部规范、给予未来贴现率的高低将影响个体对行动收益和成本的未来预期，上述四个内部变量将在较大程度上影响理性占用者的决策和行动，而这一策略选择将在特定情形中产生某种结果，从而共同构成影响外部世界的变量，并将反作用于个人的行为选择。

与此同时，奥斯特罗姆在构建制度选择的分析框架之际，强调在集体行动中影响资源占用者个人策略选择的因素既包括内部变量，也涉及四个外部变量。[②] 具体而言，在内部变量中，决策中的个体需要考虑预期成本与预期收益之间的差值，但此二者又受到内部规范和贴现率的影响。不过，需要指出的是，影响个人策略选择的内部变量，常常受到诸多主客观因素的影响而无法被准确估值，特别是上述内部变量仍受到特定环境中共有规范、社会资本等因素的影响。基于此，奥斯特罗姆将其研究

[①] 个人的策略选择是指理性人在意识到自身处于复杂而不确定情境中的相应决策和行动。

[②] 〔美〕埃莉诺·奥斯特罗姆. 公共事物的治理之道——集体行动制度的演进 [M]. 余逊达，陈旭东，译. 上海：上海三联书店，2000：286-304.

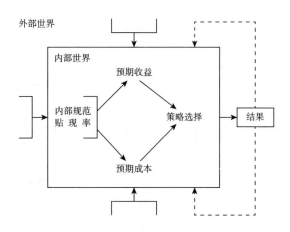

图 3-1　个人选择的内部世界

资料来源：〔美〕埃莉诺·奥斯特罗姆.公共事物的治理之道——集体行动制度的演进〔M〕.余逊达，陈旭东，译.上海：上海三联书店，2000：62。

视角转向关注外部环境变量，并着重探究最有可能影响人们策略选择的环境变量，最终将其概括为四大类（见图 3-2）。其一是有关所提规则的收益的信息，具体是指对制度选择收益评价构成影响的环境变量，即 CPRs 系统本身的自然属性，包括占用者人数、资源规模、资源单位的市场条件及其在时空上的变动性、资源的现有条件、冲突的数量和类型等。其二是改革、监督和执行替代规则的成本的信息，具体是指对监督和实施成本评价构成影响的环境变量，包括 CPRs 的规模与结构、排他技术、占用技术、市场安排、所提出的规则、所使用规则的合法性等。其三是用于改变规则的总规则，具体是指影响现行规则的转换成本评估的环境变量，包括决策者的人数、资源利益的异质性、为改变规则所使用的规则、领导者的技能、占用者以往的策略、改变规则的自主权等。其四是共有规范和其他机会的信息，是指影响内在规范和贴现率的环境变量，包括居住在 CPRs 的占用者、各种情形中的全部占用者以及占用者获得有关其他集会信息的可能性等。

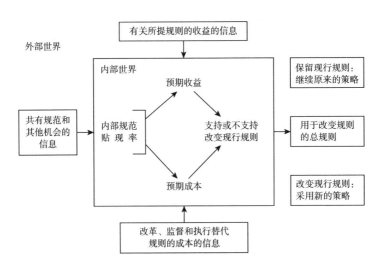

图 3-2　影响制度选择的变量总览

资料来源：〔美〕埃莉诺·奥斯特罗姆. 公共事物的治理之道——集体行动制

度的演进 [M]. 余逊达，陈旭东，译. 上海：上海三联书店，2000：288.

综上可知，奥斯特罗姆关注的重点是，影响个体策略选择的环境变量之间的组合关系，以及影响上述环境变化的发生机制，即在制度供给过程中，她十分关注内生变量与外生变量的互动关系及相互作用。与此同时，奥斯特罗姆采取的"人性假设"认为个体并非完全理性的，而是强调个体行为策略受到内部外变量的综合影响，并最终构成人们在 CPRs 治理过程中的行为策略。

（二）集体行动情境自主治理的难题

根据以往的国家理论与企业理论中的相关论述，避免理性个体过度使用资源或产生"搭便车"行为，主要是由外部代理人解决的。但奥斯特罗姆发现国家理论与企业理论在解决 CPRs 治理难题时，并不能经常发挥人们所预想的效果。其后，她致力于研究一群相互依赖的委托人如何才能把自己组织起来，进行自主治理，从而能够在所有人都面对"搭便车"、规避责任或其他机会主义行为诱惑的情况下，取得持久的共同收益。① 例如，与土耳其阿兰亚渔场的情况类似的是，在实际的案例中也存在一些人已经自我组织起来，并较为成功地克服了 CPRs 的治理难题，而另一些人却未能解决这一难题的情况。对于一个自主治理的自组织而言，奥氏通过对世界范围内大量现实案例的分析，并基于新制度主义的理论视角，认为想要解决与摆脱公共资源的集体行动的困境，需要回答并克服以下三个难题：①新制度供给难题；②可信承诺难题；③相互监督难题（见图 3-3）。其中，"新制度供给"与自组织的创建问题相关，"可信承诺"解决的是自组织运作中的动力与效率问题，而"相互监督"则是新制度长期持续的运行保障。

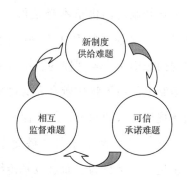

图 3-3 CPRs 自主治理的三大难题

资料来源：笔者自制。

其一，新制度供给难题聚焦于探究自组织中的个人如何具有足够动力，以构建自主治理的制度安排，或者设计自主组织的治理制度。关于新制度的设计及其有效供给，奥斯特罗姆首先提出的问题是：制度供给如何成为可能？在思考上述问题时，她意识到即便所有的参与者均期待新制度的供

---

① 〔美〕埃莉诺·奥斯特罗姆. 公共事物的治理之道——集体行动制度的演进〔M〕. 余逊达，陈旭东，译. 上海：上海三联书店，2000：51.

给，但是一旦涉及选择具体何种制度时，参与者之间很可能会产生分歧，从而导致制度供给的失败。而且，由于在具体的情境中总是存在一部分人十分愿意供给制度，而另一部分人缺乏制度供给的动力，那么此种情境中制度供给又如何实现呢？鉴于此，奥斯特罗姆引用了罗伯特·贝茨（Robert H. Bates）的研究，对制度供给的难题予以细致思考。贝茨认为："（制度供给的过程）所提出的协调——或保证合作——博弈的结论本身也包含一个集体困境。"① 与之相似，奥氏在研究中也发现新制度供给难题的关键在于"由于新规则的供给等同于提供另一种公共物品，因此一组委托人所面临的问题是，获得这些新规则的过程中存在着二阶的集体困境。"② 换言之，理性经济人将为了寻求自己稳定的利益，同时制度供给本身又是一个集体物品，所以仍然会存在制度供给失败的风险。

如上所述，既然一项新制度的供给本身是供给另外一种公共物品，那么在CPRs治理过程中，规则制定委托人往往面临着二阶的集体困境。而占用者应处置的问题则是：若理性的资源占用者寻求的仅是自身利益的最大满足，而新制度的引入将使所有人的境况都随之改善，那么制度的供给者们将缺乏提供制度的动力，随之而来的可能是新制度供给的受挫直至失败。换言之，每个人在寻求"搭便车"机会的同时，也试图尽量杜绝他人产生机会主义行为。而这也是传统国家理论和企业理论中，把供给规则和制度设计的责任交给一个局外人来执行的缘故。在实地研究过程中，奥氏认为，一项制度的供给常常是渐进式的，而非一蹴而就的，因为制度变迁本身就需要当事人投入巨大的"变迁成本"。此外，问题的难处还在于任意规则的变迁成本也存在着明显的不同。对于这一难点，奥氏认为制度变迁本身并非在单一的步骤中完成的，而是由许多分步骤构成并且存在众多的变迁路径，其初始成本并不高，现实

---

① Robert H. Bates. Contra Contractarianism: Some Reflections on the New Institutionalism[J]. *Politics and Society*, Vol. 16(1988). pp. 394.

② 〔美〕埃莉诺·奥斯特罗姆. 公共事物的治理之道——集体行动制度的演进 [M]. 余逊达，陈旭东，译. 上海：上海三联书店，2000：70。

中的变迁成本往往只需较低转换成本就能完成制度变迁。上述情形使得制度变迁的参与者们在面对成本较高的替代方案和更困难的变迁步骤之前，就从制度变迁的集体行动中受益，从而制度变迁的细微变化都将改变原初的激励结构，使参与者愿意为进一步的制度变迁投入更多的精力和支付更高的成本，从而破解了制度供给上的二阶困境。总之，对于新制度的供给而言，奥斯特罗姆认为由于受制于现实情况，研究者应该抛弃总和变量，而改用对总和变量构成影响的环境变量，以更好地评价一套制度的总成本和总收益。

其二，可信承诺难题。奥斯特罗姆对自组织的自主治理在初始阶段和成熟阶段两类状态中资源占用者的行为予以考察，认为如何保证独立的个体为了各自利益的相同部分，遵守承诺在一定的规则下产生的相同行为将成为继新制度供给难题之后的第二大难题。她认为在初始阶段中，资源占用者可能会为了与其他人和睦相处而统一遵守规则，但随着干扰因素的增多，个体通过改变激励结构，从而影响他们选择信任合作的可能性。进一步分析，在占用者计算出自身遵守规则的收益为 C_t，违反规则的收益为 B_t，而当个体违反规则被制裁所耗费的费用为 S 时，可信承诺问题的计算公式便是 $C_t > B_t + S$。应该说，可信承诺难题对于 CPRs 自主治理中的个人而言，实则是"如果你遵守承诺，我也遵守承诺"的问题，因为没有人愿意成为"受骗者"，所以一旦有人违背承诺，规则和制度便面临可信度低甚至破产的风险。引申而言，在缺乏合作和可信的相互承诺的条件下，如果每一个人都背叛对方，那就会打击彼此的期望和信任，从而导致公共事物治理的失败。对此，奥斯特罗姆认为由于在不确定的和复杂的环境中，个体往往会根据现实情况采取权变行动，因而必须采取适当的监督与制裁措施，以保证自治组织成员对规则的遵守。

其三，相互监督难题。在对上述两大难题予以考察后，奥斯特罗姆继而探讨一组委托人如何才能对遵守规则的情况进行监督，因为其中必须解决二阶的"搭便车"问题，即惩罚行为对惩罚者来说是一件成本较高的事情，但是惩罚带来的利益却为组织的全体成员所共享，因而相互监督问题便成为自组织治理过程中的难题。对此，奥斯特罗姆认为自主设计的制度规则提升了组织成员进行相互监督的积极性，个体凭借自组织的网络体系增强了人们治理的能力，并依靠社群内部的社会资本实现低成本的合作效能。

需要指出的是，奥斯特罗姆认为 CPRs 自主治理过程中的三大难题在逻辑上是一个逆向推理过程，即"没有相互监督，不可能有可信承诺；没有可信承诺，就没有提出新规则的理由"。[①] 在自主治理过程中个体一旦解决相互监督难题，也较易化解可信承诺的难题，进而顺利克服新规则供给的难题，从而改变社群内部资源占用者面临的情境结构。可以说，自主治理的首要难题是自主治理的新制度供给难题，奥氏认为它是一个渐进、连续和不断变迁的过程，关键在于资源占用者之间社会资本的培育与积累。其后便是可信承诺难题，涉及如何促使个体规避各类机会主义诱惑，其关键在于激励社群内部的监督力量，以保证人们对规则遵守。最后便是相互监督难题，其关键在于如何调动组织成员相互监督的积极性，以降低由第三方监督引发的成本与收益问题。而上述三个难题处于互相补充、互相促进的动态循环之中，其中一个难题的破解有助于解决余下的难题，反之亦然。它们共同构成奥氏所提出的第二代集体行动理论的基石。

（三）公共资源长期存续的设计原则

在自主治理研究伊始，奥斯特罗姆拟设计一套自主组织稳健运行的最优规则，不过在研究中她逐渐认识到这一尝试的困难程度，转而致力于考察自主组织长期存续的成功规则，并分析与总结其中的实践经验和

---

① 〔美〕埃莉诺·奥斯特罗姆. 公共事物的治理之道——集体行动制度的演进［M］. 余逊达，陈旭东，译. 上海：上海三联书店，2000：74。

运行机理，将其凝练为"设计原则"（design principle）①。这一设计原则作为长期有效的CPRs自主治理制度的基本构件，试图解释为何实践中一些社群借助自治组织对当地资源实现了可持续治理，而其他团体则陷入失败的境地。换言之，奥斯特罗姆意识到自组织的自主治理并不总是发生，也并不必然获得成功。设计原则尽管不是CPRs自主治理制度成功的必要条件，不过能够改变激励结构，保证制度得以维持，这些原则广泛地反映了成功的CPRs体制安排的基本方面。其后，奥斯特罗姆通过对世界各地具体案例进行研究，发现各种CPRs有效治理的场景存在一定的相似性。具体来看，通过对成功和失败的案例进行对比分析，奥氏提出CPRs自主治理的成功制度设计的实质要素和必需条件（见表3-1）。奥氏认为这些要素和条件对CPRs及其相关制度的存续提供了一种可信的解释，也为后来资源的占用者有效地自主治理CPRs提供了重要启示和帮助。

表 3-1　长期存续的 CPRs 制度设计原则

1. 清晰界定边界（clearly defined boundaries）
清晰界定CPRs的边界范围，以及明确有权从CPRs中提取资源的个人或家庭
2. 规则供给与当地条件一致（congruence between appropriation and provision rules and local conditions）
规则供给（包括占用和提取规则）应与当地自然条件及所需物资、劳动和资金的供应规则等社会条件保持一致
3. 集体选择的制度安排（collective-choice arrangements）
大部分受操作规则影响的资源占用者能够参与对操作规则的制定及修改进程
4. 监督（monitoring）
存在认真检查CPRs使用状况及其占用者行为的监督者（包括对占用者负有责任的人，或是占用者本人）
5. 渐进式制裁（graduated sanctions）
违反操作规则的资源占用者应受到其他占用者、当地官员或他们二者的分级制裁，而违规的性质及严重性决定制裁的程度

---

① "设计原则"包括实质要素或必需条件，它们有助于阐释特定规则在维持CPRs长期存续性，以及实现治理优良绩效的内部成因。在使用该术语时，奥斯特罗姆意识到它可能给后续研究者带来的困惑，因而认为应使用"最佳实践"（best practices）的术语，以描述稳健制度体系的规则与结构。可参见：Elinor Ostrom. Beyond Markets and States: Polycentric Governance of Complex Economic Systems[J] .*American Economic Review*, Vol. 100, No. 3(June2010) . pp. 641–672.

---

6. 冲突解决机制（conflict-resolution mechanisms）

资源占用者能够借助成本低廉的地方公共论坛，以解决占用者之间以及占用者与他们官员之间的纠纷

7. 对组织权最低限度的认可（minimal recognition of rights to organize）

资源占用者自主设计相关制度的权利应不受外部权威的干预或挑战

8. 嵌套式企业（nested enterprises）

存在多层次的嵌套式企业，其将占用、供应、监督、强制执行、冲突解决及治理等活动予以组织

资料来源：笔者自制。

考察上述奥氏总结的 CPRs 有效自主治理制度的 8 项设计原则，本书认为第 1 项、第 2 项和第 7 项构成有效自主治理的前提条件，第 3 项、第 4 项、第 5 项、第 6 项构成有效自主治理的关键因素，第 7 项和第 8 项则构成自主治理的有益辅助。值得一提的是，第 2 项至第 6 项设计原则，指涉自主治理需要有适宜的制度规范，以处理资源分配、相互监督、冲突解决等重要事项。

清晰界定边界。这一原则亦可划分为用户边界和资源边界两个子原则。作为资源有效治理与自主治理制度设计的必要前提，用户边界原则是指社群组织在借助自发秩序形成自主治理结构过程中，首先应清晰界定 CPRs 的边界范围（包括范围大小、资源存量等要素），以及明确有权从 CPRs 中提取资源的个人或家庭。换言之，在 CPRs 治理过程中，应存在明确区分资源使用的合法用户与非法用户之间的清晰边界。资源边界的清晰界定原则，一方面能够提供占用者之间的合作动力以及减少相应的外部性问题，另一方面可以排斥那些生活在社区之外的人对于 CPRs 的非法提取。也就是说，资源边界清晰可辨、受益群体限定在某一范围，促使社区成员拥有明确的现实利益动机参与自主治理。而且，奥斯特罗姆认为群体边界是由较为明确的标准界定的，例如，居住在某一特定社区或加入某一地方的合作社等。此外，她还认为成员身份亦可以借助象征性的边界被确定，包括经由复杂的仪式、信念以强化个人有

关他人是值得信任的观念。① 可以说，这一原则在于提升 CPRs 的排他性，进而将其视为俱乐部物品加以处置。不过亦应承认的是，实际生活中的 CPRs 治理过程，公共资源的边界并不容易准确界定，如开阔草原、远海渔场可能由于缺乏天然标记而缺乏清晰的边界，而且划定资源占用者范围的过程也是极其困难的，其中涉及复杂的利益纠葛和公平问题，因而这一原则也成为资源治理的难点。在研究过程中，奥斯特罗姆自身也发现在土耳其博德鲁姆湾和伊兹密尔湾的案例中，当地渔民由于无法建立任何有效的规则允许或禁止外人进入或使用当地渔场，从而使得自主治理制度陷入脆弱的境地。

规则供给与当地条件一致。该原则亦可称为"规则本地化"，即制度所占用的地点、时间、技术以及资源单位数量等规则，应与社群当地条件及所需劳动、物资和（或）资金的社会文化多样性保持一致，以此制定出较为适宜的规则，进而为促进 CPRs 的有效治理奠定基础。实际上，奥斯特罗姆认为应对当地条件予以细致考虑，并将地方已有规则用在限制资源获取的数量、技术及时间安排上。在一定意义上，由于规则体系的供给与特定的行动情境相关联，以至于规则体系都应具有地方性特色，从而促使行动主体在制定规则时，需要认真对待地方性传统、风俗和经验以及自然资源的分布、特性和使用技能。倘若规则安排与当地情境相违背，或者与社群成员的尊严、利益和兴趣相冲突，社群成员就会将它们转化成低效率的安排。② 与此相反，若自主治理的制度安排与当地条件适合，将为资源本身的可持续性使用提供助益，并影响占用者克服潜在"搭便车"等机会主义行为的能力。

集体选择的制度安排。该原则指的是 CPRs 的占用者能够获得参与执行以及修改集体行动规则的相应权利，要尽可能地让受资源体系影响

---

① Elinor Ostrom. Collective Action and the Evolution of Social Norms [J]. *The Journal of Economic Perspectives*, Vol. 14, No. 3(Summer2000). p. 149.

② 〔美〕詹姆斯·C. 斯科特. 国家的视角：那些试图改善人类状况的项目是如何失败的 [M]. 王晓毅，译. 北京：社会科学文献出版社，2011：282。

的大多数个体，都能参与规则的制定与修改。应该说，对相关制度安排如何影响公共池塘资源的治理绩效予以考察，可以发现世界各地有关 CPRs 的制度安排，实质上是对当地条件的适应性选择，这也解释了为何外来权威设计并强制推行的制度往往无法发挥其预估的效果。与此同时，奥氏尽管认为大部分受操作规则影响的资源占用者能够参与对操作规则的制定及修改进程，不过她也十分重视地方公共精英的角色，以此发挥精英的智力优势。

监督。该原则是指自主治理过程中存在认真检查 CPRs 使用状况及其占用者行为的监督者，其中的监督主体包括对资源占用者和 CPRs 负有责任的个人、团体或是资源占用者本人。具体来看，CPRs 占用者内部存在积极且有效的监督，这里主要涉及对 CPRs 利用状况及占用者行为的监督，而上述监督者对占用者负责，或者他们自身便是占用者，因而他们不仅监测资源情况，还监督其他占用者的行为。这一原则认为，尽管限制社区以外的占用者使用资源十分重要，但同样关键的是如何制定明确的规则和程序，确定资源的使用时间与方式以防止社群部分成员获得过多资源。不过，上述监督并非指外部公共部门（政府）的监督，而是资源占用者内部基于一定规则自发形成的监督体系，当个体在一个容纳监督和运行机制的社区中，即使执行规则将使他们付出一定成本，他们也倾向于执行规则。

渐进式制裁。该原则指的是对违反制度规则行为的惩罚应该是累进式的，即允许出现一些误解、错误和例外情况等导致破坏规则的情况发生，不过个人的违规行为仍然会被其他资源占用者注意到，并呈现累进式的惩罚力度。进一步分析，渐进式制裁原则实际上是为了鼓励打破规则的人重新遵守规则，从而重新获得他人的持续信任和认可。换言之，对违反规则的惩罚将依据违规行为的严重性及其发生时的具体情境，原谅偶尔的过失或疏忽，可使 CPRs 占用者避免承担在不确定和变化的环境中僵硬地执行固定规则所可能产生的较高成本。值得提及的是，上述原则与罗伯特·阿克塞尔罗德（Robert Axelrod）的主张相似，后者认为对少数恶劣行径的制裁就是对善良者的保护，并强调"这样的自我控制的策略必须是可激怒的，但是反应必须不是太激烈以免导致一个无止境的背叛振荡。……有限的可激怒性是一个用来达到稳定合作的策略的有效的特性。"① 由此看来，阿克塞尔罗德认为有限的制裁将成为稳定合作的必要手段。

冲突解决机制。该原则是指自组织内部存在解决冲突的诉讼机制，涉及制度设计时必须考虑到利益冲突发生的可能性，并设计出成本低、效率高的纠纷解决机制。若无法使用一套内部冲突解决机制，公共资源系统内和跨公共资源系统的冲突就可能升级并引发暴力冲突，而如果能够让全体资源占用者及时、快速地解决利益纠纷，那么可以降低冲突数量并使得不同的利益诉求得以调和。进一步分析，该原则强调地方需要有低成本、快捷化解占用者之间以及占用者与官员之间冲突的活动平台。例如，在西班牙的瓦伦西亚地区，由于易变的降雨与河流补给模式，水资源使用过程中的冲突和纠纷易被引发。不过，由于存在一套发达的地方法院系统，冲突能够被快速化解并维持对灌溉系统的有效管理。

对组织权最低限度的认可。外部公共部门对社群内部自主治理的规则及改变规则的认可程度，将直接影响自主治理实践的成功与否。在现实生活中，以政府为代表的公共部门对社会生活的干涉日益加重，如果在自主治理的制度设计时，外界公共权力部门并没有承认该项制度，一旦外部权力机构威胁到该项制度时，自主治理的制度也将难以持续下去。所以说，国家或地方政府是否允许当地占用者拥有部分组织权利，即是否拥有足够的建立、监督与执行规则的决策自治权，将会影响当地占用者能否构建出有效的治理体系。此外，奥斯特罗姆在探讨政府机构主动依靠社群自主治理的方式解决集体行动的协作问题时，认为"当必

---

① 〔美〕罗伯特·阿克塞尔罗德. 合作的进化（修订版）[M]. 吴坚忠，译. 上海：上海人民出版社，2007：128-129。

要的政府行为领域之外的自组织空间被授权时，它们就会促进社会资本的形成。"① 若外部政府官员认为，只有他们才有权力制定规则，那么当地占用者构建的自治体系便难以维持。与此同时，该原则也是对地方性规范在较高层次的治理模式中的角色作用予以承认。

嵌套式企业。该原则又称为分权制企业，是指对于规模更大的资源系统或者本地 CPRs 与更大的社会生态系统密切关联时，需要对不同层面且相互嵌套的组织进行治理，以此构成一个嵌套式的网络结构。当CPRs 是一个更大系统的一部分时，需要以嵌套式的自组织来分别管理不同层级的资源系统，并由不同规模、不同层次的参与者生产公益物品或者服务，其有效运行则取决于不同主题的充分竞争、协作生产以及有效的冲突解决机制。例如，在灌溉系统干渠之间分配水源的规则可能不同于在单条分水渠沿线的农民之间分配水源的规则。

综上所述，由资源占用者自身制定规则（原则3），规定谁有权利进入或退出资源地（原则1），并由当地占用者或者对他们负责的人来执行规则（原则4），采用渐进式惩罚机制（原则5），将最终收益按比例分配给成本风险承担者（原则2），从而能够解决集体行动的问题。奥斯特罗姆总结的设计原则驳斥了政治经济学中倾向于提出简单政治解决或组织革新蓝图的方法，后者往往忽视组织自身形式将随着社会发展而不断演进的现实。可以说，奥氏对于小规模 CPRs 治理的设计原则予以考察，有助于建立与维持地方自治和可持续发展能力的条件。需要说明的是，奥斯特罗姆并不认为那些已经成功创建出长期存续的制度安排的资源占用者们，包括灌溉者、渔民及森林居住者，他们的脑海中明确存在上述"设计原则"的概念，此后，奥斯特罗姆从世界各地 CPRs 的失败制度中，例如斯里兰卡的科林迪奥亚灌溉系统、加利福尼亚莫哈韦地区的案例，发现它们均未能符合其总结的 3 条以上的设计原则。与此同时，她认为地方社

---

① 〔美〕埃莉诺·奥斯特罗姆. 社会资本：流行的狂热抑或基本的概念？[J]. 龙虎，编译. 经济社会体制比较，2003（2）：29-30。

群成功治理 CPRs 的设计原则，同样适用于全球环境变迁的治理问题。[①]

不仅如此，奥氏在之后的研究中将注意力转移至论证上述设计原则对资源占用的激励与影响程度，从而使得公共资源的占用者们能够自觉遵守制度设计的操作规则，并监督各自对规则的遵守情况。例如，在研究中她对上述原则予以实证分析，用强有力的、失败的和脆弱的制度绩效进行比较分析（见表 3-2）。对此，奥斯特罗姆得出相应结论，即凡是 CPRs 制度绩效为"强有力"的案例，都基本符合上述八项原则中的其中几项。而制度绩效为"失败"的案例，则几乎不可能涵盖超过以上八项原则中的任意三项。至于绩效为"脆弱"的制度设计，则涵盖上述八项原则中的四条以上，但由于不能较好地适应环境，所以一些制度设计也就变得难以维持。不过，对于以上八项原则在自主组织有效治理中起到的不同作用，这一认识十分重要但显然没有引起政策家和实践者们应有的重视，而且有待进一步的研究证实。总之，针对上述有关群体效能的核心设计原则，进一步的研究可以被概括为两个方面：第一，展示它们如何遵循基本的进化原则；第二，展示它们如何应用于更广泛的群体。[②]

表 3-2　奥斯特罗姆研究案例中的设计原则与制度绩效

部分案例	清晰界定边界	规则供给与当地条件一致	集体选择的制度安排	监督	渐进式制裁	冲突解决机制	对组织权最低限度的认可	嵌套式企业	制度绩效
瑞士（托拜尔）	是	是	是	是	是	是	是	未知	强有力的
日本（平野庄、中生庄和良木家庄）	是	是	是	是	是	是	是	未知	强有力的

① 〔美〕迈克尔·麦金尼斯主编. 多中心治道与发展 [M]. 王文章，毛寿龙，等译. 上海：上海三联书店，2000：18。

② David Sloan Wilson, Elinor Ostrom, Michael E. Cox. Generalizing the Core Design Priciples for the Efficacy of Groups [J]. *Journal of Economic Behavior and Organization*, Vol. 90 (June2013). pp. 21-32.

部分案例	清晰界定边界	规则供给与当地条件一致	集体选择的制度安排	监督	渐进式制裁	冲突解决机制	对组织权最低限度的认可	嵌套式企业	制度绩效
西班牙（阿利坎特）	是	是	是	是	是	是	是	是	强有力的
土耳其（阿兰亚）	否	是	弱	是	是	弱	弱	是	脆弱的
斯里兰卡（加勒亚）	是	是	是	是	未知	弱	弱	否	脆弱的
加拿大（莱蒙隆港）	是	是	弱	是	是	是	否	否	脆弱的
土耳其（伊兹密尔湾）	否	否	否	否	否	否	弱	否	失败的
斯里兰卡（科林迪奥亚）	是	否	否	否	否	否	否	否	失败的
美国（早期雷蒙德流域）	否	否	否	否	否	是	是	否	失败的

资料来源：作者改编自奥斯特罗姆所制图表。可参见：〔美〕埃莉诺·奥斯特罗姆. 公共事物的治理之道——集体行动制度的演进［M］. 余逊达、陈旭东，译. 上海：上海三联书店，2000：271-272.

三　从 IAD 到 SES：自主治理的研究框架

为从宏观层面系统梳理某一制度安排的主要变量，并对特定情境中各变量之间的关系予以总结，埃莉诺·奥斯特罗姆致力于开发可广泛运用于制度和政策分析的工具，即制度分析与发展（IAD）框架和社会—生态系统（SES）框架，以充分反映现实世界的复杂性及进一步推动制度理论的发展。引申而言，作为元理论（Meta-theory）层面的探索，IAD 和 SES 框架旨在考察制度如何影响个体面临的激励结构及其所引发的个体行为，它们将人和社会、自然条件等不同因素同时纳入一般性框架，以解释 CPRs 的自主治理方式。可以说，作为公共政策研究领域的理论框架和制度分析工具，开发 IAD 和 SES 两个框架是奥斯特罗姆的重要贡献，有利于跨学科、多层级分析体系的开发，以及有助于不同学科的研究者共同使用，使得它们在诸多治理诊断和政策分析领域拥有广阔的应用前景。

（一）制度分析与发展（IAD）框架

1. 框架、理论与模型的层次

在研究过程中，奥斯特罗姆认为与"制度规则"主题相关的理论工作应包含三个层面："框架"（Frameworks）、"理论"（Theories）与"模型"（Models）。确切地说，奥氏十分强调上述三者的层次区别以免将其混为一谈，并认为"框架"能够确定一系列变量之间的相互关系，它为理论建立的各类模型提供元理论语言，并有助于对问题进行诊断性与规范化研究；"理论"是对一般现象背后的问题研究形成的系统化结构，其适用于一般模型而非某一特定模型的问题，并且能对不同类型问题的具体影响因素进行研究；"模型"是在特定情境中对有关系统变量之间关系的陈述及相关预测，其内部结构和要素往往拥有较为清晰的前提假设，如"公地悲剧""囚徒困境"等模型（见图3-4）。[①] 具体分析，"框架"是处于最高层次的超理论结构和跨学科交流的通用语言，它囊括检验各种要素或变量关系的"理论"假说，最底层是用以检验和处理变量关系的具体"模型"。对于上述三个概念，奥氏认为理论是极其重要的，她主张"即使现有理论可能对某些情境下提取者摆脱公共池塘资源困境不能给予解释，但这仍比没有要好些。……我们给自己设定的任务与其说是抛弃理论，不如说是修补理论。"[②] 与此同时，奥氏

---

① 〔美〕埃莉诺·奥斯特罗姆，罗伊·加德纳，詹姆斯·沃克. 规则、博弈与公共池塘资源 [M]. 王巧玲，任睿，译. 西安：陕西人民出版社，2011：23-25；〔美〕埃里诺·奥斯特罗姆. 制度性的理性选择：对制度分析和发展框架的评估 [M] // 〔美〕保罗·A. 萨巴蒂尔. 政策过程理论. 彭宗超，钟开斌，等译. 北京：生活·读书·新知三联书店，2004：52-53。

② 〔美〕埃莉诺·奥斯特罗姆，罗伊·加德纳，詹姆斯·沃克. 规则、博弈与公共池塘资源 [M]. 王巧玲，任睿，译. 西安：陕西人民出版社，2011：19。

认为"对分析者而言，框架为探讨各种理论及它们对于解决重要问题的潜在作用提供了元理论语言。"① 模型本身拥有较为严苛的适应条件，并且内含诸多假设条件，常将现实复杂的情形中的某些变量不予考虑，或者将其设为零，例如假设独立行动、完全信息、无人为失误、无互惠准则、利益完全对称、监督和执行规则的零成本等。综上，借助对框架、理论和模型的比较分析与前人研究的考察，此前研究者对于公共事物的研究，由于缺乏一般性理论框架，仅依靠经验性的观察与分析，难以得出高于经验的一般性结论。② 对此，奥斯特罗姆认为当务之急在于构建一个总体框架，将政策人员的注意力吸引至观察实证研究的重要变量之上，由此她的研究转向开启制度分析的 IAD 与 SES 框架。

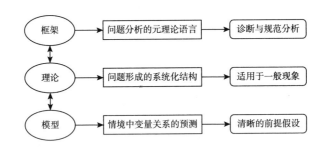

图 3-4　框架、理论与模型的层次关系

资料来源：笔者自制。

2. IAD 框架的构建及其内涵

在 CPRs 自主治理的研究中，奥斯特罗姆发现不同学科背景的研究者对这一对象均有涉及，其研究成果往往分布于各个学科领域，不过由于缺乏共同的学术话语系统，学者之间并不存在理论对话和交流，继而

① Elinor Ostrom. Background on the Institutional Analysis and Development Framework [J]. *Policy Studies*, Vol. 39, No. 1(2011) . p. 17.

② Roy Gardner, Elinor Ostrom, James Walker. The Nature of Common-Pool Resource Problems [J].*Rationality and Society*, Vol. 2, No. 3(1990) . pp. 335-358.

限制了学术知识的互通与累积。① 与此同时，尽管前人针对开发政策议程的普遍分析框架付出了诸多努力，亦取得了部分成果，但他们的框架尚且无法包容不同政策领域和情境设置的多样性。源于此，为了促成不同学者关于"制度"的理解、探讨与合作研究，奥斯特罗姆致力于创建"制度分析与发展"（Institutional Analysis and Development）的元理论框架，并将这一框架作为组织制度分析的元语言体系，用以理解人类社会多样化的复杂互动过程，以及讨论规则、物品特性以及社群属性等因素对行动场景、激励结构和结果的综合影响。从研究进程来看，IAD 框架源于奥斯特罗姆夫妇对都市警察服务供给的研究。时至 20 世纪 80 年代初，奥斯特罗姆与拉里·凯瑟尔（Larry Kiser）合作发表《行动的三个世界：制度方法的元理论综合》一文，初步形成了有关制度分析的方法，并较早提出"行动情境"（action situation）的概念。② 作为奥氏开发共同语言系统的早期尝试，该文奠定了其今后几十年工作的研究基础。此后，文森特·奥斯特罗姆为探讨个人在社会秩序体系中如何改变场景的结构或者做出动机的可能性，又构建了制度分析与发展的要素与阶梯的框架，并致力于开发影响个人所面临的激励机制这一普遍性分析框架。③

具体来看，奥斯特罗姆在 IAD 框架中将社会整体理解为一个相互嵌套的结构，并将行动场景（action arena）设定为自己分析的焦点，认为它由行动情境（action situation）和行动者（participants）两个要件构成，其中行动情境是影响行动者激励结构的制度总和。④ 不仅如此，一

① 应该说，在奥斯特罗姆之前的研究中，由于对 CPRs 治理研究的学者隶属于不同的学科领域，且关注不同国家的公共资源治理问题，因而他们的观察与结论在很长时间内未能获得有效整合。

② Larry Kiser, Elinor Ostrom. The Three Worlds of Action: A Metatheoretical Synthesis of Institutional Approaches[M]// Elinor Ostrom, et al. *Strategies of Political Inquiry*. CA: Sage, 1982: 179-222.

③ 〔美〕文森特·奥斯特罗姆. 民主的意义及民主制度的脆弱性——回应托克维尔的挑战 [M]. 李梅，译. 西安：陕西人民出版社，2011：112-115。

④ 对于行动场景，国内亦有翻译为"行动舞台"。此外，对于"行动情境"，不同学者也给予过诸多类似称谓，如模式（patterns）、框架（frames）、结构（structure）、情境逻辑（logcial of situation）等。

组外生变量将影响行动情境，分别是自然—物理特征、社群属性和应用
规则等，并由这一组外生变量联合影响行动情境，来影响行动者的行为
选择和最终产出。总之，作为一个相互嵌套的复杂系统①，IAD 框架是
由外部变量、行动情境、行动者、互动模式、结果及其评估标准等构
成，研究者可以依据不同需求使用该框架进行多层次分析（见图 3-5）。
例如，研究者若运用 IAD 框架进行制度变量分析，首先需要对制度生产
的自然和社会属性进行厘清，其次是对这些属性背景下的制度层次进行
划分，进而理解行为场景中的行动情境及其相互作用的模式，并明晰制
度空间的行动者之行动过程，最后借助一定的评估标准对行动者相互作
用产生的结果进行评价。

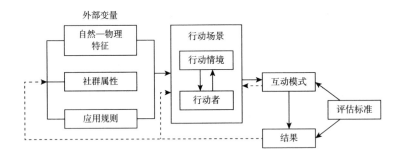

图 3-5 制度分析与发展（IAD）框架

资料来源：Elinor Ostrom, Roy Gardner, James Walker. *Rules, Games and Public Common-Pool Resources*[M] . Ann Arbor: University of Michigan Press, 1994: 37; Elinor Ostrom. *Understanding Institutional Diversity* [M] . New Jersey: Princeton University Press, 2005: 15; Charlotte Hess, Elinor Ostrom. A Framework for Analysing The microbiological Commons [J] . *International Social Science Journal*, Vol. 58, No. 188 (June2006) . pp. 339.

---

① 奥斯特罗姆曾指出复杂系统所拥有的三个基本特征：概念上可分，即可由不同概念、
子概念来予以概括；存在具有一定独立性的子系统以实现各自功能；复杂系统超过各
个构成要素之和。可参见：Elinor Ostrom. A Diagnostic Approach for Going beyond
Panaceas[J] . *Proceedings of the National Academy of Sciences*, Vol. 104, No, 39 (2007) .
p. 15182.

由于前人研究中仅仅关注制度分析中规则变迁所产生的影响，奥氏认为在进行制度分析时，首先应观察影响行动场景的因素而非场景本身。如上文所述，除了既定的行动场景，奥氏开发的 IAD 框架十分关注影响行动场景的外部变量（见图 3-6），它由三组外部变量决定：①自然—物理特征（Biophysical Conditions）；②社群属性（Attributes of Community）；③应用规则（Rules-in-use）。扼要论之，自然—物理特征可被简化为物品的各类属性；社群属性涉及群体内部互动的历史、内部的同质性与否、社群个体之间的知识与社会资本等关键特征；应用规则是指具体说明个体是否被允许或禁止采取某种行动，以及由此引发制裁的共同规则。由此可知，上述外部变量的互动结合，将对行动情境产生影响，从而产生互动的有关模式和结果。同时，这些互动的结果将进一步反馈至外部变量和行动情境，构成新一轮的影响路径。作为处理复杂性的基本分析单位，奥斯特罗姆在 IAD 框架中将行动情境的外部规则与内部工作机制予以关联。

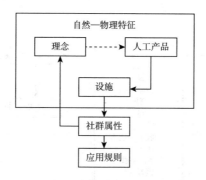

图 3-6 外部变量的自然—物理特征

资料来源: Charlotte Hess, Elinor Ostrom. A Framework for Analysing the Microbiological Commons[J] .*International Social Science Journal*, Vol. 58, No. 188(June2006) .p. 340.

在此之后，奥斯特罗姆对行动场景予以剖析（见图 3-7），并认为"行动情境"由行动者、位置、行动、控制、信息、结果、收益与成本等要素构成（见图3-8），同时个体行动者处于特定的行动情境中，将产生一系列的相互作用，包括资源的获取、竞争与冲突、协商与监督、合作与妥协等，并能够产生一定的结果，而研究者可以借助诸如效率标准、财产平衡标准等绩效评价指标，对上述结果予以衡量。简言之，奥斯特罗姆开发的制度分析与发展（IAD）框架，阐述了现实场景中的个体试图更新规则、实现群体共同利益时必须深入研究之变量的复杂状况。而且，IAD框架是一个相互嵌套的复杂系统，其关注的焦点是行动情境（action situation），涉及行动者的数量、职位、所拥有的信息及面临的行动选择、影响结果的类型，继而是一个连接行动者和行动结果的函数，对于行动及其结果所分配的报酬等予以考察。除此之外，这一框架受到诸多外部因素的影响，包括自然—物理特征、社群属性、应用规则等内容。在外部影响因素当中，物品自然属性的细分、群体如何共享价值、社群是否同质、是否拥有网络、信任与相互理解、社群的规模及其构成如何，均能够对行动情境产生直接或间接的影响，并导致集体行动中个体行动者产生不同的互动模式。

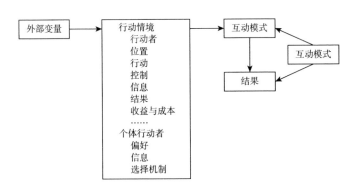

图 3-7 行动场景的分解

资料来源：Elinor Ostrom. Do Institutions for Collective Action Evolve? [J].

Journal of Bioeconomics, Vol. 16, No. 1(2014) .p. 8.

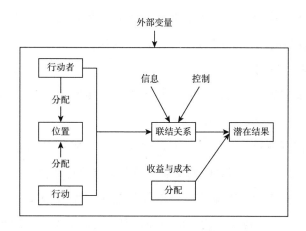

图 3-8　行动情境的内部结构

资料来源（局部有变动）：Elinor Ostrom. *Understanding Institutional Diversity* [M].New Jersey: Princeton University Press, 2005: 33.

针对已存在一系列规则的自主治理体制，若对规则进行适当修改亦能使治理更为完善，其中对规则的修改是指调整行动情境的变量安排。其中，奥斯特罗姆借助考察各类行动情境中的潜在规则，并用以展示规则改变中较为常见且相对有效的策略。① 其中，奥斯特罗姆尝试开发一套规则的共同点，以识别出影响博弈结构的一般规则形式，并将其总结为以下 7 项规则：身份规则、边界规则、权威规则、聚合规则、范围规则、信息规则和收益规则（见图 3-9）。

（1）身份规则：确立一系列身份以及每个身份分别包含或牵涉哪些行动者，影响行动者所处的位置。

（2）边界规则：说明特定参与者是如何进入（获取）或退出（脱离）某一身份的，影响行动者个体。

（3）权威规则：规定决策树上任一节点位置所赋予的采取行动的

---

① Elinor Ostrom. An Agenda for the Study of Institutions [J]. *Public Choice*, Vol. 48, No. 1 (1986).pp. 3-25.

权力范围，影响行动者的行为选择。

（4）聚合规则：阐述处于决策树上某一节点的行动者，其行动与中间结果及最终结果之间的转换函数（例如，一致原则或多数原则），影响行动者的控制力。

（5）范围规则：指出可能受到影响的一组结果，包括中间结果与最终结果，影响最终的潜在产出。

（6）信息规则：规定任一节点的参与者之间何种信息必须、可能或不能共享，以及他们之间的交流渠道，影响信息结构。

（7）收益规则：以完整的行动选择范围与结果为基础，规定不同身份的参与者有关成本与收益的分配情况，影响成本收益的衡量。

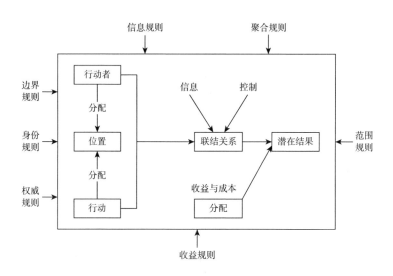

图 3-9　影响行动情境的规则结构

资料来源：Elinor Ostrom. *Understanding Institutional Diversity*[M] New Jersey: Prin-

ceton University Press, 2005: 189.

综上所述，IAD 框架为公共政策领域的研究提供了方法论工具，而对于分析市场（私有产权）和国家（政府）两分路径的缺陷，她提出破解集体行动困境的路径，无疑是更有效的解释和分析方式。这一框架对社群在 CPRs 治理过程中涉及的诸多变量予以归纳，从而为自治体制与制度安排的构建、改善以及调整提供了相应指导。不仅如此，IAD 框架还表明对于 CPRs 治理问题的研究而言，不仅应对自然物质条件的特点或属性进行分析，还应涉及管理体系、产权归属、应用规则等因素。这一框架的关键在于厘清行动情境和行动者之间，在外生变量的影响下如何进行相互作用及反馈。针对诸如草场、森林、渔业等资源的研究，不应局限于探讨资源的自然属性，亦应对资源所在地及资源占用者的管理体系、特点、产权、规则等社会因素加以分析。奥斯特罗姆的该项研究，将制度分析与发展框架作为应对各种问题的基本组织模式。不过需要注意的是，奥氏一再强调"我们并不认为，制度分析与发展是可以被社会科学家用来理解社会秩序问题的唯一框架。"① 与之相似，由于研究者倾向于依靠框架的第一层次构建研究设计，从而仅仅是从宏观维度对研究予以指导，使得缺乏对深入的调研和分析框架不同层次间的互动关系的研究。②

（二）诊断社会—生态系统（SES）框架

随着当今世界生态环境与自然资源问题的逐渐凸显，如何借鉴生态学、经济学、社会学和政治学等跨学科知识，以理解、描述及阐释社会系统与生态系统二者之间的复杂关系③，成为 CPRs 治理研究的迫切需求。换言之，为克服"公地悲剧"问题，需要理解社会与生态之间的复杂关系，而非同生态平衡理论一样，将社会与生态之间关系视为简单

---

① 〔美〕埃莉诺·奥斯特罗姆，罗伊·加德纳，詹姆斯·沃克. 规则、博弈与公共池塘资源 [M]. 王巧玲，任睿，译. 西安：陕西人民出版社，2011：52。

② 可参见：王亚华. 对制度分析与发展（IAD）框架的再评估 [M] //巫永平. 公共管理评论. 北京：社会科学文献出版社，2017（1）：15；王亚华. 增进公共事物治理：奥斯特罗姆学术探微与应用 [M]. 北京：清华大学出版社，2017：179-192。

③ 社会系统（Social system）是指包含着个体之间借助互动合作形成的依存关系；生态系统（Eco-system）是指自然界中生物与环境构成的相互影响、相互制约的统一整体。

的线性关系。① 针对 CPRs 的有效治理，不能仅关注资源系统内部的占用者之行为，同时应从宏观的社会—生态系统的视角予以分析，以厘清外部环境对资源系统及其占用者的影响，并致力于开发一种能够容纳、吸收与整合诸多学科内部成果的"共同语言"（common language）。由此，奥斯特罗姆将 CPRs 作为社会—生态系统，作为人与自然交互的综合系统予以研究。进一步分析，为有效诊断复杂的社会—生态系统，亟须引入全新的方法论作为分析工具，将 CPRs 的可持续管理置于社会、经济和政治等宏观背景之中，并深入分析了 CPRs 与其用户及管理者之间的复杂关系。基于此，奥斯特罗姆尝试借用信息科学、生物学及医学中的本体论框架（Ontological Framework），并于 2007 年研制出一套新的诊断方法，即"社会—生态"系统（Social-Ecological Systems，SES）框架，意指由一个或多个社会系统和生态系统相互关联、相互影响组成的复合系统，用以诊断 CPRs 中人与自然互动关系、分析相互嵌套的复杂系统以及识别影响行动者行为的相关变量（如时间和空间变量）的系统。② 时至 2009 年，奥斯特罗姆继续对 SES 的诊断框架予以深化，在此前研究的基础上增加了相互作用（Interactions）中的"自组织行为"和"网络关联行为"两项指标，并在结果（Outcomes）中增加了"社会表现力衡量"和"生态表现力衡量"的可持续发展指标，由此构建了 SES 可持续发展的分析框架。③ 可以说，这一拓展为自然资源的政策分析提供了清晰思路，并将治理系统与生态系统有机结合，有效探讨人类社会对环境污染、气候变化等公共物品的治理之道。

概言之，这一框架全景式地描绘了一幅资源管理的图景：在广泛的

---

① 生态平衡理论认为社会与生态之间呈现线性关系，认为社会人口增长将超越生态承载能力，从而造成环境退化与贫穷的困境。

② Elinor Ostrom. A Diagnostic Approach for Going beyond Panaceas[J]. *Proceeding of the National Academy of Sciences of the United States of America*, Vol. 104, No. 39（September2007）. pp. 15181–15187.

③ Elinor Ostrom. A General Framework for Analyzing Sustainability of Social-Ecological Systems [J]. *Science*, Vol. 325, No. 5939（July2009）. pp. 419–422.

社会、政治、经济以及相关生态系统中，资源占用者从资源系统（RS）内部提取资源单位（RU），并依据治理系统（GS）所制定的规则和程序，用以维持资源系统的持续运转（见图3-10）。具体来看，SES框架的第一层级，是由八个基本构件组成，其内部包含"资源系统"（RS）、"治理系统"（GS）、"资源单位"（RU）与"行动者/占用者"（A）四个核心变量[①]，并共同对特定行动情境（AS）中的行为互动（I）及其结果（O）构成影响，而它们同样受到外部更为广泛的社会、经济、政治（S）和相关的生态系统（ECO）等变量的影响。与此同时，为使SES框架成为研究者识别不同影响因素的"诊断工具"（Diagnostic Tools），奥斯特罗姆根据变量组的关键属性，将上述基本要件细分成一组子变量群，由此构成SES框架第二层级的概念变量，且还能够不断向下分解（见表3-3）。[②]值得一提的是，在奥斯特罗姆的该项研究当中，第二层级的变量列表一直处于不断更新状态。一项新近研究从制度建构的视角对SES框架的应用情况予以评估，认为这一框架包含20个有效样本，并指出有四分之一的研究只是将SES框架用作案例描述。[③]在此之后，奥斯特罗姆运用SES框架对自身学术生涯的精华——自主治理思想进行分析与集成，并识别出影响公共池塘资源自主治理的10个关键变量，包括资源系统的规模、系统的生产率、系统动态变化的可预见性、资源单位的可流动性、用户数量、领导力、社会资本、知识、资源对用户的重要性和集体选择的规则。[④]在这一基础上，波蒂特、詹森和

---

① 在奥斯特罗姆的早期版本中，是指公共池塘资源的占用者，后期改为行动者，拓展了这一主体的范围。

② 奥斯特罗姆在设计SES框架时，引入"层"（tier）与"级"（level）的概念对不同逻辑类别的变量予以区分，其中上一层级类别的变量由下一层级类别的变量组成。

③ Andreas Thiel, Muluken Elias Adamseged, Carmen Baake. Evaluating an Instrument for Institutional Crafting: How Ostroms's Social-ecological Systems Framework is Applied [J]. *Environment Science and Policy*, Vol. 53(November2015) .pp. 152-164.

④ Elinor Ostrom. A General Framework for Analyzing Sustainability of Social-Ecological Systems [J] .*Science*, Vol. 325, No. 5939(July2009) .pp. 419-422.

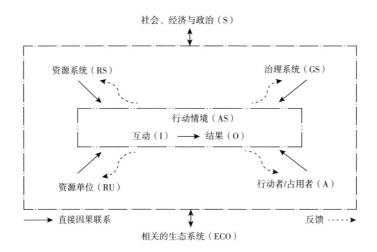

图 3-10 社会—生态系统的框架（第一层）

资料来源：Elinor Ostrom. A Diagnostic Approach for Going beyond Panaceas[J] .*Proceeding of the National Academy of Sciences of the United States of America*, Vol. 104, No. 39 (September2007) .p. 15182.

表 3-3 SES 框架的二、三级变量

资源系统（RS）	资源单位（RU）	治理系统（GS）	行动者/占用者（A）	行动情境（AS）
1）资源部门 2）边界是否清晰 3）规模 　a）面积 　b）容量 4）基础设施 5）生产率 6）平衡性质 　a）补给动态 　b）补给率 　c）平衡数 　d）反馈 　　i）积极 　　ii）消极 7）可预测性 8）储存容量 9）资源位置	1）资源单位的 流动性 2）替代率 3）资源单位间 的互动 　a）由弱至强 　b）掠夺性或 共生性的 4）经济价值 5）单元的数量 　a）由大至小 　b）营养水平 6）鲜明的标记 7）时间和空间 分布 　a）空间的 　b）时间异质性	1）规则 　a）操作层面 　b）集体选择层面 　c）宪制层面 2）财产权利体制 　a）私人所有 　b）国家所有 　c）共有的 　d）混合的 3）网络结构 　a）中心化的 　b）模块化的 　c）相联结的 　d）多层次的	1）团体规模 2）社会经济属性 　a）经济 　b）文化 3）使用的历史 4）位置 5）领袖风格 6）社会资本 7）SES 的知识 8）资源的依赖 程度 9）使用的技术	过程 　a）监控 　　i）环境 　　ii）社会 　b）制裁 　c）冲突解决 　d）规定 　　i）信息 　　ii）基础 设施 　e）拨款 　f）制定政策

资料来源：Elinor Ostrom. A General Framework for Analyzing Sustainability of Social-Ecological Systems[J] .*Science*, Vol. 325, No. 5939(July2009) .p. 421.

奥斯特罗姆将 SES 框架纳入实证研究之中，从而识别出 12 个影响自主治理的常见变量。[①] 由此可知，SES 框架重在分析、挖掘不同层级的变量要素，以及它们之间横向与纵向的互动关系。

在此之后，奥斯特罗姆进一步提出"社会—生态"系统脆弱性的观点，认为资源系统将可能受到不可控的飓风、环境污染、资源衰竭、气候变化乃至军事干涉等因素影响，从而呈现出复杂性与脆弱性的特征。而上述特征往往无法通过政府的单一控制或者产权的私有化得到很好的解决。相比较而言，由多元利益主体借助自主决策设计监督并实施群体共同遵守的复杂治理系统，更能维持制度运作的稳定性且不容易受到侵害。可以说，SES 框架为理解和诊断"社会—生态"系统的复杂性提供了多变量组合的解释工具，这正如王亚华认为的，SES 框架代表了新一代社会科学发展方向，即提供全局性的认知框架和系统的变量检查，为诊断社会生态系统复杂性提供科学的指引。[②] 不仅如此，由于 SES 框架内部变量之间存在较为复杂的关联机制，因此对 SES 框架牵涉的诸多问题的克服，必须超越可预测的简单模型，因而需要对其展开细致的诊断分析。例如，若运用 SES 框架分析哈丁的"公地悲剧"模型，将发现其仅涉及 RS_1（草场）、RS_3（规模有限）、RS_5（可再生资源）、RU_1（动物的可移动性）、RU_4（牛能够被出售）、RU_6（牛有各自的标记）、U_7（短期利益最大化）、I_1（用户最大收获级别）、O_2（生态系统的破坏）等变量，而并未提及其他变量。总之，在"社会—生态"系统内部，"社会端"（social side）涉及的变量包括资源占用者的人数、社会经济属性、占用的历史、地理位置、领导风范、共享的文化规范、对生态系统的认知、可获得的信息与技术等。而上述诸多因素，又与"生态端"（ecological side）的相关变量密切联系。从而需要决策者从

① Amy R. Poteete, Marco A. Janssen, Elinor Ostrom. *Working Together: Collective Action, the Commons and Multiple Methods in Practice*[M].Priceton, NJ: Priceton University Press, 2010.

② Wang Yahua. Towards a New Science of Governance[J].*Transnational Corporations Review*, Vol. 2, No. 2(2010).pp. 87-91.

宏观层面审视系统中的"社会端"和"生态端"的变量及其相互的影响，进而寻找影响结果的关键变量，从而将宏观因素与微观变量进行有效整合，并促使这一分析框架趋向多元化。

（三）IAD 与 SES 框架的关联互动

如上所述，IAD 框架的开发是为针对大型案例的研究数据库进行比较分析和提炼出所有案例的相同变量，它的基本功能是提供了一个结构性的方法，让研究者能够分析行动者如何在特定的行动情境下，受到外部变量的影响而产生特定的激励和互动模式，以深入地对互动者的集体行动逻辑进行研究。进一步分析，IAD 框架将行动情境置于考察的中心，并利用外部自然—物理特征、社群属性、应用规则以及行动者与他们的环境之间的相互作用来解释规则制度。2007 年，IAD 框架被进一步升级为 SES 框架，它是将社群与自然环境之间进行连接的工具，并对存在于各类制度安排中的核心变量进行结构化处理。与 IAD 框架一致，SES 框架也是结构化的。在其后的研究中，奥斯特罗姆致力于将 CPRs 治理拓展为"社会—生态"系统治理，并相继提出 SES 的制度诊断框架、SES 的可持续发展分析框架等。① 总之，SES 框架旨在确定产生社会生态成果的资源系统、资源单位、行动者和治理系统的组成部分和相互作用。SES 框架作为诊断工具运行，因为它提出了一组用于分析 SES 的二级和三级变量，并以此方式进一步阐述了最初出现在 IAD 框架中的元素。

通过上述两个框架，研究者得以更好地观察、设计和解决人类所面临的集体行动问题，进而提升个体针对公共事物的治理能力。其实 IAD 与 SES 框架有较多共同点：基于早期版本均有过多次修改；二者均从较

① Elinor Ostrom. A Diagnostic Approach for Going Beyond Panaceas[J] . *Proceeding of the National Academy of Sciences of the United States of America*, Vol. 104, No. 39(September2007) . pp. 15181~15187; Elinor Ostrom. A General Framework for Analyzing Sustainability of Social-Ecological Systems[J] . *Science*, Vol. 325, No. 5939(July2009) .pp. 419~422.

为一般的概念性框架出发，并应用于资源治理情境中的问题研究；二者都对各种制度安排中的关键变量进行结构化组织；随着研究的深入，二者框架变得越发精致，均成为理解 CPRs 治理的整体框架。由上可知，两个框架共同表明，建立跨越社会科学和自然科学以及治理系统复杂性的国别研究的价值，其中 IAD 框架为自主治理研究提供宏观指引，而 SES 框架能够提供更具针对性和精确的制度诊断分析。不过，尽管上述框架在研究 CPRs 的可持续治理方面发挥着应有效用，但两者都存在部分缺陷：IAD 框架对自然系统的关注不足，SES 框架无法提供系统组件的静态列表。出于对上述缺点的认识，保罗·麦考德（Paul McCord）等人将 IAD 框架和 SES 框架综合起来，将 SES 变量完全集成至 IAD 框架之中，从而使得二者相互嵌入，对于探索"社会—生态"系统逻辑框架提炼了方法，促进了治理科学的长期发展（见图 3-11）。可以说，两大框架均包含若干嵌套式的模块，研究者可以利用它研究个体之间的互动关系，以及个体在不同情境下的行为逻辑。与此同时，这一框架允许研究者使用多级分析工具，以动态的方式识别 SES 框架的主要子系统。

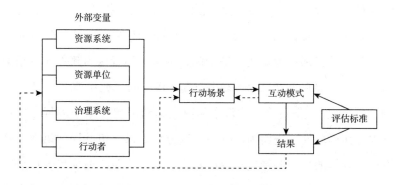

图 3-11 IAD 与 SES 相结合的框架

资料来源：Paul McCord, Jampel Dell'Angelo, Elizabeth Baldwin, et al. Polycentric Transformation in Kenyan Water Governance: A Dynamic Analysis of Institutional and Social-Ecological Change[J]. *Policy Studies Journal*, Vol. 45, No. 4(November2017) .p. 638.

如前所述，IAD 框架和 SES 框架拥有较为相似的出发点，都是想针对制度分析提供一套通用语言，继而提供更加完整的容纳变量全局的图景。上述两个框架作为奥斯特罗姆研究的分析工具和理论符号，其中 IAD 框架作为制度分析的通用语言，能够为组织研究提供一般性框架，在处理复杂的政策分析时具有显著优势，有助于帮助研究者对影响集体行动的特定变量进行识别。而作为"概念示意图"和"共同语言"，SES 框架有助于研究者识别复杂的社会与生态系统中诸多变量、要素和参数，以进行描述性、说明性和诊断性的分析。"从传统的制度分析与发展框架到'社会—生态'系统的制度分析框架，奥斯特罗姆的贡献并非仅仅是立一家之言、著一家之说，而是致力于开发一套新的研究工具，开辟一条新的研究途径"。① 两个框架的相互关联，可用于分析以下问题：①对一个已知的治理和资源系统的使用规则，将产生何种个体行为和结果的检查；②关注特定情境中某一资源的治理问题；③对于来自内外部的干扰，占用者、资源系统和治理系统等组成的特定结构，是否具有稳定性和可持续性。

尽管 SES 框架与 IAD 框架存在密切联系，但二者的区别依然明显。前者针对"社会—生态"系统的具体应用问题，提供了更为丰富的构成组件和更加精细的变量列表；后者是人类社会行为的一般性分析框架，其适用的范围更为宽泛。基于此，甚至有学者认为随着 SES 框架的兴起，这一框架在公共事物领域尤其是 CPRs 的研究中能够替代 IAD 框架。② 具体而言，上述框架均将个体决策的情境置于两类因素之中：物质条件与社群属性，进而为广泛的制度分析提供一组共同的语言，这有助于比较具体的理论和特定现象的模型。其中，SES 框架代表奥斯特罗姆的学术重心转为将公共选择理论与可持续的生态系统研究相结合，为

---

① 蔡晶晶. 诊断社会—生态系统：埃莉诺·奥斯特罗姆的新探索 [J]. 经济学动态，2012（8）：106-113。

② 王亚华. 对制度分析与发展（IAD）框架的再评估 [M] //巫永平. 公共管理评论. 北京：社会科学文献出版社，2017（1）：20。

自主治理思想再次提供了跨学科多层次的分析模型。可以说，SES 框架为不同学科门类之间有关公共资源管理的综合提供了"统一的语言"。因而，SES 框架作为 IAD 框架在社会生态系统领域的具体应用和升级，能够对 CPRs 领域提供更有针对性和精确的制度诊断分析。正如国内有学者所说："SES 框架是基于制度分析与发展（IAD）框架升级而来的，并特别适用于公共池塘资源的研究，可谓是综合奥斯特罗姆一生公共事物研究的集大成理论之作。"①

四 从信任到互惠：自主治理的核心要素

传统集体行动理论的若干模型内含如下假设：其一，参与集体选择的个人之间缺乏有效沟通，从而导致彼此的不信任状态；其二，对于集体选择中存在的困境，人们普遍缺乏改变现存规则的动力或能力。因而，由上述假设得出的应然结论是：个人理性并非实现集体理性的充分条件，或个人理性无法促成集体理性。② 对此，埃莉诺·奥斯特罗姆并不同意上述模型的隐喻性用法，她的自主治理思想，旨在探究一群相互依赖的委托人将自身有效地组织起来进行自主治理的过程，挖掘社群内部个体之间信任与互惠的因子，从而冲破传统集体行动理论中个人"纯粹自利"的假设前提。

（一）社会资本的内涵及关键特征

总体来看，当前学界对于"社会资本"的内涵及其外延尚无定论，不同学科背景的研究者分别从各自研究路径出发予以阐述，呈现出纷繁复杂的研究表象。早在 1980 年，法国社会学家皮埃尔·布迪厄（Pierre

---

① 王亚华. 诊断社会生态系统的复杂性：理解中国古代的灌溉自主治理［J］. 清华大学学报（哲学社会科学版），2018（2）：178-191。

② 〔美〕曼瑟尔·奥尔森. 集体行动的逻辑［M］. 陈郁，郭宇峰，等译. 上海：格致出版社，上海三联书店，上海人民出版社，2014：2. 另可参考本书第二章对于"资源治理的三种模型"相关内容的阐述。

Bourdieu）发表短文《社会资本随笔》，率先正式使用"社会资本"的概念，并将其界定为"实际或潜在资源的集合，这些资源与由相互默认或承认的关系所组成的持久网络有关，而且这些关系或多或少是制度化的"①。从这一定义可知，社会资本拥有两个特征：第一，它是与群体成员之间社会网络联系的一种资源；第二，它以群体成员的相互熟悉为基础。不过在布迪厄等研究者看来，经济资本和文化资本具有更重要的地位，社会资本亦通常隶属于这些资本。其后，格伦·卢里（Glenn Loury）从经济学角度也提出与人力资本、物质资本相对应的"社会资本"的术语。

直至 1988 年，詹姆斯·科尔曼（James S. Coleman）在《社会资本在人力资本创造中的作用》一文中，从社会结构的角度对"社会资本"概念予以扩展，将其定义为"许多具有两个共同之处的主体：它们都由社会结构的某些方面组成，而且它们都有利于行为者的特定行为——不论它们是结构中的个人还是法人"。② 这一界定表明，科尔曼是从理性行动理论出发，认为社会资本既是增加个人利益的工具，也是克服集体行动问题的重要资源。与此同时，科尔曼将规范、网络、义务与期望、有效惩罚等因素当作社会资本的重要形式，并且认为上述形式的社会资本能够通过创建自治组织来形成，其中社会网络的封闭特征亦保证有效动员网络资源、相互信任、权威与制裁等规范的构建与维持。③ 总之，科尔曼对社会结构予以功能性分析，认为社会资本主要存在于社会结构和人际关系之中，是共同体内部诸多行为主体在长期交往、互动、合作过程中形成的认同关系网络。

---

① Pierre Bourdieu. Le Capital Social [J]. *Actes De La Recherche En Sciences Sociales*, No. 31 (1980) .pp. 2–3.; 另可参见：〔法〕布迪厄. 布迪厄访谈录——文化资本与社会炼金术 [M]. 包亚明，译. 上海：上海人民出版社，1997：202。

② James S. Coleman. Social Capital in the Creation of Human Capital[J]. *American Journal of Sociololgy*, Vol. 94(1988) .pp. 95–120.

③ 〔美〕詹姆斯·S. 科尔曼. 社会理论的基础 [M]. 邓方，译. 北京：社会科学文献出版社，1999：351–376。

有别于布迪厄与科尔曼等人的微观或狭义视角，罗伯特·D. 帕特南（Robert D. Putnam）运用"社会资本"的研究框架，对意大利南方与北方制度绩效的差异进行分析，强调社会文化因素对于民主制度绩效的显著影响，并得出社会资本促进民主治理和经济繁荣的结论。① 这表明，帕特南将社会资本的研究由个人层面上升到集体层面，并且是从自愿群体的参与程度这一角度予以阐述的。具体而言，帕特南认为尽管意大利在 20 世纪 70 年代初期开展了地方政府改革，但在其南方地区，人们依旧借助垂直性的权威结构自上而下地解决集体行动的困境问题，而在北方地区，人们已经形成广泛的互惠规范和社会参与网络，促使社会信任水平得以提升，进而有效限制了机会主义的行为。由上可知，帕特南是从组织特征的角度理解"社会资本"，认为它是社会组织的特征，包括信任、规范以及网络，并能够借助这一概念促进合作行为以提升社会效率。② 人们之间的信任、互惠、参与等因素使得集体行动的问题迎刃而解。对此，帕特南认为"在一个拥有丰富的社会资本的共同体中，人们的生活是较为顺心的。公民参与网络培育出交流的准则，使得社会信任得以产生。该交流网络促进人们之间的协调与交流，因而有利于解决集体行动的困境"。③

可以说，"社会资本"这一概念经布迪厄提出、科尔曼界定和帕特南阐发，已然在社会科学界获得较大程度的认同。在此之后，在华裔社会学家林南（Lin Nan）看来，有关社会资本的研究包含三类基本范式：社会网络、民间聚集和信任。他从社会网络与资源的视角，将社会资本定义为嵌入个人社会网络的资源。林南认为，社会资本是

---

① 〔美〕罗伯特·D. 帕特南. 使民主运转起来：现代意大利的公民传统 [M]. 王列，赖海榕，译. 南昌：江西人民出版社，2001。

② 〔美〕罗伯特·D. 帕特南. 繁荣的社群——社会资本和公共生活 [J]. 杨蓉，编译. 马克思主义与现实，1999（3）：61；〔美〕罗伯特·D. 帕特南. 使民主运转起来：现代意大利的公民传统 [M]. 王列，赖海榕，译. 南昌：江西人民出版社，2011：195。

③ 〔美〕罗伯特·D. 帕特南. 使民主运转起来：现代意大利的公民传统 [M]. 王列，赖海榕，译. 南昌：江西人民出版社，2001：167-168。

存在于社会关系中的网络资源。① 对此，弗朗西斯·福山（Francis Fukuyama）认为社会资本作为从新经济社会学演化而来的理论概念，是一种有助于两个或更多个体之间相互合作，可用事例说明的非正式规范。② 与此同时，资本理论的解释模型亦认为，社会资本乃是自愿性的社群内部个体互动、合作的产物，其中社群被认为是助推个体达成合作的关键机制，同时提供了培育信任的框架。③

综上所述，尽管学界对于社会资本的概念与相关理论存在分歧，但对于社会资本的基本内涵已有一致的认识，即学者们普遍认为其核心要素包括信任、互惠性规范和社会网络。扼要论之，社会资本拥有以下特征：①社会资本并非与生俱来的，它需要创造和构建；②社会资本具有自我积累与增强的倾向，即拥有社会资本的个体易于积累更多的社会资本；③与其他资本不同的是，社会资本是一种公共物品，是个体跻身于社会网络的共享品；④社会资本能够提升物质资本和人力资本的收益。可以说，社会资本的基本要素包括信任、互惠规范和公民参与而形成的社会网络，它们是人们之间利益冲突和纠纷的黏合剂和缓冲阀，因为有社会资本的存在，人类的集体行动才得以摆脱纯粹利己主义的倾向，也才有可能为促进共同利益而形成行动的网络。不过与此同时，经济学家肯尼思·阿罗（Kenneth J. Arrow）对"社会资本"这一概念予以批判。他认为作为一个宽泛的文化解释范畴，"社会资本"概念最大的问题是社会交互行为的不可测度性及其定义的模糊性，因而主张放弃资本的隐喻以及"社会资本"这一术语。④ 此外，持有相同观点的还有罗伯特·索洛（Robert M. Solow），他甚至提出

---

① 〔美〕林南. 社会资本：关于社会结构与行动的理论［M］. 张磊，译. 上海：上海人民出版社，2005：28。
② 〔美〕弗朗西斯·福山. 公民社会与发展［M］. 曹荣湘编选. 走出囚徒困境——社会资本与制度分析. 上海：上海三联书店，2003：72。
③ 〔英〕保罗·F. 怀特利. 社会资本的起源［M］//李惠斌，杨雪冬主编. 社会资本与社会发展. 北京：社会科学文献出版社，2000：45-76。
④ 〔美〕肯尼思·阿罗. 放弃"社会资本"［M］//曹荣湘编选. 走出囚徒困境——社会资本与制度分析. 上海：上海三联书店，2003：225-228。

以"行为模式"替代"社会资本"的称谓。①

（二）奥斯特罗姆的借鉴及其超越

针对部分学者对于"社会资本"概念的种种非难，奥斯特罗姆坚持使用这一概念，并在承认这一概念的资本属性的基础上，试图对其进行明晰的内涵界定。② 不过与此同时，奥斯特罗姆也曾反思过"社会资本"这一概念是否会成为理解个体实现合作以及克服集体行动问题从而获取良好经济绩效的核心基础，抑或被抛到此前"万能药"的垃圾堆之中。③ 总体而言，奥斯特罗姆对社会资本的理解是从一个比较宽泛的定义出发的，认为"社会资本是关于互动模式的共享知识、理解、规范、规则和期望，个人组成的群体利用这种模式来完成经常性活动"。④ 而且，她将社会资本的特征提炼为以下方面：一是社会资本不会因为使用但会因为不使用而枯竭；二是社会资本并不容易被观察和测量；三是社会资本难以借助外部干预的方式来建立；四是全国性或区域性的政府机构对个人用来追求长期发展努力的社会资本类型和水平将发挥重要影响。⑤ 可以说，奥斯特罗姆的研究中并不完全依赖古典主义经济学的人性自利假设，而是关注非经济的激励、互信和利他互惠的人性认识，并

---

① 〔美〕罗伯特·索洛. 论经济运行与行为模式［M］//曹荣湘编选. 走出囚徒困境——社会资本与制度分析. 上海：上海三联书店，2003：229-234。

② 尽管社会资本的概念及其理论并非奥斯特罗姆的原创，但她将这一理论与CPRs的治理相联系，并收集了大量数据以佐证这一理论。此外，值得一提的是，奥斯特罗姆曾与其学生安（T. K. Ahn）合作撰写过一本名为《社会资本的基础》的论文集，以探讨"社会资本"的当代概念、发展形势、哲学基础及其与发展和民主的关系等问题。可参见：Elinor Ostrom, T. K. Ahn. *Foundations of Social Capital*[M]. London: Edward Elgar Publishing Ltd, 2003.

③ 〔美〕埃莉诺·奥斯特罗姆. 社会资本：流行的狂热抑或基本的概念？［J］. 龙虎，编译. 经济社会体制比较，2003（2）：26。

④ 〔美〕埃莉诺·奥斯特罗姆. 社会资本：流行的狂热抑或基本的概念？［J］. 龙虎，编译. 经济社会体制比较，2003（2）。

⑤ 〔美〕埃莉诺·奥斯特罗姆. 社会资本：流行的狂热抑或基本的概念？［J］. 龙虎，编译. 经济社会体制比较，2003（2）：26-34。

强调社会规范等非正式制度、不完全背景对行动者行为选择的影响，即她自身所说的"大部分资源占用者拥有互惠的意识，并认为这种共识能够成为初始的社会资本"。① 这也正如莱斯利·里普森所论述的那样："正是基于对人类生存条件的考虑，我们表现出利他主义、合作和团结的意识；正是在创造性的个人成就的增长中，我们每个人表现出了个性。"②

进一步分析，奥斯特罗姆从理性选择的相关视角对社会资本的概念予以探究，并试图将社会资本理论与集体行动理论相结合，以厘清个体之间的合作机制及其原因。奥氏对上述问题给出的答案是：在规模较小、参与人数较少的 CPRs 情境中，资源占用者与其他占用者之间能够借助频繁的沟通交流，建立彼此之间的信任与互惠机制，以顺利实现集体的共同行动。③ 对此，奥斯特罗姆等人从社会资本的视角出发，指出随着集团规模的增大，集团内部个体频繁互动的机会降低，致使互动生成信任、互惠的机会也随之减少，从而损害了对未来合作的预期。④ 与此同时，奥氏认为如何借助社会资本实现低成本的合作效能是集体行动的关键所在。⑤ 由于在小规模的 CPRs 中资源占用者们彼此较为熟悉，因而能够清楚地了解谁可以被信任，也了解他们各自的行为将对他人产生何种影响，进而判断出这些行为会对 CPRs 系统的可持续使用产生何种影响。实际经验和相关理论都已经证明，当人们在彼此熟悉的环境中

① 〔美〕埃莉诺·奥斯特罗姆. 公共事物的治理之道——集体行动制度的演进［M］. 余逊达，陈旭东，译. 上海：上海三联书店，2000：311。

② 〔美〕莱斯利·里普森. 政治学的重大问题：政治学导论（第 10 版）［M］. 刘晓，等译. 北京：华夏出版社，2001：332。

③ Elinor Ostrom. Toward a Behavioral Theory, Linking Trust, Reciprocity and Reputation［M］// Elinor Ostrom, James Walker, et al. *Trust and Reciprocity: Interdisciplinar Les sons for Experimental Research*. New York: RussellSage Foundation, 2003: 33.; Elinor Ostrom, T. K. Ahn. The Meaning of Social Capital and Its Link to Collective Action［EB/OL］.2007-01-10［2018-11-19］.http://www. researchgate. net/publication/228193385.

④ Amy R. Poteete, Elinor Ostrom. Heterogeneity, Goup Size and Collective Action: The Role of Institutions in Froest Management［J］. *Development and Change*, Vol. 35, No. 3（June2004）. pp. 435-461.

⑤ 〔美〕埃利诺·奥斯特罗姆. 集体行动如何可能？［J］. 石美静，熊万胜，译. 华东理工大学学报（社会科学版），2010（2）：16-17。

与他人相处之际，社群内部普遍存在约定俗成的行为准则和互惠式的相处模式，这也使人们拥有了为管理公共事物而建立制度的动力根源，从而促使社会资本悄然地发生作用。正如奥氏自身承认的那样，她认为解决上述制度供给的二阶困境问题的关键在于公共的组织，也就是群体之间的关系，更进一步讲，取决于社群中社会资本的属性和存量，如信任、互惠等。① 与之类似，国内学者对此亦有过论述："解决集体行动问题，把社会资本当作一个制度分析工具，是目前社会资本理论之所以影响广泛，并日渐走向深入的主要原因。"②

不仅如此，对于制度规则与社会资本的关系问题，学者较为常见的做法是将"制度"视为恒定不变的中介变量，因而无法清晰阐述二者的关系。基于此，奥斯特罗姆从社群个体如何进行自主治理的问题出发，对"制度"采取了较为精确的界定，即将其理解为一套分配报酬、配置收益的规则体系。由于上述规则协商过程中夹杂着诸多人际关系的因素，这促使相应的制度需适应不断变化的人际环境，其中自然涉及社会资本的命题。对此，杰森·乔丹纳（Jason Jordana）考察社会资本与制度之间的关系，并认为帕特南未能对其清晰阐述，而奥斯特罗姆则使用了一个更为精致的制度定义，并对此进行研究。③ 可以说，奥斯特罗姆之所以重视社会资本，源于她认为这一概念是理解个体如何克服集体行动困境，也是实现合作以达到良好经济绩效的关键所在。而她将制度理解为一套分配报酬、配置收益的规则，其中规则协商的互动性超越了讨价还价的投资，因而暗含丰富的人际关系。进一步分析，奥斯特罗姆将制度规则、社会资本和经济增长相联系，因而促使集体行动的制度分

① Elinor Ostrom. Toward a Behavioral Theory, Linking Trust, Reciprocity and Reputation[M] // Elinor Ostrom, James Walker, et al. *Trust and Reciprocity: Interdisciplinar Les sons for Experimental Research.* New York: RussellSage Foundation, 2003: 33.

② 曹荣湘. 社会资本，公民社会：一种元制度分析 ［M］//曹荣湘编选. 走出囚徒困境——社会资本与制度分析. 上海：上海三联书店，2003：3。

③ ［西］杰森·乔丹纳. 集体行动理论和社会资本的分析 ［M］//李惠斌，杨雪冬主编. 社会资本与社会发展. 北京：社会科学文献出版社，2000：321。

析延伸至经济制度分析领域，即认为CPRs资源治理过程中个体之间在不依靠行政权威、外部法律强制力的情况下，想要达成集体行动更多依靠内部相互信任的互惠承诺和人际关系网络。

政治学者汉斯·科曼（Hans Keman）认为"许多集体行为的问题只通过个人行为无法解决，但是由遥远的国家调节或间接的正式民主程序也不容易解决。相反，社群的自我调节，结合民主国家及其机构的权威，倒可以使问题得到解决"。[①] 那么，在普遍存在的公共物品或服务供给博弈中，个体之间为何能够维持合作？维持合作的内在机制是什么？这一机制是如何生成发育的？对于上述问题，奥斯特罗姆借助实证研究积累的经验，总结出自主治理可以达成的基本条件，认为存在于社区环境中的社会资本，有可能让CPRs的占用者放弃一己之私，自愿遵守他们共同设计的规则，使资源的使用得以摆脱集体行动的诸多困境而能够长期持续下去。对于以信任关系为纽带的社群网络，奥斯特罗姆认为这是基于群体的自组织构成的，一种有效率的、自下而上的组织方式，并能够体现合作群体的内部需求，且有效破解市场模式的不公平和政府模式的低效率问题。[②] 可以说，具有高度社会资本或人际信任的群体，与相对缺乏这些条件的群体相比，更易于达成共同商议的规则并遵守之。如上所述，奥斯特罗姆等人在实验研究中亦对上述结论予以证实，他们在无法进行有效沟通、缺乏监督和惩罚、有限开放的小规模CPRs的基准实验室中，发现实验参与人倾向于过度提取甚至滥用资源，其中租金耗散现象十分严重，集体平均效率只达到帕累托最优的三分之一左右。[③]

---

① 转引自李惠斌. 什么是社会资本［M］//李惠斌，杨雪冬主编. 社会资本与社会发展. 北京：社会科学文献出版社，2000：4-5.

② Elinor Ostrom. A Behavioral Approach to the Rational Choice Theory of Collective Action: Presidential Address, American Political Science Association, 1997[J] .*American Political Science Review*, Vol. 92, No. 1(March1998) .pp. 1-22.

③ James M. Walker, Roy Gardner, Elinor Ostrom. Rent Dissipation in a Limited Access Common-pool Resource: Experimental Evidence[J] .*Journal of Environmental Economics and Management*, Vol. 19, No. 3(1990) .pp. 203-211.

　　其后，奥斯特罗姆继续借助实验研究进一步发现在可再生、开放使用的资源环境中，对缺乏沟通与当面交流两种情境予以对比，发现由于缺乏沟通交流，CPRs 治理困境的总体结果接近于非合作博弈的预测，即使资源快速耗尽，不过若允许个体进行低廉的沟通谈话，则能够使个体遵守非正式安排，并使资源在各种新颖的规则中被使用。[①] 对此，奥氏论述道："实证研究表明，信任在克服社会困境时扮演着重要角色……在（个体遵循规范）这一情境中值得信任的互惠者自愿承担其克服困境的成本支出份额。因而，在上述背景下，个体能够突破'理性个体无法克服社会困境'的假设。"[②] 应该提及的是，虽然有研究者认为奥斯特罗姆研究的几类案例体现出不同类型的社会资本，并得出结论："这种社会资本类型及其所起作用的巨大差异导致人们在把埃莉诺·奥斯特罗姆的自主组织治理理论运用到其他国家特别是具有'柱状'社会资本类型的广大发展中国家过程中出现困难，这在一定程度上成为她的自主治理理论的软肋。"[③] 但毋庸置疑的是，"社会资本"概念及其理论在奥斯特罗姆总结出的自主治理理论当中具有十分重要的作用，其中相互信任便是自主治理的基石。[④]

　　同样地，奥斯特罗姆指出"'互惠'（reciprocity）是指人们在社会困境中所运用的全部策略的总称，包括：①鉴别集体参与者的构成；②估算其他参与者合作的可能性；③若其他参与者在某种条件下愿意合作，则做出相应的合作决策；④拒绝与那些不愿意互惠的个体合作；

　① Elinor Ostrom. The Value-added of Laboratory Experiments for the Study of Institutions and Common-pool Resources[J]. *Journal of Economic Behavior and Organization*, Vol. 61, No. 2 (October2006).pp. 149-163; Marco A. Janssen, Elinor Ostrom. Trufs in the Lab: Institutional Innovation in Real-time Dynamic Spatial Commons[J].*Rationality and Society*, Vol. 20, No. 4 (November2008).pp. 371-397.

　② Elinor Ostrom. Beyond Markets and States: Polycentric Governance of Complex Economic Systems[J].*American Economic Review*, Vol. 100, No. 3(2010).p. 661.

　③ 蒋文能，李礼. 社会资本：自主组织和治理理论的脊梁和软肋 [J]. 社会科学家，2010（12）：10-13。

　④ 焦霖. 相互信任是自主治理的基石——访诺贝尔经济学奖得主埃莉诺·奥斯特罗姆 [N]. 中国社会科学报，2011-5-12（3）。

⑤对那些背叛承诺的个体进行惩罚"。① 除此之外，奥斯特罗姆认为在集体行动过程中，信誉、信任以及互惠三者之间存在互相增强关系，从而提升合作水平（见图3-12）。② 当参与者甲基于以往集体行动情境中使用互惠原则的其他参与者的信誉，甲相信其他参与者是互惠利他者时，甲使用互惠原则的可能性将大为增加，此时能够促进合作水平的提升，并将持续获得净收益。其后，奥斯特罗姆引用演进心理学的权威勒达·考斯米德斯（Leda Cosmides）和约翰·托比（John Tooby）的研究成果：所有人因继承而得到能力，学习如何运用互惠和社会规则，以便克服日常生活中各种各样的社会悖论。③

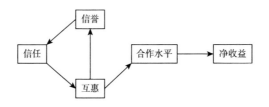

图3-12 社会资本内部的核心关系

资料来源：Elinor Ostrom. A Behavioral Approach to the Rational Choice Theory of Collective Action: Presidential Address, American Political Science Association, 1997 [J].*American Political Science Review*, Vol. 92, No. 1(March1998) .pp. 13.

奥斯特罗姆认为如果人们从同一个公共池塘中获取稀缺的资源单位，但相互之间缺乏交流、没有建立大家一致认同的规则与策略，同时缺乏任何权威推行有效规则，那么有关资源次优使用的预测很可能是正

---

① Elinor Ostrom. A Behavioral Approach to the Rational Choice Theory of Collective Action: Presidential Address, American Political Science Association, 1997[J] .*American Political Science Review*, Vol. 92, No. 1(March1998) .p. 10.

② Elinor Ostrom. A Behavioral Approach to the Rational Choice Theory of Collective Action: Presidential Address, American Political Science Association, 1997[J] .*American Political Science Review*, Vol. 92, No. 1(March1998) .pp. 12-13.

③ 〔美〕埃莉诺·奥斯特罗姆. 公共事物的治理之道——集体行动制度的演进［M］. 余逊达，陈旭东，译. 上海：上海三联书店，2000：中文版序言5。

确的。因为在上述情境中，占用者对资源无节制地攫取，人们之间相互背叛，潜在的集体收益极有可能无法获得。而对"在自治共同体的规则要求下，个体到底是如何发展其自身的社会资本的"这一问题，[1] 奥斯特罗姆对个体行为的选择理论予以描述，并认为个人的行为建立在对他人相同行为预期的基础上，一旦个体相信其他参与者是互惠利他者，将影响人们采取合作活动时的水平，个体的互惠行为源于对其他参与者的合作预期（见图 3-13）。

图 3-13 宏观—微观环境对信任与合作水平的影响

资料来源：Amy R. Poteete, Marco A. Janssen, Elinor Ostrom. *Working Together: Collective Action, the Commons and Multiple Methods in Practice*[M] .Princeton, NJ: Princeton University Press, 2010: 227.

不过，奥斯特罗姆认为："在（规模较小的公共池塘资源）这种情形中，人们经常不断地沟通，相互打交道，因此他们有可能知道谁是能够信任的，他们的行为将会对其他人产生什么影响，对公共池塘资源产生什么影响，以及如何把自己组织起来趋利避害。当人们……有了共同的行为准则和互惠的处事模式，他们就拥有了为解决公共池塘资源使用中的困境而建立制度安排的社会资本。"[2] 其后，奥斯特罗姆在总结、

① Elinor Ostrom, Robert Keohane. *Local Commons and Global Interdependence: Heterogeneity and Cooperation in Two Domains*[M] .London: Sage, 1995: 133.

② 〔美〕埃莉诺·奥斯特罗姆. 公共事物的治理之道——集体行动制度的演进 ［M］. 余逊达，陈旭东，译. 上海：上海三联书店，2000：275。

批判与吸收前人关于集体行动问题的研究之上，结合社会资本相关理论，构建了一个以信誉、信任和互惠为核心，涉及群体规模、交流沟通、共享规范、情境信息等诸多因素，用以分析群体成员如何形成集体行动的分析框架（见图3-14）。这一框架表明，尽管在一般情况中，信誉、信任和互惠等社会规范能够有效约束个体的短期利己倾向，从而促进集体行动问题的解决，但是情况并非总是如此，即社会资本是否有利于达成集体行动，仍需视具体条件而定。[①] 对此，奥斯特罗姆认为："若一个小的核心群体能够彼此认同互惠规范，他们便能够开启合作的过程，而无须设立一个全能组织，让该组织构建维持长期合作所需的各类规则。"[②] 总之，由于不确定能否建立有效的惩罚机制，以及较高的社会资本，因而自治合作也易于在小的社群范围内达成。

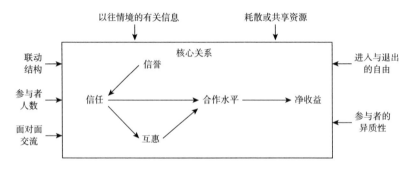

图3-14 焦点困境场域中结构变量与核心关系的框架

资料来源：Elinor Ostrom. Collective action theory [M]//Carles Boix, Susan C. Stokes. The Oxford Handbook of Comparative Politics. Oxford, UK. Oxford University Press, 2007: 202.

① Elinor Ostrom. A Behavioral Approach to the Rational Choice Theory of Collective Action: Presidential Address, American Political Science Association, 1997[J].*American Political Science Review*, Vol. 92, No. 1(March1998) .pp. 1-22; Elinor Ostrom. Collective Action and the Evolution of Social Norms [J]. *The Journal of Economic Perspectives*, Vol. 14, No. 3 (Summer2000) .pp. 137-158.

② Elinor Ostrom. Collective Action and the Evolution of Social Norms [J]. *The Journal of Economic Perspectives*, Vol. 14, No. 3(Summer2000) .p. 149.

第四章　奥斯特罗姆自主治理思想的
分析特色

　　"（奥斯特罗姆）她的研究是'问题驱动'而非'方法驱动'的，她并不迷恋于'普遍适用模型'，而是去'理解和解释实际政治结果'。她从多次田野调查中得出的一条关键性准则是，假定有一个'最好的办法'是无益的。"

——任晓《大师的工作坊》

　　"（奥斯特罗姆）她的研究特色是在富有系统性理论的基础上进行深入广泛的实证研究，主要集中在运用公共选择与制度分析理论和方法，分析公共事务，尤其是警察服务、公共池塘资源的自主治理问题。"

——毛寿龙《埃莉诺·奥斯特罗姆的学术贡献》

　　特定理论流派及其代表人物在研究进程呈现的分析特色，涉及问题的甄别方式、方法的综合使用、视角的清晰厘定和分析的独特进路等诸多方面，既凸显研究者相关研究的自觉性与能动性，也是其区别于其他流派的鲜明标志与特征。考察以奥斯特罗姆夫妇为主要代表的美国布鲁明顿学派的分析特色，可发现问题意识、实证研究、跨学科分析等是奥氏理论创新的直接动力，这也使得她的思想突破了传统研究历程的窠臼，从而在政治学、公共管理学、公共政策学等研究领域大放异彩。具体而言，埃莉诺·奥斯特罗姆的研究力图贴近现实情境，十分注重实践观察中的案例分析与实验方法，并具有强烈的政策导向和问题意识，进而倾向于设计具有可操作性和实践性的政策工具，如 IAD 框架和 SES 框架等分析框架，以开发人类制度选择与社会偏好的通用语言。在理论与实践出现较大鸿沟之际，奥氏致力于开发第二代集体行动理论，以有效整合经验研究，发展出与实践经验相一致的理论成果。与此同时，奥斯特罗姆聚焦于跨学科的复杂社会生态系统，并在富有系统性理论的基础上予以深入广泛的实证研究，集中运用制度分析和公共选择理论及其方法，以此构成奥氏整项研究的分析特色。总之，奥斯特罗姆的自主治理思想，衍生于深刻的理论研究与丰富的实证分析，主要运用公共选择和制度分析的方法，对公共事物尤其是 CPRs 的自主治理问题予以分析。不仅如此，在对传统集体行动理论的革新过程中，奥斯特罗姆具有跨学科研究的眼光，运用了实证研究与规范研究相结合的方法，体现了政治经济学的综合分析视角，继而反映了奥氏严谨的学术训练与积极的现实关怀。

一　问题聚焦：以问题为中心的跨学科研究

纵观埃莉诺·奥斯特罗姆的整项研究，可知她始终将制度分析与集体行动、公共物品及人类行为等情境联系起来，对以小规模 CPRs 为代表的公共事物治理进行研究，并致力于回答关键问题："一群相互依赖的委托人如何才能把自己组织起来，进行自主治理，从而能够在所有人都面对'搭便车'、规避责任或其他机会主义行为诱惑的情况下，取得持久的共同收益。"① 换言之，奥斯特罗姆该项研究的整体特色，既涵盖纯理论的系统性分析，亦能在理论分析的基础上对实证案例展开剖析，并且十分注重运用恰当的方法将理论与实践相联系，以发展与实践经验相一致的理论体系。

---

① 〔美〕埃莉诺·奥斯特罗姆. 公共事物的治理之道——集体行动制度的演进〔M〕. 余逊达，陈旭东，译. 上海：上海三联书店，2000：51。

（一）多学科交叉的综合分析方法

奥斯特罗姆的学术贡献不仅表现在有关人类自主治理方面知识的积累与演进，还在于她对社会科学领域的研究方法做出的革新与创造。具体来看，对于多样化的复杂治理问题，奥斯特罗姆指出多学科交叉的综合研究相对于公共资源领域的重要性，并认为"跨学科研究与知识间的融合，是唯一能让研究者深刻理解有效治理公共池塘资源的方法"。[①]遵循上述认识与体会，奥斯特罗姆聚集不同学科的研究者，推进涵盖政治学、经济学、社会学、生物学、地理学等系列学科的研究，并将上述学科的方法融合至公共事物问题的分析之中，从而构建了复合型、多变量的公共资源治理体系，并开拓了公共决策研究和制度经济学的新视角。

其一，奥斯特罗姆以全局性的视野，孜孜不倦地追问社会科学中的重要问题：如何对公共事物进行有效治理？为何公共事物的治理既有成功的案例，亦有失败的案例，其背后的机理是什么？何种制度安排将促进合作治理的实现？这一合作结构又将如何维持自主治理的制度安排？围绕上述问题，奥氏基于实证调研与荟萃研究的归纳分析，针对CPRs的使用情况予以研究与细致考察，其后对其理论假设进行了实验室设定条件下的检验，并将其与实证研究的结论进行比对分析。在上述研究过程中，奥氏展现出鲜明的问题意识，即致力于解决公共事物的治理难题，寻求公共资源有效治理的可行路径，以避免资源破坏或耗竭。进一步分析，奥斯特罗姆并不满足于政治学主要关注政府或政治哲学等领域的研究，她在自主治理思想的衍生与发展进程中，对公共事物尤其是公共池塘资源的关注是一以贯之的主题。在奥斯特罗姆的研究对象中，公

---

① Charlotte Hess, Elinor Ostrom. *Introduction: An Overview of the Knowledge Commons*[M]// Charlotte Hess, Elinor Ostrom. *Understanding Knowledge as a Commons: From Theory to Practice*. Massachusetts: The MIT Press, 2007: 6.

共事物包括警察服务、基础设施、水资源以及森林资源、草场资源、滨海系统、保护地以及全球气候变化领域。[①]

其二，奥斯特罗姆的整项研究呈现开放性的特征，即尝试运用多学科交叉综合的方法，积极向不同学科的学者借鉴相关理论，以打破许多政策分析人员所持有的那种信念，后者认为解决CPRs问题的唯一途径是实行完全的私人财产权或集权式的政府规制。具体而言，奥斯特罗姆尝试在CPRs治理层面建构研究对象、方法与理论三者的逻辑关系，并将其称为实践的多元研究方法（Multiple Methods in Practice）。[②] 由于单一学科的知识难以解决CPRs治理问题，因为CPRs治理牵涉诸多学科的复杂知识，例如奥斯特罗姆认为有关公共选择方法、公地悲剧的争辩、新制度经济学和行为经济学四项跨学科的发展，冲破了政治学与经济学的学科边界。[③] 基于此，奥斯特罗姆的基本信念是"用于解释和预测社会困境中可能结果的人类行为理论必须反映在实地环境、实验环境和更近期的模型中积累起来的关于人类行为的强大证据中"。[④] 值得一提的是，《政治科学新手册》将美国政治学划分为政治理论、政治制度、政治行为、国际关系、比较政治、公共政策与行政、政治经济和政治方法八个子学科，而奥斯特罗姆的《公共事物的治理之道——集体行动制度的演进》是唯一一本被全部学科引用的著作，由此可见奥氏研究的跨学科领域的特征。[⑤]

---

① Elinor Ostrom. Polycentric Systems for Coping with Collective Action and Global Environmental Change[J]. *Global Environmental Change*, Vol. 20, No. 4(October2010) .pp. 550−557.

② Amy R. Poteete, Marco A. Janssen, Elinor Ostrom. *Working Together: Collective Action, the Commons and Multiple Methods in Practice*[M]. Rrinceton, NJ: Princeton University Press, 2010: 1−16.

③ Elinor Ostrom. Coevloving Relationships between Political Science and Economics[J]. *ZiF-Mitteilungen*, No. 1(2012) .pp. 23−35.

④ 〔加〕艾米·R. 波蒂特，〔美〕马克·A. 詹森，〔美〕埃莉诺·奥斯特罗姆. 共同合作——集体行动、公共资源与实践中的多元方法[M]. 路蒙佳，译. 北京：中国人民大学出版社，2011：196。

⑤ 〔美〕罗伯特·古丁，汉斯-迪特尔·克林格曼主编. 政治科学新手册（上卷）[M]. 钟开斌，王洛忠，等译. 北京：生活·读书·新知三联书店，2006；30-39。

其三，作为奥斯特罗姆研究途径的一大特色，多元方法以及多学科性进一步促进了社会科学各学科的交叉与融合，对广大研究者具有重要借鉴意义。早在 1973 年，奥斯特罗姆与其先生文森特·奥斯特罗姆合力创建了"政治理论与政策分析研究所"，旨在吸纳来自政治学、公共政策、经济学和其他学科的研究者，致力于研究在多学科交叉背景下制度对于个体行为的影响。在该研究所，奥氏与世界各地不同学科背景的研究者展开合作研究，既是她自身在研究过程中探索多中心秩序的尝试，也能够借此与包括心理学、生物学、社会学等不同学科领域的学者进行对话，以拓展和丰富自身的理论研究进程，进而实现对集体行动问题与理性选择制度理论的跨学科研究。正如奥斯特罗姆所认为的那样："通过更加充分地发展协作生产理论以及相关的协同作用和发展的研究，我希望改变社会科学家对假设性的'分界线'的看法。"① 此外，她还将社会科学以及自然科学的前沿方法，如实验经济学和模型仿真分析等，融入 CPRs 研究之中，进一步打破了学科之间的边界。综合而言，奥斯特罗姆十分注重理论探讨和构思，也重视严密的实证研究，先后使用了荟萃分析、案例分析、实地研究、实地实验、实验室实验、宏观理论分析等多种方法，集中探讨 CPRs 中的集体行动问题，并对制度理论进行拓展。② 具体来看，奥氏从已经存在的极为丰富的个案研究文献中，获取世界各个地方的关于 CPRs 占用者采用的策略和规则的详细信息，其中包括瑞士、日本、斯里兰卡、西班牙和美国等国家，并利用 IAD 框架对上述大量案例展开荟萃分析。

① 〔美〕埃莉诺·奥斯特罗姆. 协作生产、协同作用与发展 [M] // 〔美〕迈克尔·麦金尼斯主编. 多中心治道与发展. 王文章，毛寿龙，等译. 上海：上海三联书店，2000：444。
② 其中，值得提及的是荟萃分析（Meta-Analysis），其被定义为"结构正式的分析"，亦可理解为"分析的分析"，是指研究者对现有研究所涉及的案例及相关数据进行系统梳理与对比分析的研究方法。可参见：〔加〕艾米·R. 波蒂特，〔美〕马克·A. 詹森，〔美〕埃莉诺·奥斯特罗姆. 共同合作——集体行动、公共资源与实践中的多元方法 [M]. 路蒙佳，译. 北京：中国人民大学出版社，2011：83-84。

（二）发展与实证经验一致的理论

上已述及，传统集体行动理论的分析家均认为，共同提供与提取
CPRs 资源的人们面临着普遍的悲剧性情境，集中表现为个体理性导致
集体的非理性，并称之为集体行动的逻辑困境。[①] 分析家一般用三类模
型阐述上述困境发生的机理，并假定情境中的行动者没有能力改变自身
行为结构，从而无法阻止"悲剧"事件的发生。其后，奥氏发现现实
中存在很多资源占用者成功管理 CPRs 的案例，并且有相当多管理行为
存续了上百年乃至近千年之久，而这并不像传统集体行动理论模型预测
的那样悲观。[②] 上述情形促使奥斯特罗姆深入思考是否将实践经验与理
论预测的不一致视作"小概率"事件予以忽略，还是应该开发出与现
实情境相一致的理论。对此，奥氏发现了现有理论与经验结果之间存在
的张力，而她主张应让理论观点以事实为依据，而非令事实迁就观点，
即当理论预测与事实观察不一致时，需要对理论进行反思并做出相应校
正，"（在研究所内部）学者们探讨具有实际应用的理论问题，避免过
度地脱离现实的学术抽象。因而，强调理论与实际问题分析的联系成为
工作坊的首要原则之一"。[③] 基于此，与国家理论和企业理论对于克服
集体行动困境的方法相比，奥斯特罗姆自主治理思想的鲜明特色是其建
立在经验研究的基础上，并借助大量的实证案例分析，总结得出 CPRs
自主治理的前提、步骤、方法、原则和适用范围。

可以说，相比其他单一注重理论研究或实证研究的学者而言，奥斯
特罗姆的工作兼具理论抽象度与实践可行性，并在理论完善程度及其框

---

① 〔美〕曼瑟尔·奥尔森. 集体行动的逻辑 [M]. 陈郁，郭宇峰，等译. 上海：格致出
版社，上海三联书店，上海人民出版社，2014。

② 在研究中，奥斯特罗姆甚至举例说明，日常生活中很多人会去投票、不会在纳税申报
上作假并为志愿组织积极贡献力量。可参见：Elinor Ostrom. Collective Action and the E-
volution of Social Norms [J]. *The Journal of Economic Perspectives*, Vol. 14, No. 3
(Summer2000) .p. 138.

③ 任晓. 大师的工作坊——纪念埃莉诺·奥斯特罗姆教授 [J]. 读书，2014 (5)：54。

架的实践层面具有鲜明的研究特色。更进一步分析，奥氏关心真实世界并认为应从实际出发研究个体行为，从而倾向于从具体问题的实证研究之中提炼出一般理论，并致力于研究 CPRs 的制度结构，将这一研究从"黑板经济学"拉回到真实世界，以重建一种"真实世界的集体行动理论"。这是因为她认为"如果不在实证研究的基础上开发出逻辑严密的理论为理解行为提供依据，那么为改善结果而改变规则的可能性将是微乎其微的。"① 具体而言，奥斯特罗姆不仅从事理论研究，而且强调深入研究制度安排对都市警察服务、灌溉系统以及森林资源的影响，关注并提炼出现实中大量的 CPRs 治理案例，其中涉及成功、脆弱和失败三大类案例，并对其进行比较研究，从中寻找制度理论的分析元素。由此可知，实证性是奥斯特罗姆自主治理思想的显著特色。② 其中，奥氏在20 世纪 60 年代初完成了对于美国加利福尼亚州 12 个地下水流域的实证研究。与之类似，她和其研究团队对瑞士托拜尔地区的高山草场、日本平野庄等地区的公共森林、菲律宾桑赫拉的灌溉社群等涵盖欧洲、亚洲等世界许多地方的现实案例进行了十分细致的研究，并对其进行归类分析，分别构建出制度设计成功和失败的各个案例，通过这两个方面的对比分析，最终总结出 CPRs 治理成功与失败的制度原因。

二　研究进路：制度分析与经验研究相结合

埃莉诺·奥斯特罗姆对于 CPRs 领域的治理及其政策方面的研究进路，倾向于将制度分析与经验研究相结合，促使研究者强调制度规则和特定社会生态情境的适应程度，从而有效避开"万能药"陷阱。

---

① 〔美〕埃莉诺·奥斯特罗姆，罗伊·加德纳，詹姆斯·沃克. 规则、博弈与公共池塘资源 [M]. 王巧玲，任睿，译. 西安：陕西人民出版社，2011：23.
② 奥斯特罗姆在 CPRs 治理的实地研究之前，她对美国大城市警察服务进行了 15 年之久的研究，分析了美国大城市警察机构的城际合作是如何可能的，并细致论述了美国大城市警察服务的制度建构过程和未来方向。可参见：〔美〕埃莉诺·奥斯特罗姆，帕克斯，惠特克. 公共服务的制度建构——都市警察服务的制度结构 [M]. 宋全喜，任睿，译. 上海：上海三联书店，2000。

（一）理性选择的制度分析途径

作为 20 世纪社会科学领域开启的理论规范分析方法，制度分析途径日渐成熟并成为继行为主义之后，区别于旧制度主义的新制度主义分析框架。一般而言，学界将奥斯特罗姆划归为理性选择制度主义流派，该流派较为强调产权、交易成本等对制度运行的影响，认为现行的政治制度设计是一种降低交易成本的设计，并限制参与者可能接收的信息与选择，从而避免集体行动陷入循环投票的困境。① 值得关注的是，理性选择制度主义强调制度的激励功能、信息功能和降低交易成本的作用，并提供了一种持续互动的合作机制。因而，与规范制度主义强调制度的演进历程相区别的是，奥斯特罗姆认为个体行为标准是在制度中设计而来的，即假设制度是从"一张白板"开始形成，其中设计过程的结果是由制度包含的激励与制约所决定的。与此同时，奥斯特罗姆注重对制度的绩效标准，即对制度的成本收益予以分析，并构建了一个涵盖供给成本和生产成本的体系，而制度的收益由经济效率、财政平衡、再分配、责任和适应能力五个指标构成。②

细致观之，奥斯特罗姆立足于具体行动场景，试图将个人偏好、激励、信息和结果等要素纳入"规则"体系的定义之中，并从制度角度分析个体行为的问题，将"规则"理解为场景适应性的调整过程，认为它能将个人偏好及所面临的激励与其行为结果相连接，从而成为开放的、动态的以及可以修订的行动规则。进一步分析，奥斯特罗姆对 CPRs 的研究，对以往理性选择理论从个体理性出发，而忽视制度规则

---

① 西方社会科学中的新制度主义，包含理性选择制度主义、历史制度主义和社会学制度主义等三大流派，其中以理性选择制度主义影响最大。可参见：〔美〕B. 盖伊·彼得斯. 政治科学中的制度理论："新制度主义"（第 2 版）〔M〕. 王向民，段红伟，译. 上海：上海人民出版社，2011；马雪松. 政治世界的制度逻辑——基于新制度主义政治学的理论探索〔D〕. 长春：吉林大学，2010。

② 〔美〕埃莉诺·奥斯特罗姆，拉里·施罗德，苏珊·温. 制度激励与可持续发展〔M〕. 陈幽泓，谢明，等译. 上海：上海三联书店，2000：143。

对个体行为的塑造功能，并对得出"公地悲剧"的结论予以评判。她将制度分析运用于理性选择理论当中。传统的制度理论较难解释制度供给、可信承诺和相互监督的问题，而与传统理性选择理论缺乏对制度的深入分析不同的是，奥斯特罗姆将制度纳入解释框架，对制度的改革与创新提出自身见解。奥斯特罗姆的研究主要是运用理性选择的制度分析途径（Institutional Rational Choice），试图将理性选择对于微观和个人层面的关注与制度分析对于宏观和规则层面的关注相结合。

不同于追求个人效益最大化的市场理性，自组织的自主治理既不依赖法律的强制来规范个体行为，也不依赖市场的交易以调整个体行为，而是借助社群性的认同，构建相应的规则制定、执行、监督、制裁及冲突调节机制。对此，奥斯特罗姆称其为第二代理性选择模型，并认为"信任、尊重和互惠这些变量是第二代理性选择模型的核心"[①]。其后，为了深入探究可持续基础设施开发的社会性条件，奥斯特罗姆进一步开发出制度分析的理论框架，包括三个方面：①对可能影响基础设施开发可持续性的人的属性进行分析；②对可能影响有关个人行为动机的物品属性进行分析；③对各种制度安排的绩效评估标准进行分析，由此构建绩效评估框架。总之，奥斯特罗姆的研究中，充分展现了制度分析方法的解释效度，涉及对公共池塘资源治理制度的衍生、变迁以及相应制度中行为主体的可信承诺、互相监督问题，并对制度脆弱性和制度失败的过程予以考察，分析了制度的多层次以及正式与非正式制度。

（二）田野调查与实验研究并重

奥斯特罗姆较为注重田野调查与实验研究等研究方法，在对现实世界中的自然资源治理政策分析的基础上，她列举出治理自然资源的成功及失败的实例，进而着手开发更好的理论阐释工具。事实上，奥氏对学科的过

---

① 〔美〕埃莉诺·奥斯特罗姆. 公共事物的治理之道——集体行动制度的演进 ［M］. 余逊达，陈旭东，译. 上海：上海三联书店，2000：4。

度分化一直持有相当激烈的反对态度，她认为现实世界中的问题通常是复杂因素的综合，在世人面前是以跨学科的面貌呈现的，现代学者如果从单一学科背景尤其是单一视角出发去理解和阐释现实世界，这种挂一漏万的行为给研究者本人以及研究结果的科学性、可行性带来了极大的负面影响。因为在她看来，当今人类世界暴露出的绝大多数问题都已经远远超出政治学、经济学或者公共政策学等单一的传统研究领域的范围，人们往往需要包括生态学、统计学、环境科学、人类学等诸多学科领域的知识，才能切实地解决现实问题。因此，研究者往往能够在奥氏的论著中观察到博弈论、历史、地理、生物等多学科知识的内容。

概述而言，奥斯特罗姆在世界范围内收集研究案例，使得经验研究方法中案例选择丰富多样并颇具代表性，其中涉及美国、欧洲以及非洲、亚洲等国家或地区的公共资源治理实践。而且在考察中，奥斯特罗姆将不同案例运用于回答制度分析的不同问题。具体来看，奥斯特罗姆对美国加利福尼亚西部地区的地下水资源、瑞士的托拜尔高山草场、土耳其阿兰亚的近海渔业、日本平野庄、中生庄、良木家庄的森林山区和草地等众多公地治理案例进行了研究（见表4-1）。其实，奥斯特罗姆的初始研究，便是她和学生一起对加利福尼亚州的12个地下水流域及其治理和管理制度的演进展开的研究，这使得奥氏的研究拥有丰富的文本资料和实地调查资料，并将她的自主治理思想建立在充足的实验和实地调查的基础之上。她发现在美国加利福尼亚和土耳其的阿兰亚，资源占用者之间进行了自发性的体制改革，而在日本平野庄和良木家庄，村民大会是当地主要的管理机构，并由它负责制定山区森林的分配规则。奥氏研究涉及的国家囊括了东西方地理区域、发达国家和欠发达国家，政治结构形式涵盖了联邦制和单一制，这也表明奥氏研究案例的丰富性。奥斯特罗姆从世界许多地区关于CPRs自主治理的成功以及失败的案例中，仔细分析案例所包含的新制度供给及其变迁问题。

表 4-1　奥斯特罗姆有关 CPRs 研究的部分案例

CPRs 案例	涉及种类	占地面积/涉及人数	制度存续时间
瑞士（托拜尔村庄）	高山草场	大约有 600 人	最早追溯至 1224 年的一份法律文件，已存续 800 年左右
日本（平野庄、中生庄和良木家庄）	森林和山区草地	数据不详（日本国内公地土地面积现今约有 300 万公顷）	可追溯至日本德川时期（1603—1868 年），已存续 400 年以上
西班牙（瓦伦西亚地区）	河流灌溉	覆盖 16000 公顷土地，80% 以上的农场面积不足 1 公顷；涉及 13500 人左右	可追溯至 1435 年，已存续 600 年左右
西班牙（穆尔西亚地区）	河流灌溉	拥有 13300 个农场，83% 的农场面积不足 1 公顷；涉及 13300 人左右	有灌溉权的土地与无灌溉权的土地在许多个世纪前就已标记并保持稳定不变，制度绩效是强有力的
西班牙（奥里韦拉地区）	河流灌溉	拥有 4888 个农场，64% 的农场面积不足 1 公顷；涉及 4800 人左右	有灌溉权的土地与无灌溉权的土地情况如穆尔西亚一样，水权与土地相联系，制度绩效是强有力的
西班牙（阿里坎特地区）	河流灌溉	韦尔塔共有土地 3700 公顷，分属 2400 个农场，63% 的农场土地不足 1 公顷	最早可追溯至 1594 年，已存续 430 年，制度绩效是强有力的
美国（洛杉矶雷蒙德、西部和中部流域）	地下水灌溉	雷蒙德流域覆盖 40 平方英里地表面积；西部流域覆盖 170 平方英里地表面积；中部流域覆盖 277 平方英里地表面积	始于 20 世纪 50 年代，制度绩效是强有力的
菲律宾（伊洛卡诺地区）	河流灌溉	9 个桑赫拉①组成一个巴卡拉—文塔联盟，其中 9 个桑赫拉中，最小的有 20 个成员，最大的有 73 个成员	最早可追溯至 1630 年的文献记载，已存续 400 年左右

① 桑赫拉（Zanjera）是由想要建立公共灌溉系统的拥有土地的农民和通过自主组织寻求土地的人们建立起来的灌溉制度。

CPRs 案例	涉及种类	占地面积/涉及人数	制度存续时间
土耳其（阿兰亚地区）	近海渔场	约 100 名渔民	始于 20 世纪 70 年代初，制度较为脆弱
加拿大（新斯科舍渔场/莱蒙隆港）	近海渔场	99 名渔民	始于 20 世纪七八十年代，制度较为脆弱
土耳其（伊兹密尔湾）	近海渔场	1800 名渔民，使用超 750 条渔船	20 世纪 70 年代，未能通过自主组织防止租金散失，制度未能持续
土耳其（博德鲁姆湾）	近海渔场	400 名渔民，使用超过 120 条渔船	20 世纪 70 年代，当地渔民合作社竭力调停小渔船、新进入者和拖网船之间的冲突，但制度未能持续
斯里兰卡（马维尔渔场）	近海渔场	300 名锡兰族渔民，拥有 100 张海滩围网	20 世纪 40 年代左右，制度未能持续
斯里兰卡（科林迪奥亚地区）	灌溉工程	向近 2500 公顷的土地供水	始于 20 世纪 20 年代，制度未能持续

资料来源：笔者自制。

考虑到此前研究主要基于逻辑归纳的田野调查和个案分析方法，因而较难得到验证。有鉴于此，为对其理论的适用性进行检验，奥斯特罗姆从 20 世纪 90 年代开始使用实验经济学的方法，即通过控制实验条件、观察实验者行为以及分析实验结果，验证、比较或革新此前基于经验研究的系列理论假设。例如，奥氏在实验中探讨"公地悲剧"问题，通过角色扮演的情景假设，分析不同条件设定下人们之间的行为变化及其结果，从而对各类理论模型的相关结论进行检验。换言之，奥斯特罗姆利用实验经济学的最新方法，率先将其运用于公共事物治理领域，通过实验室条件检验和修正研究的有关假设。奥斯特罗姆及其团队在实验室中进行严谨设计的实验研究，通过对结构变量的精确组合进行检验，发现匿名的、孤立的个体将出现过度使用 CPRs 的情形。不过，一旦允许他们进行"简单交流"，便能够让占用者减少过度使用的倾向，从而得出与传统的集体行动理论和非合作博弈论相反的结论。[1] 可以说，奥氏率先将实验经济学应用于公共事物治理领域，尤其是运用于CPRs的情境之中，探讨了社会偏好、博弈结构、互惠合作等内容，为后来主流实验经济学的研究指明了方向。

与此同时，奥斯特罗姆和她的团队在世界范围内展开案例研究，并成功地建立了管理资源的若干"设计原则"，且为不同的制度安排构建了理论框架。综合而言，奥斯特罗姆探讨了三类制度设计的有效性的案例（见表4-2）。这些案例分布在世界各地，具有相当的代表性。第一类案例富有以下特色：其一，资源占用者为控制对CPRs的使用，已经自主设计、应用并实施了一套规则；其二，CPRs系统以及相应的制度规则，都已存续了较长时间，历时较短的制度也超过100年，历时最长的已逾1000年。这些案例涉及瑞士和日本的山地牧场及森林，以及西班牙和菲律宾群岛的灌溉系统，针对探究的是相互承诺和监督难题，但缺乏对制度如何供给的相关研究。基于此，奥斯特罗姆的第二类案例致力于探讨CPRs自主治理制度的供给问题，并考察了美国洛杉矶南部地区一系列地下水流域的诉讼博弈过程及多中心的公共企业制度的起源。不过现实中的确存在社群内部无法提供一套行之有效的制度安排的现象，这使公共资源出现退化。所以，第三类案例对土耳其近海渔场、加利福尼亚地区的部分地下水盆地、斯里兰卡渔场及其水利开发工程以及新斯科舍近海渔场的制度失败问题进行细致分析，进而得出CPRs治理失败的制度原因。最后，奥斯特罗姆对自身研究的特色予以总结，认为"理解个人如何解决实际场景中的特定问题，要求采用从理论世界到行为世界，又从行为世界到理论世界的策略。没有理论，人们绝不可能理解作用于不同情形中的许多外在现象的一般的基本机制。如果不利用理论来解决经验难题，理论工作只能对理论本身有所创造，很少会对现实

---

[1]　Elinor Ostrom. Beyond Markets and States: Polycentric Governance of Complex Economic Systems[J] .*American Economic Review*, Vol. 100, No. 3(2010) .p. 641.

世界的状况有所反映"。①

表 4-2　奥斯特罗姆所用 CPRs 案例的类型分布

资源种类＼制度有效性	有效的制度设计	脆弱的制度设计	失败的制度设计
高山草场	瑞士托拜尔地区	—	—
森林和山区草地	日本平野庄、中生庄和良木家庄	—	—
河流灌溉	西班牙瓦伦西亚、穆尔西亚、奥里韦拉和阿里坎特的韦尔塔地区，菲律宾的伊洛卡诺地区	—	—
近海渔场	—	土耳其阿兰亚渔场/加拿大莱蒙隆港	土耳其博德鲁姆渔场和伊兹密尔湾渔场、斯里兰卡马维尔渔场、加拿大新斯科舍渔场
地下水灌溉	—	—	美国加利福尼亚莫哈韦案例
灌溉工程	—	斯里兰卡加勒亚工程	斯里兰卡科林迪奥亚工程

资料来源：笔者自制。

三　分析视角：基于个人主义的方法论

受到公共选择理论的影响，奥斯特罗姆将个人主义的分析方法运用于公共池塘资源的治理过程，并将个人视为最基本和最终的决策主体，强调一切的公共行为都产生于个人决策之中。可以说，埃莉诺·奥斯特罗姆方法论上的个人主义（Individualism），主要体现为如何看待个人行为和社会秩序，她认为个人是社会秩序的基本单位，而政府只是个人相互作用的制度复合体，个人通过制度复合体做出集体决策，并借助集体

---

① 〔美〕埃莉诺·奥斯特罗姆. 公共事物的治理之道——集体行动制度的演进 ［M］. 余逊达，陈旭东，译. 上海：上海三联书店，2000：75。

活动来实现他们相互期望的集体目标。

（一）有关个体行为的决策分析

作为近代西方政治学理论的系统阐发者，霍布斯在《利维坦》中以个体的理性计算能力为基础，将政治理论和政治秩序扎根于人类的推理过程，由此开创了政治学的个人主义方法论传统。基于这一基本研究方法，奥斯特罗姆假设群体内部不同个人之间的博弈和互动，而且这些博弈将衍生一定的结果，而博弈参与者则将依据预期结果改变行为与策略。她将一切结果均归结为个人层面的选择，即无论是社区内部个体之间的博弈与互动所导致的资源繁荣或资源衰退，还是权力配置制度安排本身的变迁，均为社区内部不同个人在情境和约束之下选择的结果，因此个人是理解绩效与制度变迁的最终因素。奥氏对自身的研究予以评析，宣称"我们所研究的人类具有复杂的动机结构，且他们也能建构多样化的制度安排，这些为个人、政府以及社区赋予利益的制度安排既可能产生创新性结果，也可能带来破坏性结局"。[①] 换言之，奥斯特罗姆认为个体是社会环境中的关键行动者，因此，研究中较为合适的焦点应是个人及其行为。群体内部的个人做出相应决策，才能导致允许个人行为聚合的博弈规则。

具体来看，奥斯特罗姆一方面继承公共选择理论的研究范式，将有限理性的个人作为分析的基本单位和根本出发点，认为个人能够对行为的成本和收益进行判断选择，并以实现收益的最大化为基本动力。公共选择理论将个人主义方法论作为分析的预设前提和理论工具，认为个体在非市场行为的社会政治领域中亦将遵循个人利益最大化原则，并将最终达到帕累托最优状态。其中，集体行动理论的代表人物，奥尔森亦将理性人假设引入集体行动研究领域。与古典主义政治学和旧制度主义政

---

① Elinor Ostrom. Beyond Markets and States: Polycentric Governance of Complex Economic Systems[J].*American Economic Review*, Vol. 100, No. 3(2010).p. 641.

治学的整体主义思维相比，奥斯特罗姆的微观个体主义思维方式，关注到个人选择的偏好对政治过程的影响。另一方面，与一般公共选择理论相异的是，奥斯特罗姆主张一种复杂的人性理论，并不简单地将人性视为善的或恶的，也并不认为人类具有完全一致的属性，而是认为人性作为一种客观存在，与所处的客观环境存在密切联系。[①] 奥斯特罗姆在后期有关实验经济学的研究亦表明，在纯市场领域抑或社会困境中，个体并非如同理性选择理论所预期的那样，即拥有完全理性并追求私人利益最大化。与此同时，奥斯特罗姆在对农村基础设施发展问题予以分析时，也认为由于环境的复杂性和不确定性，所以应假设个人理性是有限的而非完全的。[②] 奥斯特罗姆此后到访中国，与国内学者的交流中一再强调尽管自身的研究运用了有限理性的假设，但认为个体都有行为的多样性，这一假设也不能被过度地简单化，而社会生活中的诸多因素均会对人们的行为选择构成影响。[③] 这是由于个体身处复杂环境之中，因此人的理性实际上只能是有限的。正如道格拉斯·杨（Douglas J. Young）认为的那样，个人会为自主组织展开捐赠，并在捐赠之际呈现三大动机：个人经济利益、个人物质利益、个人精神利益。[④]

可以说，对某一思想（理论）所依据的人类行为假设予以探讨，尤其是对个体偏好、认知和决策的假设进行探讨，将有利于在坚实的规范基础之上，检验假设、行为、事实和结果之间的内在一致性，从而在一定程度上反映出研究过程的科学自觉。因而，有关人类行为的假设，成为任何社会科学不可回避的问题。而在自主治理思想中，奥斯特罗姆

① 〔美〕埃莉诺·奥斯特罗姆，拉里·施罗德，苏珊·温. 制度激励与可持续发展 [M]. 陈幽泓，谢明，等译. 上海：上海三联书店，2000：5-6。

② 〔美〕埃莉诺·奥斯特罗姆，拉里·施罗德，苏珊·温. 制度激励与可持续发展 [M]. 陈幽泓，谢明，等译. 上海：上海三联书店，2000：53。

③ 可参见：叶林. 超越国家与市场：第三条道路——对话奥斯特罗姆 [J]. 公共行政评论，2011（3）：1-14。

④ Douglas J. Young. Voluntary Purchase of Public Goods [J]. *Public Choice*, Vol. 90, No. 1 (1982).pp. 73-85.

借鉴行为科学、心理学最新研究成果，揭示了更为复杂的人性，包括以下内容：首先，个体是有限理性、容易犯错误的。这是因为信息搜集成本偏高，而个体处理信息的能力相对有限，因此"计算收益和成本的个人是易犯错误的学习者，他们会根据其他人的数量改变行为，因为其他人的可观察收益和成本对学习者来说很重要"。① 其次，个体的行为模式是学习、探索式的。由于个体面对的是不完全的信息且其信息处理能力也不是完善的，所以他们只能以有限的备选方案应对集体行动。再次，个体具有学习能力，能够借助学习改造自身主观认知，奥斯特罗姆认为"理性但孤立无助的个体理论假说，无法获得经验支持。……个体是有限理性的，但能够通过经历进行学习"。② 最后，个人是潜在利他的，并非完全自私者。综合而言，奥斯特罗姆构建了更一般的个人模型的前提假设，认为不同制度安排为个体提供了不同的激励结构和学习机会，个人在权衡收益和成本时是一个易犯错误的学习者，但会根据特定环境对自身行为进行调整。

综上所述，奥斯特罗姆认为人的行为类型并非仅有自私一种类型，而是处于纯粹自私与纯粹利他之间的连续分布，包括合作互惠、惩罚者、厌恶不公平、利他等不同类型。③ 另外，值得一提的是，奥斯特罗姆有关个体行为的研究，尽管在一定程度上可以被理解为"人性利己与利他的结合"，不过正如鲍·罗斯坦（Bo Rothstein）认为的那样，个人被置于一定环境中形成各种合作解决问题的方案时，并不意味着个体从自我主义者（Egoists）转变为利他主义者（Altruists），而是个体对自我

---

① 〔美〕埃莉诺·奥斯特罗姆，拉里·施罗德，苏珊·温. 制度激励与可持续发展 [M]. 陈幽泓，谢明，等译. 上海：上海三联书店，2000：53。

② 〔美〕埃莉诺·奥斯特罗姆. 公共物品合作供给——自发治理，多中心与发展 [M] //朱宪辰主编. 自主治理与拓展秩序：对话奥斯特罗姆. 杭州：浙江大学出版社，2012：11。

③ Elinor Ostrom. A Behavioral Approach to the Rational Choice Theory of Collective Action: Presidential Address, American Political Science Association, 1997[J] .*American Political Science Review*, Vol. 92, No. 1(March1998) .pp. 1–22.

利益进行重新定义，使得其与公共利益一致。① 也就是说，人们拥有的仅是有限的"仁慈"，即个体往往并不愿意为他人利益作出贡献，除非他（她）自身能够从中获利，这也被称作"利己"与"利他"的结合。因而，可以说对于奥氏而言，方法论的个人主义，并非仅是方法论意义上的，更是价值乃至信念层面的选择。

（二）有限重复博弈理论的运用

在博弈理论的研究及其运用过程中，奥斯特罗姆关注政策制定过程中个体之间的博弈，她遵循了霍布斯个人主义方法论的传统，将个人视为分析的基本单位，并将博弈模型视为个人之间的相互作用。② 可以说，为了更好地对社群中资源占用者的使用情境进行描述，奥斯特罗姆通过引入博弈论的分析框架，并将传统博弈论的局中人、策略和相应报酬（结果）的要素进行拓展，最终确定包含行动者、位置、选择、信息、控制等七个行动场景的构成要素。在重复博弈理论之中，她认为个体具有解决自身问题的能力，但这一能力又是相对有限的。换言之，奥斯特罗姆将个人有限理性作为博弈理论的逻辑起点，认为在这种理性的支配下，个人"搭便车"行为并不经常存在，在一定条件下并不必然导致集体行动的困境。因而，个人可根据以往的传统和历史进行策略调整和变革，并且个人之间很可能相互效仿和模仿，由此形成复杂的博弈并导致复杂结果。具体而言，个体的理性被认为是有限的，即他（她）不可能清晰计算出全部的结果，也并非采取逆向归纳法决定自身行为，而是在重复博弈的实践中逐步认知，其行为方式呈现出不断演化的过程。由此可知，相互依存的集体参与者具有自主改变博弈结构、规避各

---

① 〔美〕罗伯特·古丁，汉斯-迪特尔·克林格曼主编. 政治科学新手册（上册）［M］. 钟开斌，王洛忠，等译. 北京：生活·读书·新知三联书店，2006：218。
② 有关奥斯特罗姆对于霍布斯的个人主义方法论的借鉴与运用，可参见：李文钊. 制度分析与发展框架：传统、演进与展望［J］. 甘肃行政学院学报，2016（6）：4-18。

类机会主义行为的可能性，而问题的关键则是如何培育开发上述潜能的制度。换言之，在承认个人理性与集体理性的冲突之上，奥斯特罗姆认为设计完善的制度能够协调好二者之间的矛盾，抑制个人的效益最大化倾向。

与此同时，奥尔森、哈丁等人为探索 CPRs 情境所面临的困难以及相应的解决办法作出了极富洞察力的贡献，上述理论模型均是论证个人理性与集体理性之冲突张力的有力工具，它们以结构简单的"囚徒困境"博弈模型来建构集体行动的情境，并预设个体之间博弈是一次性的，且不存在有效的交流与沟通。对此，奥斯特罗姆将非合作博弈理论作为构建各类 CPRs 情境模型的工具，并认为这一理论十分有效且富有解释力。① 不过，她是从博弈制度中人们的实际情况出发来研究个体行为，并考察现实制度对个人活动的制约或激励情况。具体而言，克服集体行动的困境，主要包括两种方法：一是倘若群体规模足够小，信息的充分交流将成为可能；二是倘若进行重复多次博弈，参与者将可能牺牲眼前利益而选择长远利益，从而选择利于合作的均衡战略。对奥尔森有关"集体行动的逻辑"，更为系统的批判来自拉尔斯·乌德恩（Lars Udehn），他认为在奥尔森的设定中，博弈是一次性的，无论对手如何选择，行为者总是倾向于选择不合作的占优策略，奥尔森单纯依靠由集体产品的最大受益者来生产和提供"选择性激励"，从而忽略了其他行为主体在供给中的作用，而且如何准确识别处于匿名状态的"选择性激励"的潜在成员，将带来高昂的交易和管理成本。②

综上所述，奥斯特罗姆所使用的分析方法呈现如下特点：一是具有强烈的政策导向和问题意识，十分注重实践观察中的案例分析与实验方法，倾向于设计具有可操作性和实践性的政策工具。二是聚集不同学科

① 〔美〕埃莉诺·奥斯特罗姆，罗伊·加德纳，詹姆斯·沃克. 规则、博弈与公共池塘资源 [M]. 王巧玲，任睿，译. 西安：陕西人民出版社，2011：23-52。
② Lars Udehn. Twenty-Five Years with"The Logic of Collective Action"[J]. *Acta Sociologica*, Vol. 36, No. 3(1993).pp. 239-261.

的研究者，推进包括政治学、经济学、社会学、生物学、地理学等在内的一系列学科的研究，构建了复合多变量的公共资源治理体系，并开创了公共决策研究和制度经济学的新视角。三是强调制度的重要性，即强调在制度安排下个体行为的选择与互动过程，并致力于开发基于现实经验的理论，横跨政治学和经济学等诸多学科，进行比较制度分析研究。四是强调分析的层次性，即强调规则的宏观、中观与微观影响环境。五是强调自然因素和社会因素的影响，认为自然环境、民情与制度构成影响个体行为选择的主要外部变量。六是采用归纳与演绎相结合的分析进路，将制度视为一个社会的博弈规则，并关注理性制度设计及制度功能，尝试开发出 CPRs 情境的理论模型。七是采用个人主义的方法论。这一方法论假定人们拥有积极的行动方式，他们依据信息与知识、物质条件和技术采取行动，以影响在经济生活中起作用的物品性质。

第五章　奥斯特罗姆自主治理思想的
价值审视

"奥斯特罗姆教授的贡献在于综合政治学与经济学的同时又超越了政治学和经济学。针对市场失败的政治解决方案远远多于简单的新霍布斯福利经济学的概念。"

——肯尼斯·阿罗①

"理解个人如何解决实际场景中的特定问题，要求采用从理论世界到行为世界，又从行为世界到理论世界的策略。没有理论，人们绝不可能理解作用于不同情形中的许多外在现象的一般的基本机制。如果不利用理论来解决经验难题，理论工作只能对理论本身有所创造，很少会对现实世界的状况有所反映。"

——埃莉诺·奥斯特罗姆《公共事物的治理之道》

全面审视某一特定思想的理论价值及创造者的学术品格，并对其给予相应的中肯评析，是人物思想研究的落脚点与归宿，这有助于拓展该项研究的广度与深度，以进一步挖掘人物学术思想的综合意义。可以说，埃莉诺·奥斯特罗姆自主治理思想在社会、政治、经济等诸多方面都具有重大意义，她的思想兼容政策的关怀与科学的严谨，用规范分析

---

① 此评价出自肯尼斯·阿罗（Kenneth J. Arrow）于 1997 年 9 月 27 日在赛德曼政治经济学奖颁发大会上所做的演讲，转引自〔美〕埃莉诺·奥斯特罗姆. 公共事物的治理之道——集体行动制度的演进［M］. 余逊达，陈旭东，译. 上海：上海三联书店，2000：中文版序言 26。

与经验分析的各项技术，对规则的多层次分析加以关注。她对于公共选择和制度分析理论与方法的拓展，以及对于公共政策和新政治经济领域的相关研究，尤其是对于 CPRs 等公共事物的研究，作出了具有开创性的杰出贡献，即在传统国家理论和企业理论的基础上，她建设性地提出自主治理思想。因此，本书首先探析奥氏自主治理思想在学术史中的定位问题，即厘清这一思想在公共治理理论谱系的位置，以及其对于复合民主的功能；其次，对于奥斯特罗姆自主治理思想的理论贡献予以述评，奥氏的相关成果让研究者不再坚持认为借助于政府管制或外部强加的个人产权的私有化，是避免"公地悲剧"的唯一途径，这具有重要的理论意义，具体包括传统集体行动理论的变革、传统制度分析视野的拓展、理性选择制度主义的完善、多中心治理理论的奠基石等方面。最后，不可否认的是，奥斯特罗姆自主治理思想亦有其难以回避的局限与不足，进而面临着诸多诘难，本书拟对其予以简要评析。

一 奥斯特罗姆思想的学术史定位

在公共治理范式的连续谱系中，埃莉诺·奥斯特罗姆冲破国家理论与企业理论的束缚而提出自主治理思想，这一思想暗含所有个体都有义务积极参与社群事务和公共生活指向，并塑造着公民自主的治理方式，体现了公民共和主义的倾向。不仅如此，奥斯特罗姆的研究主要聚焦于自治组织的自主治理领域，其中自主设计的制度规则提升了组织成员开展自组织的积极性，融合了效率与民主价值。鉴于奥斯特罗姆的研究结论对于公共治理理论作出的贡献，往往为学界所忽略，本书将从这一思想在公共治理谱系中的地位以及它对于复合民主的奠基作用予以阐述，以凸显奥氏自主治理思想的历史价值。

（一）公共治理谱系中的自主治理思想

20 世纪 60 年代以来，西方发达国家行政效率低下、财政支出持续增长以及公众对政府的普遍不信任等问题日益凸显，使西方学界对于传统政府统治模式产生质疑，并反思官僚行政体制的有效性问题。在这一过程中，众多学者从不同的价值诉求和制度环境出发，提出在公共行政过程中引入社会组织、企业运作或公众参与等治理工具，进而构建出多中心治理、协同治理、新公共管理、新公共服务、自主治理等公共治理的理论丛林，以弥补政府与市场在管理、调控与协调社会事务过程中的弊端。不过作为一个舶来词，西方学界对于治理（Governance）以及公共治理（Public Governance）并未形成一个普遍认可的概念，以至于乔恩·皮埃尔（Jon Pierre）等人认为"治理"这一概念是"出了名的含糊不清"①。鲍勃·杰索普（Bob Jessop）甚至认为"治理"在许多语境中的使用，已然使其沦为可以指涉任何事物以至于变成毫无意义的"时髦词语"。② 与此类似的反思还有克劳斯·奥菲（Claus Offe）的反问："治理"一词是否仅是一个"空洞的符号"（Empty Signifier）?③ 总之，公共治理存在多种模式，它们往往侧重于治理的不同特征。不过，公共治理的内在模式共同在理论取向上实现了由垂直层级（Hierarchy）到水平网络（Horizontal Networks）、由单一中心（Monocentric）到多中心（Polycentric）、由统治到治理的变迁过程。在这一过程中，研究者需对治理及公共治理的内涵予以探讨。

事实上，英文"治理"（Governance）的词源可追溯至拉丁文"Gubenare"，其原意为引导、掌舵和操纵，常用其指称有关指导或导向的相关活动。④ 1989 年，世界银行在对非洲国家的资金援助计划中提出

---

① Jon Pierre, B. Guy Peters. *Governance, Politics and the State*[M].New York: Macmillan, 2000: 7.

② Bob Jessop. The Rise of Governance and the Risk of Failure[J].*International Social Science Journal*, Vol. 50, No. 155(1998).pp. 29-45.

③ Claus Offe. Governance: An "Empty Signifier"[J]. *Constellations*, Vol. 16, No. 4 (November2009).pp. 550-562.

④ 有关"治理"（Governance）的词源、系谱与论说部分，可参见：〔英〕鲍勃·杰索普.治理的兴起及其失败的风险：以经济发展为例的论述［J］.漆燕，译.国际社会科学杂志（中文版），1999（1）：31-48.

以"善治"（Good Governance）作为衡量政府治理水平的最高标准，包括提升政府的效率、减少政府财政开支、增强公共物品供给的竞争程度以及市场化等内容，从而引发了学界的广泛讨论。其中，治理理论的先驱代表詹姆斯·N. 罗西瑙（James N. Rosenau）将缺乏权威主体的解决问题方式称作"没有政府的治理"（Governance without Government），并认为"治理"这一术语是指在缺乏强权的情况下，相关主体消除分歧、达成共识，以实现某一共同目标的过程，它依赖基于共同目标的协商与共识。① 与此同时，罗西瑙认为："没有政府的治理是可能的，即我们可以设想这样的一种规章机制：尽管它们未被赋予正式的权力，但在其活动领域内也能够有效地发挥功能。"② 罗伯特·罗兹（R. A. W. Rhodes）认为治理包含六种用法：最小化政府、私营部门的治理、新公共管理、善治、社会神经系统、自组织网络，其中罗兹倾向于将治理看作自组织网络的自治管理。③ 格里·斯托克（Gerry Stoker）认为治理应包含如下五种理解：一套不限于政府的社会公共机构与行为者；社会经济问题的责任与界限越发趋向模糊；各公共机构之间的权力依赖；行为者网络关系中的自主治理；政府权力未必能够妥善处置公共事物。④ 文森特·奥斯特罗姆认为治理是在宪政统治基础上的多中心秩序，体现为个人间、组织间与政府间自然出现的秩序。⑤

其后，全球治理委员会在《我们的全球伙伴》中把"治理"定义

---

① James N. Rosenau. *Governance, Order and Change in World Politics*[M]// James N. Rosenau, Ernst O. Czempiel et al. *Governance without Government.* Cambridge: Cambridge University Press, 1992: 2-7.

② 〔美〕詹姆斯·N. 罗西瑙主编. 没有政府的治理：世界政治中的秩序与变革 [M]. 张胜军，刘小林，等译. 南昌：江西人民出版社，2001：5。

③ R. A. W. Rhodes. The New Governance: Governing without Government[J]. *Political Studies*, Vol. 44, No. 4(September1996).pp. 652-667.

④ 〔英〕格里·斯托克. 作为理论的治理：五个论点 [J]. 华夏风，编译. 国际社会科学杂志（中文版），1999（1）：19-30。

⑤ Vincent Ostrom. *The Meaning of American Federalism: Constituting a Self-governance Society* [M].San Francisco, CA: ICS Press, 1991.

为："治理是众多公共或私人的个体或机构处理共同事务的各种方式的总和。它是使相互冲突或不同的利益得以调和并采取联合行动的持续过程。它包括有权迫使人们服从的正式制度和规则，也包括各种非政治的制度安排。"[1] 全球治理委员会提出治理具有四个特征：①治理是一个过程而不是规则或活动；②治理是协调而不是控制；③治理涉及公共部门和私人部门；④治理是持续的互动而不是正式的制度。[2]

对于治理理论的内涵，虽然学术界并未能达成一致的观点，但还是承认以下四点要素：①主体方面：治理的主体是包括政府、市场、社会和公民个人在内的多元主体，而且各治理主体之间存在互动和依赖的伙伴关系，而不是统治与被统治、命令与被命令的关系；②边界方面：治理理论在寻求解决问题的方案中，存在公私关系、国家与社会、政府与企业之间边界的模糊性；③运行方面：治理理论凭借的是自主自治的网络体系，而不再是传统的科层制度，包括政府在内的各个治理主体角色已不是控制、监督，而是自主合作；④治理理论重视公民社会的培育及其与国家之间的合作、互助和讨价还价。从理论范畴来看，治理理论主要的需求是政府因素以外的改革突破，它主要师法政治社会学采用的公民社会研究途径，是一种强调公民参与、建立公共领域，从而走向社会共同管理的架构。

作为应对政府失灵与市场失灵的补充机制，公共治理主要是为了解决公共事物的有效供给和维持合作秩序的难题，其本身十分强调各主体之间的合作机制，并强调多元主体的能力建设，主张通过合作、协商、确定共同的目标、伙伴关系等途径，实现对公共事物的管理。其中，公私伙伴关系（Public-private Partnerships）是公共治理的核心要素，是指多元化的公共管理主体之间存在权力依赖和互动的伙伴关系，这亦成为

---

[1] Commission on Global Governance. *Our Global Neighborhood: The Report of the Commission on Global Governance*[M].Oxford: Oxford University Press, 1995: 2.

[2] Marie Claude Smouts. The Proper Use of Governance in International Relations [J]. *International Social Science Journal*, Vol. 50, No. 1(1998) .pp. 1-2.

其区别于统治的关键特征。如此观之，公共治理作为由多元的公共管理主体组成的公共行政体系，在该体系中政府是否仍应承担大部分公共事物的治理责任，以及政府将以何种方式应用自身权威，成为学界争论的焦点。政府权威的应用程度随整体治理向自主治理等模式转变而逐渐变弱，其中在自主治理过程中，政府在自主组织的自主治理模式下，其权威处于最为软弱的状态（见图5-1）。自主治理语境下的公共管理，乃是多元化的主体基于伙伴关系展开合作的自治网络系统，其中参与公共事物治理的各方主体将为了获取他人的支持而放弃自身的部分权利，依靠社群内部积累的社会资本等优势和资源，通过协商对话、谈判和交易等各种机制增进理解，最终借助相互信任、营造共同目标以构建公共事物的管理联合体。可以说，相较于其他公共治理理论，奥斯特罗姆的自主治理思想强调治理主体并不依赖政府提供外部规则和相关资源，而是通过社群内部的集体行动和自主选择，自行供给规则来治理公共事物。正如诺贝尔奖评委会给奥斯特罗姆的评语："（奥斯特罗姆）挑战了传统观点，并论证了在缺乏中央权威的监管或私有化的情境中，地方集体如何能够成功管理当地资产。"[①] 可以说，奥斯特罗姆自主治理思想的终极目标是借助放权给社会的方式以实现社会自治，体现了对民主治理的深切关怀。

图 5-1　公共治理的理论谱系

资料来源：杨宏山. 整合治理：中国地方治理的一种理论模型 [J]. 新视野，

2015（3）：30.

---

① The Sveriges Riksbank Prize in Economic Sciences in Memory of Alfred Nobel 2009[EB/OL].
2009 - 10 - 13[2018 - 11 - 07] .https://www. nobelprize. org/prizes/economic-sciences/2009/
ostrom/facts/.

若依据治理过程中主体之间制定规则是否拥有自律性以及治理方式的自治或他治两个维度，可以将治理的范式和制度的类型分为统治型官僚制治理、民主型官僚制治理、授权的自主治理和自主治理四种类型（见表5-1）。在公共治理的理论谱系中，奥斯特罗姆的自主治理思想力求将公共管理纳入民主的轨道，并以公民个体权利为价值导向，因此奥氏思想所涉及的治理类型应属于最后一种类型。鉴于自主治理是组织系统内部从无序向有序的过程，是一种建立在认同性、情感性关系以及共同志业基础之上的治理模式，在这一治理类型中，相互依存的个体用自律和自治的方式，解决集体行动中所涉及的制度供给、可信承诺与相互监督难题。她的创新之处在于把制度安排视作由互动的公共机构组成的体制，而非由单一个体控制的体制。例如，奥斯特罗姆通过对世界范围内大量案例的荟萃分析，并运用新制度经济学的方法，对 CPRs 中个人所面临的困境予以研究，认为自我组织中的个体往往能够选出内部监督者，由其对全体资源占用者负责，从而在很大程度上规避机会主义行为的发生。正如有学者所言："实行治理，则参与者最终便形成自主自治的网络。这样的一些网络总是连接于种种政策群体以及按功能或问题而形成的其他形式的群体。"[1]

表 5-1　治理的范式和类型

		制度的类型	
		他律	自律
治理的范式	他治	统治型官僚制治理	民主型官僚制治理
	自治	授权的自主治理	自主治理

资料来源：笔者自制。

若从政府与社会（市场）的合作程度以及协商主体间的平等程度

---

[1]　〔英〕格里·斯托克. 作为理论的治理：五个论点 [J]. 华夏风，编译. 国际社会科学杂志（中文版），1999（1）：19-30. 另可参见俞可平主编. 治理与善治 [M]. 北京：社会科学文献出版社，2000：35-46。

两个维度切入，治理模式大致可区分为协同治理、自主治理、整合治理、全能治理等四种类型（见表5-2）。奥斯特罗姆的自主治理思想有效整合了理论分析与实证研究两项工作，并从制度理论及公共选择角度剖析公共池塘资源的治理难题，证实了存在国有化和私有化之外的第三条道路，即资源占用者们可借助"自组织"有效展开自主治理。正是在这一意义上，"公共治理说到底就是全民治理，全体公众的自觉治理才是公共治理的根本目的"。① 因此，与其他公共治理形式比较，自主治理中公众参与的主体性及主动性较强，它鼓励公众共同承担公共事物治理的风险，以建立合作的形式减少机会主义，追求多元化和多样性基础上的共同利益。

表 5-2　治理模式的四种类型

		政府与社会（市场）的合作程度	
		高	低
协商主体间的平等程度	强	协同治理	自主治理
	弱	整合治理	全能治理

资料来源：笔者自制。

奥斯特罗姆从若干个方面对作为公共治理模式的自主治理进行拓展。一是从规则和制度层面对于自主治理成功运行的条件进行阐述，有利于研究者对自主治理的微观过程有更清晰的观察和认识；二是将自主治理过程视为规则选择、执行和监督过程，从而凸显了规则的地位；三是在世界范围内选择案例，以此证明自治并非仅是美国独有的传统。而且在治理理论的研究途径中，一般呈现为"政府管理""公民社会""合作网络"三种研究途径，其中奥斯特罗姆自主治理思想属于"公民社会"的研究途径。② 由此看来，奥斯特罗姆作为美国提倡治理的先驱

---

① 何翔舟，金潇. 公共治理理论的发展及其中国定位 [J]. 学术月刊，2014（8）：125-134。
② 可参见：陈振明，等. 公共管理学（第二版）[M]. 北京：中国人民大学出版社，2017：58-65。

之一，她在公共治理的范式谱系中占有一席之地，后继研究者应对其予以重视。

（二）自主治理：复合民主的微观基础

从词源学的角度来看，现代英语中"Democracy"源于古希腊文"Demokratia"，其是由"Demos"与"Kratia"两部分组合而成，前者意为"人民"，后者意为"权力、统治或权威"。由此可知，"民主"原意为"人民的统治或权力"①。在这一意义上，"民主是一种社会管理体制，在该体制中社会成员能直接或间接地参与或可以影响全体成员的决策"②，较为清晰地阐述了权力的来源问题。不过作为人类社会孜孜以求的价值与目标，民主在权力行使方面并非表现为单一的形态或形式，而是呈现为多种形态或形式的复合存在。正如国内有学者认为的那样："民主词源含义的简约性与构成形式的复合性带来了不同时空背景下民主内涵和民主现象的复杂性。"③ 总之，就当今世界民主理论与实践发展的趋势而言，多元民主思潮的相互交融与不同领域的民主实践的互相交织，共同构成一个开放性的复合民主的局面。④ 具体而言，在长期的实践过程中，复合民主（Compound Democracy）在民主解决内容层面，表现为对重要的人事任免事项进行民主表决的选举民主与决定重大公共事务的决策民主的复合；在民主运作形态层面，表现为人民无须通过中介而直接行使权力的直接民主与人民通过代表间接行使权力的间接民主的复合；在民主功能层面，表现为消除分歧、形成共识的协商民主与履

---

① 〔美〕乔万尼·萨托利. 民主新论：当代论争［M］. 冯克利，阎克文，译. 上海：上海人民出版社，2015：45。

② 〔美〕科恩. 论民主［M］. 聂崇信，朱秀贤，译. 北京：商务印书馆，1994：11。

③ 张明军，易承志. 中国复合民主的价值及其优化逻辑［J］. 政治学研究，2017（2）：14-29。

④ 何显明. 治理民主：一种可能的复合民主范式［J］. 社会科学战线，2012（10）：157-164。

行合法化的票决民主的复合。① 其中，民主社会富有活力的关键，在于公民之间展现的多元关系，其关键是公民个体在处理公共事务方面所拥有的自主治理能力。这正如英国政治学家戴维·赫尔德（David Held）所阐述的："自治意味着人类自觉思考、自我反省和自我决定的能力。它包括在私人和公共生活中思考、判断、选择和根据不同可能的行动路线行动的能力。"②

与此同时，按照《布莱克维尔政治学百科全书》对"自治"的阐释，可知这一概念"按其字面意思是指'自我统治'；在通用的政治语言中，亦指实行自我管理的国家，或国家内部享有很大程度的独立和主动性的机构；在政治思想领域，这一术语现在常常用来指个人自由的一个方面。"③ 而所谓自主治理，指涉利益相关的特定群体在面临共同问题之时，在不依赖委托代理人和外部强制干预的情况下，主要凭借内部成员自主组织、自主协调的途径和方法，探寻解决相应有效方案的一种集体行动与制度安排。有学者论述说："从理论上讲，公共事务民主治理最理想的境况是公民的自我管理或者说公民共同的直接治理，换言之，自主治理乃是民主的本意。"④ 而有学者认为，自主治理是基于治理群体内部彼此的信任，以公共利益为目标，借助民主协商的方式共同治理公共事物的过程。在这一意义上，自主治理超越了普遍意义上参与治理或参与式民主的局限。从理论上讲，只要整个治理过程被政府主导和控制，所谓的公民参与在一定程度上就将成为"邀请式参与"。而唯有在自主治理的实践当中，参与者个体共同参与公共事物的治理过程，

---

① 张明军，易承志.中国复合民主的价值及其优化逻辑［J］.政治学研究，2017（2）：14-29。

② ［英］戴维·赫尔德.民主的模式［M］.燕继荣，等译.北京：中央编译出版社，1998：380。

③ ［英］戴维·米勒，韦农·波格丹诺主编.布莱克维尔政治学百科全书（修订版）［M］.邓正来，等编译.北京：中国政法大学出版社，2002：49。

④ 何显明.治理民主：一种可能的复合民主范式［J］.社会科学战线，2012（10）：157-164。

才能产生较为强烈的政治功效。作为公共治理研究的公民社会途径，奥斯特罗姆的自主治理思想强调治理过程中要充分发挥公民的作用，注重公民在公共事物治理中的积极性和主动性。例如，奥斯特罗姆更为注重CPRs 利用过程中社群内部的制度创新，并由此将内部制度导向民主和自主的合作机制。① 换言之，复合民主与自主治理相契合，关键在于借助公民自身的力量，赋予他们更多的决定权和自主权，推动公民直接参与公共事物的治理。可以说，上述理念也与阿马蒂亚·森（Amartya Sen）的主张相契合，后者认为"在适当机会下，个人可以有效地决定自己的命运并且互相帮助，他们（公民）不应被首先看作精心设计的发展计划的被动接受者"。②

当代民主理论的重要创新，是在现有民主体制的外延上建立各式民主参与机制，不过它们都无法改变以国家（政府）为单一中心的治理结构。与此相对，奥斯特罗姆的研究强调公民的自主治理，意味着共同体或个人自主管理本共同体或本人的公共（私人）事物，乃是民主社会的建设根基。正如文森特·奥斯特罗姆所说："民主社会的重要特质是，决策权能够广泛分散，个人有充分的裁量权或者自由，政府官员的行为受到有效约束。从规范的观点来看，民主社会的活力取决于社会治理中存在着实质的多中心因素。"③ 进一步分析，若由政府控制和主导治理的全过程，而所谓的公共治理模式的革新停留于更多的民主协商、公民参与，则无法改变公民及其组织在治理结构中的从属性、依附性地位，且不能重塑公共决策机制及其过程，从而不能激发公民产生切实的政治功效感，也无法促使公民产生真正的主体性价值。不仅如此，自主

① 〔美〕埃莉诺·奥斯特罗姆．制度安排和公用地两难处境［M］//〔美〕V.奥斯特罗姆，D.菲尼，H.皮希特编．制度分析与发展的反思——问题与抉择．王诚，等译．北京：商务印书馆，1992：88。
② 〔印〕阿马蒂亚·森．以自由看待发展［M］．任赜，于真，译．北京：中国人民大学出版社，2002：8。
③ 〔美〕文森特·奥斯特罗姆．多中心［M］//〔美〕迈克尔·麦金尼斯主编．多中心体制与地方公共经济．毛寿龙，李梅，译．上海：上海三联书店，2000：76。

治理中多元利益主体共同参与公共事物的管理过程，促使个体有机会提出自身诉求，并承担为公共事物输送资源的义务；与此同时，国家（政府）也能够既保持自身"掌舵"能力，又做到还权于民，从而获得"合法性"支持。基于此，迈克尔·麦金尼斯（Michael Mcginnis）等人将"民主"视为一系列持续的变革，即将民主理解为多中心秩序环境中的自主治理过程。①

正如国内学者所言："从'委托—代理人'的角度看自组织治理模式，其重要特点就是治理者与被治理者身份的合一，权力不再扮演核心的角色，治理者与被治理者不再是二元对立，而是协调与合作，强调正面激励、主动参与的原则。"② 就此而言，人类欲实现最终的自由与解放，须借助社会力量代替政治力量，即经由自主治理代替国家统治。正如文森特·奥斯特罗姆所说的："若民众欲成为统治者，社会成员即应当学会如何自主治理。他们不应该设想政府成为社会的监护人，指导和控制社会的运作。"③ 与此同时，文森特·奥斯特罗姆亦认为民主有其自身的不稳定性，而它只有以自主治理的制度作为运行基础，才可能克服自身的脆弱性。④ 不过严格地讲，共同体内部成员基于信任、规范、互惠等社会资本，借助相互沟通、共同协商获取共识，并对一定范围内的社群中的公共事物实施自主治理，并非当代社会独有的现象，历史中古希腊众多的城邦民主、西欧中世纪的市民自治、美国建国前后的乡镇自治传统均有上述治理模式的若干特征。奥斯特罗姆自主治理思想的重大贡献，就在于其证明了现代高度异质化的社会中自主治理在公共池塘

---

① 〔美〕迈克尔·麦金尼斯，文森特·奥斯特罗姆. 民主变革：从为民主而奋斗走向自主治理（上）〔J〕. 李梅，译. 北京行政学院学报，2001（3）：91。

② 罗家德，李智超. 乡村社区自组织治理的信任机制初探——以一个村民经济合作组织为例〔J〕. 管理世界，2012（10）：83-93。

③ Vincent Ostrom. *The Meaning of Democracy and the Vulnerability of Democracies: A Response to Tocqueville's Challenge*[M].Ann Arbor: University of Michigan Press, 1977: 271.

④ Vincent Ostrom. *The Meaning of Democracy and the Vulnerability of Democracies: A Response to Tocuqeville's Challenge*[M].Ann Arbor: University of Michigan Press, 1977.

资源治理过程中的有效性，并契合了当今社会强调公民社会、反思官僚体制的趋势，从而为当代复合民主的实践奠定了微观基础。

二　自主治理思想的理论价值

自从曼瑟尔·奥尔森于1965年出版《集体行动的逻辑》这一经典作品以来，关于集体行动问题的探讨逐渐成为西方社会科学领域的热门话题。不过，此前学者对于集体行动问题的研究往往专注于建构若干隐喻性的模型，并以此为基础探求困境的解决之道，其视野的开放性以及与现实问题的关联程度仍显不足，这使较多克服集体行动困境的措施陷入了"国有化—私有化"非此即彼的二元境地。对此，埃莉诺·奥斯特罗姆有关地方公共经济领域的CPRs自主治理的研究，推动了公共选择与制度分析的发展，从关心权力的运用转向更加注重发挥地方和个人的积极性，而且在许多方面都超越了以往公共选择学者和新制度经济学者的研究。概括而言，自主治理思想的理论价值集中表现在传统集体行动理论的变革、制度分析视野的拓展、理性选择制度主义的完善、多中心治理理论的奠基石等方面。

（一）传统集体行动理论的变革

传统集体行动理论（或称旧集体行动理论），认为当个体理性与集体理性、个体利益与集体利益之间产生冲突时，集体行动过程将出现"志愿失灵"现象（见图5-2）。例如，奥尔森将经济人假设用于人类社会的集体行动分析，认为在小范围的群体中，人们可以借助社会规范等手段规避"搭便车"行为，但若在较大范围的集体行动中，人们将面临着"公地悲剧"和"囚徒困境"，即理性的个体并不会自动参与集体行动，从而发生"集体不行动"现象。为了走出"公地悲剧"等集体行动的困境，实现公共事物的有效治理，当前的政策方案主要有以下两种：以国有化为唯一的方案和以私有化为唯一方案。对此，奥斯特罗姆认为"没有完全的私有化，没有彻底的政府权力的控制，公共池塘资源的占用者也能够通过自筹资金来制定并实施有效使用公共池塘资源的契约"①。其后，她建构了CPRs的分析模型，并从理论与实证的双重角度论述了借助非国有化（国家）和非私有化（市场）的自主治理方案管理公共事物的可能性。不仅如此，奥斯特罗姆扬弃了以哈丁、奥尔森为代表的第一代集体行动理论有关个体的理论假设和诠释路径，她认为个体受到诸多因素的影响，也可能拥有利他和互惠的动机。因此可以说，若奥尔森的理论为国家（政府）介入与干预集体选择进程提供了正当性解释，那么奥斯特罗姆的研究则更强调普通民众借助自主治理，摆脱集体行动困境的可能性，从而为自治理论、民主理论、分权理论甚至公民社会理论提供了诸多有益的支撑。

图 5-2　传统集体行动理论

资料来源：〔加〕艾米·R.波蒂特，〔美〕马克·A.詹森，〔美〕埃莉诺·奥斯特罗姆.共同合作——集体行动、公共资源与实践中的多元方法［M］.路蒙佳，译.北京：中国人民大学出版社，2011：197.

针对集体行动困境的传统解决方法，即借助外部机构设计并推行最优规则（见图5-3），奥斯特罗姆认为把假定无沟通、无改变规则能力的模型用于规模较小的公共池塘资源治理情形中，便超出了模型的使用范围，而其产生的后果是弊大于利的。具体分析，奥斯特罗姆认为传统集体行动理论基于以下两个基本假设：①"囚徒困境"博弈是集体行动的基本结构；②单一层次的分析足以解决问题。上述假设存在的问题包括：①未能反映制度变迁的渐进性以及制度自主转化的本质特征；

---

① 〔美〕埃莉诺·奥斯特罗姆.公共事物的治理之道——集体行动制度的演进［M］.余逊达，陈旭东，译.上海：上海三联书店，2000：3。

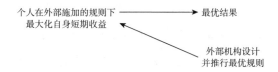

图 5-3　集体行动困境的传统解决方法

资料来源：〔加〕艾米·R. 波蒂特，〔美〕马克·A. 詹森，〔美〕埃莉诺·奥斯特罗姆. 共同合作——集体行动、公共资源与实践中的多元方法〔M〕. 路蒙佳，译. 北京：中国人民大学出版社，2011：198.

②未能关注外部政治制度影响集体供给的规则体系；③未能考察信息成本和交易成本。而奥斯特罗姆的研究则超越了传统集体行动理论的初始假设，她认为：①CPRs 的占用者面临各类问题，且因场景不同而呈现不同的问题结构；②必须兼顾分析不同的领域和层次。基于此，奥斯特罗姆对集体行动理论的关键假设予以整合，并认为在集体行动的参与者中不仅有"理性自我中心主义者"（Rational Egoists），还存在其他两种参与者，即"有条件合作者"（Conditional Cooperators）和"有惩罚意愿者"（Willing Punishers）。① 其中，所谓有条件合作者，是指当参与者甲预期到，其他参与者同样预期到存在足够比例的参与者将采取互惠行动时，他们会采取持续互惠行动，此时的参与者甲才会发起合作行动。在这种回报信任比例较高的情境中，有条件合作者往往倾向于信任他者，并值得信任。而有惩罚意愿者，是指参与者倾向于对其认定的"搭便车者"予以言语上的谴责，或者进行物质层面的惩罚。当允许当面交流时，有惩罚意愿的参与者会对那些倾向于合作的人进行鼓励，并会对辜负他们信任的人表达愤怒与蔑视。

此外，奥斯特罗姆研究发现，传统集体行动理论假定个体之间缺乏

① Elinor Ostrom. Collective Action and the Evolution of Social Norms〔J〕. *The Journal of Economic Perspectives*, Vol. 14, No. 3(Summer2000) .pp. 137-158.

有效的沟通，人们总是有"搭便车"倾向。与此相反，她认为在治理小规模公共池塘资源的情境中，个体之间是完全可以通过各种方式加强彼此之间的认识、交流和互动的，从而能够构建起信任、理解和互敬等社会资本条件。基于此，奥氏认为："当人们在这样的环境中居住了相当长时间，有了共同的行为准则和互惠的处理模式，他们就拥有了解决公共池塘资源使用问题的社会资本。"① 可以说，奥氏致力于阐发有关个体选择的一般理论，从中发现在应对社会困境中"信任"等社会资本所发挥的核心作用。

奥斯特罗姆认为有必要在政策分析过程中建立制度变迁理论，以在传统集体行动理论与 CPRs 情境中集体行动的经验案例间构建一座桥梁，从而促使她将研究重点从如何建立制度供给的特殊模型，转向思考建立制度运行的经验框架。此后，奥氏基于实验研究与实地研究，认为在一定的自然条件中面临资源使用困境的人们，有能力决定他们的体制安排，从而改变自身所处情境的结构，如此则突破了集体行动困境的解决之道中"国家化—私有化"的二分法，并在此基础上进一步发展了集体行动理论。奥氏对于上述二分法予以评价："（市场与政府）二分法尽管解释了私人物品的生产及其交换市场相关的互动与产出模式，但它既未能充分厘清私人企业的内在动力，也未能充分阐明制度安排为何会存在制度多样性。"② 与此同时，奥氏认为："在过去几十年中，已有确切证据表明人类能够独自解决一些（但绝对不是全部）的集体行动问题，而无须借助外部规则和强制执行。"③ 可以说，奥斯特罗姆的研究也为面临"公地悲剧"选择的群体开辟了新的路径，重点剖析了自

---

① 〔美〕埃莉诺·奥斯特罗姆. 公共事物的治理之道——集体行动制度的演进［M］. 余逊达，陈旭东，译. 上海：上海三联书店，2000：279。

② Elinor Ostrom. Beyond Markets and States: Polycentric Governance of Complex Economic Systems［J］.*American Economic Review*, Vol. 100, No. 3(June 2010) .p. 642.

③ Elinor Ostrom. Analyzing Collective Action ［J］. *Agricultural Economics*, Vol. 41. No. 1 (November2009) .p. 155.

主组织治理公共事物的制度基础，并发展出一套复杂系统的分析框架。概述而言，奥斯特罗姆对于传统集体行动理论的突破体现为以下方面：其一，在奥斯特罗姆的研究过程中，"集体"特指"自愿使用者团体"，这丰富了集体行动理论中有关"集体"的内涵；其二，打破了前人有关公共物品供给问题的政策分类——国家理论和企业理论两种模式的僵化分类，而主张个体能够通过自主组织有效解决集体行动的困境；其三，强调公共物品的多元供给，其要义在于阐述自治组织的合理性，并尊重社群在提供公共物品方面的自主决策权；其四，将"社会资本"这一概念与CPRs的治理相联系，并认为如何借助社会资本实现低成本的合作效能是集体行动的关键所在。[①]

（二）传统制度分析视野的拓展

作为社会科学领域的一种理论工具，制度分析（Institutional Analysis）着眼于人类选择的制度基础，并尝试将制度变量纳入研究框架，从中发现制度对于解释现实问题的适用性与重要性，其较早可追溯至亚当·斯密、约翰·穆勒等古典主义经济学家的相关研究。20世纪80年代以来，制度分析在西方政治学界获得全面复兴，这被视为继行为主义和理性选择理论之后的"政治科学的制度革命"。[②] 在这一进程中，奥斯特罗姆的研究格外引人注目，她对特定社群中个人围绕CPRs等公共资源的行为予以制度分析，并将非正式规则纳入这一拓展性研究之中，进而延伸了制度理论的研究路径。正如罗伯特·托利森（Robert D. Tollison）所认为的那样，在奥斯特罗姆以前，CPRs治理问题被视为政治学中的"黑洞"，而自主治理理论的核心价值便在于跨越公共事物

---

① 〔美〕埃利诺·奥斯特罗姆. 集体行动如何可能？[J]. 石美静，熊万胜，译. 华东理工大学学报（社会科学版），2010（2）：1-30.

② 〔瑞士〕莱恩，〔瑞典〕埃尔森. 新制度主义政治学 [M]. 何景荣，译. 台北：韦伯文化国际出版有限公司，2002：3；另可参见：杨永福，段红涛，孟磊. 制度性规则建构方法研究综述 [J]. 经济学动态，2003（6）：70-74.

治理的集体行动困境。① 作为制度分析学者，奥斯特罗姆尤为关注公共经济过程中如何生产和提供公益物品以及 CPRs 资源，各类公共经济的结构如何影响参与者行为的激励机制。因而，可以说奥斯特罗姆的视野并未局限于传统制度分析中的立法、行政和司法机构，而是向 CPRs 领域进行拓展，为新制度主义的应用开辟了一个新的研究领域。

当新古典主义经济学将制度视为经济活动的固有因素，以探究实现资源配置的条件时，奥斯特罗姆则将注意力集中于制度本身，分析制度与资源配置和经济发展的关系，并试图回答两个核心问题：制度如何根据个体的动机、策略与选择而演化，以及制度如何影响社群系统的表现。可以说，奥斯特罗姆的制度分析视野一直处于不断探索状态，尤其是通过制度分析与发展（IAD）和"社会—生态"系统（SES）两大框架，她将制度分析视为一门"复杂性科学"，进一步拓展了制度分析的认识论体系，从而可以更好地阐释公共资源管理过程中制度多样性的逻辑机理及其实践意义。进一步分析，奥斯特罗姆在理性选择制度主义的基础上，创造出新的制度分析框架——IAD 框架和 SES 框架，作为应对 CPRs 问题的基本组织模式，上述框架它们的共同特点是将作为规则的制度与自然环境、社群属性相融合，从而提供了制度分析的通用语言。其中，IAD 框架提供了一套制度分析的元理论，研究者能够利用其对某一理论或理论之间进行比较分析，并对人类制度选择与行为进行普遍意义的分析。通过这一通用语言，奥斯特罗姆欲将各学科的知识进行整合，进而开创出多中心制度分析范式。

奥氏将社群中存在的制度视为个体之间互动的结果，并试图将许多"新制度主义"者所运用的策略和生物学家所开展的关于生物世界的经验研究结合起来。然而，奥斯特罗姆的制度分析理论虽对个体的属性进行了分析，但未对人性善恶进行简单判断，而是主张建立一种复杂的人

① Robert D. Tollison. Elinor Ostrom and the Commons [J] . *Public Choice*, Vol. 143, No. 3 – 4 (June2010) .p. 325.

性理论，认为人与所处的环境存在密切联系。① 在分析资源治理的各个占用者时，奥氏拓宽了传统制度理论的分析视野。因为在奥氏之前，西方制度理论研究者的视野主要集中在宏观层面和中观层面。其中，就中观层面而言，哈丁的"公地悲剧"模型并没有关注公共经济资源的规模和占用者人数的多寡问题。而奥氏自主治理思想的研究对象是较小规模的 CPRs，进而将理论研究视野拓展至微观层面，在一定程度上弥补了传统制度理论研究视野不广的问题。

概括而言，奥斯特罗姆通过对横向和纵向两个层面的拓展，较大程度地拓宽了制度分析的领域和范围。一方面，传统制度主义理论认为，制度是由政治精英行使代表权通过立法工具而制定的正式制度和法律。但奥斯特罗姆在 CPRs 自主治理的研究过程中，认为资源占用者使用的规则可能不同于行政的、司法的或者立法的正式规则，而相对于这些正式规则，CPRs 的占用者们所使用的非正式规则的效用性可能更大。而将非正式规则纳入制度框架的分析中，可进一步开拓制度分析的研究视野。在此基础上，奥氏自主治理思想既强调发挥正式制度的强制性、确定性，以降低集体行动中机会主义的发生概率，又强调发挥非正式规则的主动性、灵活性，从而实现二者的有机统一。正如奥斯特罗姆所陈述的那样："公共池塘的使用规则不仅包括法律意义上的规则，实则也涵盖非正式的规则，其也可能是有效的规则。"② 与此同时，传统集体行动理论对于个体行为的分析也并不充分，表现为没有将影响个体选择的内部变量与外部关键变量综合纳入考虑的范畴，也未能反映制度变迁的渐进性与制度自主转化的可能性等问题，尤其是缺乏对信息成本、交易成本等重要因素的考察。对此，奥斯特罗姆将关注的重心转向规则与制度建构的过程，以及孕育它们的复

---

① 〔美〕埃莉诺·奥斯特罗姆，拉里·施罗德，苏珊·温. 制度激励与可持续发展 [M]. 陈幽泓，谢明，等译. 上海：上海三联书店，2000：51-84。

② 〔美〕埃莉诺·奥斯特罗姆. 公共事物的治理之道——集体行动制度的演进 [M]. 余逊达，陈旭东，译. 上海：上海三联书店，2000：8。

杂社会环境。具体而言，奥斯特罗姆将制度起源与制度变迁相结合，并将其纳入统一的框架予以分析，将新制度的起源及其变迁皆视为对现存规则的一种替代方案，从而形成了相对统一的制度变迁理论。

另一方面，传统制度主义理论的分析框架仅限于操作层面，而且将制度设定为外生变量，并假定其是固定不变的，从而分析集体活动中的个人行为及其结果。对此，奥斯特罗姆指出占用 CPRs 的个人所遵循的制度规则并非隶属于单一层次，认为其受到多个层次制度规则的影响。首先，操作规则直接涉及资源占用者有关何地、何时及提取资源单位的方式，以及由哪些主体来实施监督行为，必须交换什么类型的信息，不可发布什么类型的信息等。其次，集体选择规则间接涉及操作选择层面的东西，一般由资源占用者、外部官员在管理公共池塘资源制定操作规则的情况时使用，该层面的规则往往决定着自主治理实施的可能性。最后，宪法选择规则通过决定哪些主体拥有资格，来决定用于制定影响集体选择规则的特殊规则，并影响个人活动和结果，即从最宏观和最基本的总体规则上对地方自主治理做出宪法上的规定。上述三个层次规则并非相互独立，而是一种嵌套的关系，在集体选择规则影响操作选择规则时，宪法选择规则将影响集体选择规则。某一个层次规则的更改则是在较之更高层次的规则框架下进行的，更高层次的规则更改难度更大，成本也更高。与此相对应的是，根据规则行事的人与人之间的相互预期的稳定性便会提高。

（三）理性选择制度主义的完善

作为新制度主义政治学中影响较大的流派之一，理性选择制度主义是研究者在对行为主义研究方法予以反思的基础上发展而来的，在美国的制度研究谱系中居于十分重要的位置。① 理性选择制度主义将个人视

---

① 可参见：魏姝. 政治学中的新制度主义 [J]. 南京大学学报（哲学·人文科学·社会科学版），2002（1）：63-71。

作基本分析单位，以制度安排作为解释与预测个人行为的解释变量，"制度的理性选择途径是从一组具有明确偏好的个人开始的。在明确背景下的个人策略互动是这一途径的特点。制度影响着每个个体的有效行为，影响着这些行为的次序，影响对每一位决策者都有用的信息结构，而这些影响又使制度模型化"。① 根据 B. 盖伊·彼得斯（B. Guy Peters）的概述，理性选择制度主义拥有若干分支，其中以奥斯特罗姆夫妇为代表的布鲁明顿学派主要关注如何运用制度来有效解决 CPRs 的治理问题。②

在早期理性选择理论之中，社群属性已被视为影响行动场景的外部变量，不过此前学者并未对此进行深入研究。奥氏则试图将容纳信任与互惠等因素的社会资本理论整合进理性选择制度主义，探讨不同信任与互惠水平的衍生原因及其对个体理性选择的影响。为了提高理性选择理论的解释力，奥斯特罗姆对传统理性选择制度主义予以完善，开发出"第二代理性选择理论"，其核心贡献在于将制度、规范与社会资本等因素融入理性选择理论之中，从而促使理性、信任、传统、文化等内容被杂糅进有关个体理性的假设。奥斯特罗姆认为制度在改进个体理性活动中具有重要作用，强调制度是塑造个体行为的规则集合，个体在其中能够理性地回应上述规则形成的激励和制约。不仅如此，理性选择制度主义的重要分析途径在于集体行动逻辑，它的研究基础是萨缪尔森有关公共物品的分析。③ 在此基础上，奥斯特罗姆更新了萨缪尔森的产品分类标准，更加全面地探讨了集体行动与产品属性之间的关联。

奥斯特罗姆借鉴科学哲学历史主义学派代表人物伊姆雷·拉卡托斯（Imre Lakatos）的观点，认为所有的科学程序均由"核心"（Hard-

---

① 〔美〕罗伯特·古丁，汉斯-迪特尔·克林格曼主编. 政治科学新手册（上册）[M]. 钟开斌，等译. 北京：生活·读书·新知三联书店，2006：248。
② 〔美〕B. 盖伊·彼得斯. 政治科学中的制度理论：新制度主义（第 2 版）[M]. 王向民，段红伟，译. 上海：上海人民出版社，2016：47-70。
③ 〔美〕肯尼斯·谢普斯勒. 理性选择制度主义：制度、结构及局限 [J]. 马雪松，编译. 学习与探索，2017（1）：50-56。

Core）与"保护带"（Protective-Belt）两部分构成，并借此来完善理性选择理论。具体而言，奥斯特罗姆将理性选择理论的前提假设，即"个体行为是为了追求自身利益最大化而做出的，它具有工具性和目的取向性"界定为"核心"，而将个人层面的信息水平、个人做出决定时包含个人目的函数关系以及做出决定的规则等内容界定为"保护带"。基于实证研究，奥斯特罗姆指出个人通常并不掌握充分的信息，在大多数情况下，人们要在不确定甚至十分危险的情况下做出决定。而且，她还指出个人并非单纯自私的，其中也有利他的成分，并认为除了传统理性选择模型所假设的效用最大化规则以外，还包括"最低标准""最高标准"等多样规则，从而拓展了理性选择理论有关个体理性的看法。[1] 进一步分析，奥斯特罗姆对于个体理性的理解，突破了"人的理性是否完整"这一传统命题，而是围绕"拥有理性程度各异的人们在何种制度安排中能够发挥最佳作用"的问题展开。

奥斯特罗姆的开拓性工作既拓宽了理性选择理论的应用范围，且进一步激发了学界有关集体选择传统命题的反思。传统理论中有关人类行为模型常常假设，个体掌握自己所处环境结构的完全信息，包括其他行为人的偏好、将做出的全部行为以及任一行为组合的概率。例如，奥尔森将理性选择理论运用于集体行动问题的研究，构建了传统利益集团和集体行动的经济路径。[2] 基于此，奥氏对影响个体理性选择的具体要素进行经验分析，试图将理性选择理论与规范、制度、社会资本等因素相结合，从而使关于人类行为的理性假设，能够与文化、信任、规范、传统等要素进行融合。[3] 一般而言，理性选择理论认为只要个人知晓相关

---

[1] Elinor Ostrom, Roy Gardner, James Walker. *Rules, Games and Public Common-Pool Resources* [M].Ann Arbor: University of Michigan Press, 1994: 46.

[2] 在奥尔森的研究中，"集体"（Collective）和"集团"（Group）的内涵一致，是两个可以互换的名词。

[3] Elinor Ostrom. A Behavioral Approach to the Rational Choice Theory of Collective Action: Presidential Address, American Political Science Association, 1997[J] .*American Political Science Review*, Vol. 92, No. 1(March1998) .pp. 18-22.

行为者的利益，就能够预知其政治行为，因为行为者被假设为理性选择自身利益最大化者。[①] 但奥斯特罗姆的研究强调，个人选择深嵌于社会与文化的情境之中，从而与一般的理性选择理论忽略文化和发展问题有区别。奥斯特罗姆对于奥尔森理论的修正集中在将制度分析融入集体行动研究之中，强调改善人类理性活动中制度的重要作用，从而在理性选择模型之上生成了理性选择制度主义。[②]

概括而言，奥斯特罗姆对于理性选择制度主义的完善体现在如下方面：其一，拓展理性选择的应用范围，推进了制度理性选择领域的前沿研究。有学者认为理性选择主义是一种关注理论推敲而缺少经验性检验的理论范式。[③] 奥斯特罗姆则既重视理论演绎，也关注经验验证。她将理性选择研究方法应用于 CPRs 领域，从而拓展了理论的分析范围。她特别关注如何通过制度安排，解决 CPRs 治理问题，并强调建立规则以规范个体行为的重要性。在奥斯特罗姆研究的后期，其不断致力于拓宽公共事物研究的边界，并从灌溉、森林、草场等自然资源和环境治理的传统研究领域，向滨海系统、保护地、全球气候等新兴环境领域推进。其二，深化了人类行为的认知假设。对理性选择途径的各种批评始终认为它有关人性的假设与现实相距甚远，还对研究特定现象构成影响。在奥斯特罗姆的研究中，为了适应新的研究领域，她对理性选择理论的基本假设予以修正，并尝试用一组关于个体行为的更加接近现实的假设，包括强调个体的学习能力以及个体的有限理性等，推进公共领域和集体行动的研究。其三，增加了个人利益追求的道德内容。完全理性选择理论往往将个人追求利益的最大化设定为与道德无涉的动机。不过奥斯特

---

① 〔美〕迈克尔·G.罗斯金，等.政治科学（第十二版）[M].林震，等.北京：中国人民大学出版社，2014：35。

② 张振华.当奥尔森遇上奥斯特罗姆：集体行动理论的演化与发展 [J].人文杂志，2013（10）：113-121。

③ 〔美〕格林，沙皮罗.理性选择理论的病变：政治学应用批判 [M].徐湘林，袁瑞军，译.桂林：广西师范大学出版社，2004：2。

罗姆重新将道德、信任与互惠等社会资本纳入个体行为动机的考察，从而探索了关于个体认知局限假设的内涵，并试图避免武断的人性假设。

三 自主治理思想的局限审视

毋庸置疑，奥斯特罗姆自主治理思想对于解决公共物品供给中的"搭便车"问题和公有资源的可持续利用问题给予了启发性探讨与有益总结，而且自主治理思想也顺应了当今世界从单一中心集权统治走向多中心自主治理的时代潮流，对于推动民主政治和公共治理的发展有着重要的促进价值。与此同时，鉴于任何思想既有其解释力度，自然也存在无法规避的解释限度，自主治理思想也不例外，研究者需要注意这一思想的局限性，并从广泛的知识背景出发予以清晰阐述，避免出现对思想"削足适履"的情形。因此，本书从自主治理思想的适用性与实操性两个层面出发，一方面对这一思想在资源对象、组织类型与政治体制等方面的适用情况进行探讨，另一方面则对它在实践运行过程中责任承担、精英人物的角色、人群范围以及过度依赖社会资本等问题进行考察。

（一）适用性层面的局限

本书认为奥氏总结出来的自主治理思想并不能解决任何公共事物的治理问题，而且这一理论在不同制度环境中的适用性也是存疑的。这一结论说明，由于这一理论本身的实证性和待检验性，如果想要在更大范围内解决公共事物的治理问题，仍然需要全世界学者今后的共同努力和研究。概括而言，自主治理思想的适用局限性主要表现为以下若干方面。

1. 适用资源对象的局限

根据对奥斯特罗姆在研究自组织的自主治理过程中所采用的研究方法和研究对象等方面的相关分析，其理论适用对象的局限之处便有所显现。因为，奥氏所研究的 CPRs 只是公共物品中的"共有资源"，并且只是共有资源中的一部分。她主要研究小规模的山地草场、近海渔场和灌溉系统等，这类资源有其自身独有的特征：①是可再生的而非不可再生的资源；②资源具有稀缺性；③资源的非占用者很难从外部给予资源占用者重大伤害；④位于某一国家内部的资源。正因为如此，后续研究者并不能直接将自主治理思想直接运用到所有的公共事物的治理问题中去。可以说，自主治理思想有着独特的应用场域，即小规模的 CPRs 系统，而它对于较大规模的 CPRs 或者其他对象的适用性及其治理效果，则有待来自规范与实证两个方面的进一步验证。由于奥斯特罗姆提出的 CPRs 的设计原则，主要基于部分区域的案例研究，且案例选择具有一定的时代局限性。对此，一些学者质疑上述原则在更大时空范围的 SES 管理中，其适用性和可操作性。① 奥斯特罗姆在接受美国《政治科学年度评论》（*Annual Review of Political Science*）的邀请所作的学术自传中认为，未来制度理论面临的挑战包括：一是继续剖析影响行动情境的其他因素；二是开发适应于不同制度环境中的个体选择理论。② 与此同时，自主治理思想的适用场域包含若干基本前提：①信息对称。组织内部成员较为熟识，成员之间的沟通交流较为便利。②改变规则。组织成员能够表达自身主张，并借助建议、合作等行为，影响并改变组织规则。③存在信任。组织成员之间存在高度的信任和依赖感，即有较高的社会资本，从而实现有效合作。从以上前提能够看出，自主治理思想并不适用于大规模的 CPRs 治理。

具体而言，通过对奥氏所研究的现实案例进行分析总结，可以得知

① Robert S. Pomeroy, Brenda M. Katon, Ingvild Harkes. Conditions Affecting the Success of Fisheries Management: Lessons from Asia[J] .*Marine Policy*, Vol. 25, No. 3(May2001) .pp. 197－208; Fikret Berkes. Commons Theory for Marine Resource Management in a Complex World [J] .*Senri Ethnological Studies*, Vol. 67(2005) .pp. 13－31; Fikret Berkes. From Community-based Resource Management to Complex Systems: The Scale Issue and Marine Commons[J] .*Ecology and Society*, Vol. 11, No. 1(June2006) .

② Elinor Ostrom. A Long Polycentric Journey[J] .*Annual Review of Political Science*, Vol. 13 (2010) .pp. 1－23.

她所研究的 CPRs 是一个人造的或自然的资源系统，这一资源系统具备资源单位的竞争性和非排他性的特性，而且该系统并不大。也就是说，该资源系统是被个体共同享有的，但是个人从资源系统使用或占用的量（资源单位）却不可共同享有。按照一切物品性质的竞争性和排他性的属性分类标准，CPRs 则属于准公共物品当中的一种，因此 CPRs 具有公共物品的某些特性，但是与纯公共物品，例如国防、小区保安并非完全相同。而且资源系统的建设和维持则关系到公共物品的供给，个人对资源的占用则关系到私人物品的使用问题。在纯公共物品和效益外溢的公共物品及拥挤性公共物品中，自主治理理论的效用性可能并不强。而且，在奥氏提供的案例分析中，资源占用者的数量并不高，最多的达到13500 人，最少的为 100 多人，而多数成功治理案例中的组织都是基于若干个层级的较小组织，这些较小组织的成员数量多在 10 人以下。上述 CPRs 所拥有的相同环境特点：有稳定的人口、在同一环境中拥有较长的居住时间、有行为准则、具有共同性和处理模式具有互惠性、每个人都很重视维护自己作为一个社群中的一个可靠成员的信誉、组织集体行动的社会资本是充足的。组织成员之间的信息沟通是十分频繁的，在这一过程中人们通常能够知晓哪些人是能够值得自己信任的，自身和他人对公共池塘资源的行为将会给其他资源占用者带来何种程度的影响，这种影响将会对公共池塘资源本身带来何种影响，以及如何把自己组织起来趋利避害。另外需要特别指出的是，在较大规模的公共池塘资源系统（资源单位与占用者均多）中，自主治理思想的实际效用性和可操作性仍然有待更进一步的检验。对此，奥尔森在《集体行动的逻辑》中已经证明了参与集体行动人数与集体行动的难度呈正相关，所以随着资源规模和占用者人数的增加，公共事物的治理难度也将随之增加。

2. 适用组织类型的局限

自主治理需要社会组织的支持。在奥斯特罗姆研究的成功案例中，占用者自发组织的民间组织起到了重要的作用。一方面，民间组织能够为公民（资源占用者）之间的协商讨论提供平台，使得利益相关者拥有进一步合作的可能性。它们提供了一种信息传递机制，使占用者获得了公共资源系统状况的详细信息，以及获得其他参与者是否会在未来采取不同策略的信息。另一方面，民间组织可以提供一套高昂的技术研究成本的分担机制，公民之间通过共享信息，提供技术支持从而强化合作预期，使参与者意识到自愿的、合作的行动能够实现共同目标。在整体上改变参与者之间互不沟通的交流模式，往往能够形成信任网络的社会资本。由此观之，民间组织这一社会资本为制度的供给提供了强大的支持。不过奥斯特罗姆的自主治理思想，对于自治治理的组织的要求比较高。首先，组织内群体必须是较为稳定的，资源占用者的人数较少。其次，CPRs 的占用者们之间拥有相似的利益，对于 CPRs 具有较高的依赖性，而且他们对 CPRs 资源的贴现率都比较低。再次，大多数资源占用者们已经达成了互惠的共识，并且认为他们之间建立的共识能够成为制度建立等解决集体行动困境的初始社会资本。最后，自主治理不仅需要来自外部权威的合法性认可，同时需要自组织内部拥有一定的制度订立与完善、整合成员利益诉求的动力和能力。

奥斯特罗姆研究的案例中的组织也有其独特之处，即中小规模（50人至 15000 人之间）、组织成员利益有相似性、对 CPRs 资源的贴现率低、拥有一定的社会资本和组织的封闭性等。这在一定程度上对自治组织提出了较高要求，因为不是所有的自治组织都能满足这些条件。通过分析可知，在现实世界中能够满足以上条件的自治组织很少。现代社会已然演化成一个利益高度分化的社会。现实中的资源占用者往往拥有诸多纷繁复杂的背景和利益诉求，这给资源占用者们制定治理公共池塘资源的一致规则带来了困难。自主治理也有其自身难以克服的不足，如社群内自组织的规模与边界如何确定、自组织成员的身份如何辨认、如何确保处于占优位置的一方基于长远利益的考虑而参与博弈，都值得后继学者进一步的探索。但是对于第一类、第二类案例中 CPRs 资源占用者们是如何形成自主治理制度的过程，奥氏并没有做出较为细致的描述和解释。尤其是在第一类案例当中，由于时间久远，研究者在研究这些治理制度最初形成过程的工作显得极为困难，比如日本良木家庄的自主治理制度已经维系了 400 年以上的时间，因此，对该地自主治理制度形成过程的研究极为困难。具体包括以下问题：第一，资源的占用者们如何能够被组织起来，是出于共同意愿的人人参与还是经由一部分人的组织？第二，形成自主治理的制度是否有人主导和推动？是谁主导和推动的？第三，该自主治理的制度、规则因何被遵守，人们为什么要遵守，即遵守规则的动因是什么？以上疑问，奥斯特罗姆在案例分析和阐述的过程中并没有给出具体的答案。

3. 适用政治体制的局限

奥斯特罗姆研究的案例大多是在有长期自治传统的地区，因此，其研究是建立在"小政府，大社会"和地方自治路径上的理论考量。而在诸多强调政府权力的国家，其理论的适用性便打了折扣。公民治理领域学者理查德·C. 博克斯（Richard C. Box）在梳理美国社区发展历程时，认为美国地方治理的文化及其社会基础并非职业化的理性主义，而是民主的自主治理。[①] 在一定程度上，奥斯特罗姆自主治理思想是以美国地方自治制度为基础，换言之，其自主治理思想的适用范围与条件均较为严苛，即要有相应的制度空间和组织载体，其中，国家与社会的分化，并以社会组织为主体的"公民社会"的成熟发展，是自主治理得以顺利运行的前提。汤森（Ralph E. Townsend）等人对美国、加拿大、新西兰和澳大利亚等 32 个国家或地区的渔业资源进行实证研究后认为，自主治理尽管是一种颇具前景的治理机制，但政府管理者是否将管理权

---

① 〔美〕理查德·C. 博克斯. 公民治理：引领 21 世纪的美国社区 ［M］. 孙柏瑛，等译. 北京：中国人民大学出版社，2005：15。

限下放是渔业自主治理能否获取成功的关键。① 可见，奥斯特罗姆多中心的自主治理制度安排，具有强烈的联邦主义色彩，并对现实政治体制拥有较高要求，这使这一思想的适用性遭到削弱。

由上可知，自主治理思想对于外部政治体制的要求较高，或许只有当国家消亡之后进入社会自我治理阶段时，自主治理才可能从理论转向实际。但是奥氏在讨论形成自主治理的外部制度条件时认为："（如果）公共资源位于较为偏远区域，那么，不管它发生什么问题，该区域的政治制度都基本不会发生变化。"② 可是现代大多数 CPRs 资源并非都出现在奥氏所说的"偏远区域"。可见，这些局限使其自主治理理论拥有较为明显的资本主义政治制度的特征，从而削弱了其理论的普遍适用性。唯有在促进型的政治体制下，自主治理方有可能变为事实。小型的自组织仅仅是社会整体系统的一个组成部分，外部政治系统对其影响是不可忽略的。当政府赋予占用者重塑环境的自主权力时，其创新能力方能得到增强。在奥斯特罗姆的研究案例中，对于自主设计的规则的合法性，外部政府给予了占用者最低程度的认可，在一些案例中政府甚至还提供了资金和技术资源，这无疑在一定程度上加强了自主治理的制度安排。与之相对的是，如果某一政治体制是高度集权的，那么政府会尝试在其管制范围内的地区实行一元化的操作规则，占用者将难以拥有设计规则的自主权，而这点奥氏自身也是承认的："倘若资源系统外部的政府官员认为只有他们才拥有制定规则的权力，那么当地资源的占用者期望长期维持自主治理的规则，将是极其困难的事情。"③ 这意味着自主治理

---

① Ralph E. Townsend, Ross Shotton. Fisheries Self-governance: New Directions in Fisheries Management[J] .*FAO Fisheries technical paper*, No. 504(2008) .pp. 1 – 20; Ralph E. Townsend. Transactions Costs as an Obstacle to Fisheries Self-governance in New Zealand[J] .*Australian Journal of Agricultural and Resource Economics*, Vol. 54, No. 3(July2010) .pp. 301 – 320.

② 〔美〕埃莉诺·奥斯特罗姆. 公共事物的治理之道——集体行动制度的演进 ［M］. 余逊达，陈旭东，译. 上海：上海三联书店，2000：310。

③ 〔美〕埃莉诺·奥斯特罗姆. 公共事物的治理之道——集体行动制度的演进 ［M］. 余逊达，陈旭东，译. 上海：上海三联书店，2000：311 – 312。

在将地方自治内化为现存法律的一般惯例的国家或者地区中，具有非常强大的适应力。

奥氏在总结长期存续的 CPRs 的制度原则时强调，资源占用者自主设计制度和使用 CPRs 时，外部公共权威部门能够在最低限度内给予许可和承认。因为自主治理理论的实施，要求政治体制有较强的"强社会、弱政府"的诉求。与依靠政府集权式治理不同的是，奥斯特罗姆的自主治理思想十分强调自治组织的自主性和公民的参与性。一定程度上讲，自主治理理论在对国家和社会关系考量时，是站在古典自由主义的立场上看问题的。所以对于不适用于该理论的"大政府、小社会"的国家而言，该设计原则无疑是纸上谈兵。因为自主治理思想是以政府放权或许可为外部环境的。宏观政治系统的导向功能具有实质作用，因为其对地方占用者能否自我提供制度，或能否不依赖外部政府自我解决问题等产生直接的影响。如果外部行政官员持有"只有政府方能有权去制定规则"这一观念时，那么长期去维持由规则治理的 CPRs 体系是异常困难的。

本书研究认为奥氏所研究的自主治理思想只在特定的情境中发挥作用，比较显著的特征是 CPRs 的规模小、可再生，资源的占用者之间拥有足够的社会资本，相反对于规模较大、缺乏自治精神的 CPRs 的治理，该思想的适用性是存疑的。此外，自主治理思想要求达成的合作行动所需要的政治体制、自治环境以及社会资本在很大程度上是长时间自然生长的结果，那么短时间内如何人为地构筑这些条件，奥氏也未能给出确定的论述。不仅如此，不同国家或地区的文化习俗、行为方式大相径庭，导致自主治理制度形成的基础和运作方式也并不相同，增加了自主治理制度有效运作的不确定性。尤其是在中央集权的政治体制中，能给予多中心的自主治理制度安排的空间大小，这仍然是一个值得深思的问题。因为，若社群内部的当事人并不享有改变他们制度结构的自治权，而外部当局又试图阻止他们进行建设性变革，那么自主治理的成功实践依然是困难重重的。

（二）实操性层面的局限

社群内的个体将自己组织起来进行自主治理，会面临诸多实操层面的难题。这是因为，奥斯特罗姆的自主治理思想对于具有自组织传统的美国南加州地区而言可能是非常有效的制度安排，但是将其放到其他不存在这种传统的地区或国家则可能需要对其进行制度设计上的创新。①

1. 自主治理过程中的责任承担问题

自主治理面临的最大问题，便是谁能够对治理负责。对此，奥斯特罗姆在探讨传统国家理论和市场理论对于 CPRs 的治理责任时，也承认："在两种情况下，都是由一个局外人对合作活动所必需的制度规则的供给承担首要责任。企业家或统治者都对惩罚不遵守企业或国家规则的人做出令人置信的承诺。正是由于他们是剩余产品的获得者，当他们与违规行为发生冲突时，对违规行为加以惩罚便是他们的利益所在。"②换言之，在非自主治理的情境中，由于企业家和统治者从 CPRs 治理中获得剩余利润，同时承担组织的必要成本，因此他们将对合作活动的制度供给工作承担首要责任。而当发生违规行为时，他们也会积极监督代理人的行动，以保证合约的有效执行。正如马克·康西丁（Mark Considine）所指出的，在官僚层级控制体系中，命令意味着责任，不过在治理网络中，责任并不能像垂直的层级制那般明确，如果每个行动者都对结果负责，水平化的治理反而将导致责任分配的不明确。③换言之，在代议制的民主政治体系中，由于存在明确的"委托—代理"关

---

① 薛澜，李宇环. 走向国家治理现代化的政府职能转变：系统思维与改革取向［J］. 政治学研究，2014（5）：61–70。

② 〔美〕埃莉诺·奥斯特罗姆. 公共事物的治理之道——集体行动制度的演进［M］. 余逊达，陈旭东，译. 上海：上海三联书店，2000：68。

③ Mark Considine. The End of the Line? Accountable Governance in the Age of Networks, Parnerships, and Joined-up Services［J］. Governance, Vol. 15, No. 1（December2002）.pp. 21–40.

系，因而责任主体是较为明确的，不过在自主治理网络中，由于难以确定委托方和代理人，其中责任主体自然是模糊不清的。

处于自主治理状态中的 CPRs 占用者同样可能受制于时空信息掌握不及时、不充分或者缺乏应有的科学知识，从而对 CPRs 资源单位产生不正确的估计。而在自组织的自主治理之中，作为外部权威的政府发挥的作用与功能，奥斯特罗姆并未能详尽概述及探讨。对于制度与文化的理解，奥斯特罗姆认为它们作为解释情境的外生变量而非自变量，会对内部的所有个人产生均质的影响，尽管奥斯特罗姆在其研究中提及非正式制度在自主治理过程中的作用，可是对于正式制度与非正式制度二者之间的辩证关系以及二者对于自主治理中的集体行动的影响并没有明确的表述。政府与社会组织、公与私的边界如何清晰界定，否则较难促使参与各方的身份达成平等、相互独立的状态，最终达成多中心的合作伙伴关系。换言之，在自主治理情境中，如何清晰界定集体与个体、个体之间的权利边界？而且，奥斯特罗姆对于如何协调公共治理多元主体或者多中心之间的冲突与恶性竞争并未给予充分关注。

2. 自主治理过程中精英人物的角色问题

在现代社会中，公共资源自主治理的实现，需要社群内部主体之间的平等合作、积极协调作为制度基础。但若自主治理过程中，精英人物成为剩余利益的获得者或利益最大化的获益者，那么自主治理则存在异化的可能性。其中问题的本质在于，自主治理与由精英人物主导的治理存在着明显张力，精英人物的功能若超出了应有限度，便会侵蚀自主治理的内在机制。换言之，若自主治理难逃"寡头统治铁律"，精英人物在自主治理的运作过程中所发挥的"重要"作用，可能反过来破坏自主治理的可持续性。自主治理制度所要求的产权安排，若不能由 CPRs 占用者内部协商提供和维系，则通常需要借助外部公权力提供保障，这将损害自主治理的生长空间。

3. 如何界定有权使用资源的人群范围

奥斯特罗姆自主治理思想建立于人类自治能力基础之上，不过人类的自治能力深受社群规模、属性特征等多方面因素的制约，后继研究者应对人类自治能力的局限性予以相应考察。与此同时，有政策分析家指出，社群设计自主治理制度时，既需要充分发挥人类的自治能力，也应采取措施弥补人类自治能力的不足。① 而对于如何找到上述二者的均衡点，奥斯特罗姆未能给予充足的阐述。现实世界中尽管有部分 CPRs 是标准的集体共同拥有财产，并存在公共产权（Common Property Rights），不过仍有大量开放进入式的 CPRs，即没有清晰、固定的社群对资源拥有任何受准许的产权。而社群与个人之间关于 CPRs 产权界定的分歧，将让有效监督公共资源的使用变得极为困难，且将付出较高费用。此外，由于可能借助外部权威的国家（政府）介入纠纷解决的过程，这可能预示着自主治理制度的部分失败。

4. 过于依赖社会资本的问题

奥斯特罗姆从个体克服过度利用资源及"搭便车"诱惑的案例中，总结出以下成功要诀："第一，参与者通过交流愿望达成各方可接受的共同协议；第二，参与者通过使用诸如谨慎回应式的试探法扩大互惠以帮助人们建立对协议的信任；第三，参与者不仅制定了对违约者施以制裁的规则，还通过使用谨慎回应来强化协议的效力。"② 较为明显的是，自主治理思想建立于公民个体自治能力和充裕的社会资本基础之上，但受到社群规模、风俗民情甚至政治体制等因素的制约。与政府管制不同的是，自主治理过程中自组织拥有如下特点：其一，自组织内的个体往往通过直接协商方式管理公共事物，直接协商成为社群内个体的行为模式和生活方式；其二，信任、互惠规范等社会资本成为社群内部的主流价值，人们通常不愿意破坏个体之间的合作关系，因为自主治理的过程往往对社会资本有较强的依赖性。

---

① 〔美〕文森特·奥斯特罗姆. 复合共和制的政治理论［M］. 毛寿龙，译. 上海：上海三联书店，1999：6。
② 〔美〕埃莉诺·奥斯特罗姆，罗伊·加德纳，詹姆斯·沃克. 规则、博弈与公共池塘资源［M］. 王巧玲，任睿，译. 西安：陕西人民出版社，2011：363。

在此之后，奥斯特罗姆认为资源占用者的自主治理能力和内部规则的监督制约机制，通常是克服公共池塘资源治理困境中存在的各种诱惑和疑难的必要条件。然而，自行设计并执行规则的能力并非确保复杂困境得到解决的充分条件。若人们不愿意彼此互惠，即使建立了信任与更好的规则，初始的协议也会很快被撕毁。若不能获得有关复杂过程的可靠信息，参与者可能无法理解自己所面临的模糊情境，而此时，如果影响情境的外生变量很多，那么创制与维护规则的可能性就会大幅降低。对于互不信任且狭隘自私的人而言，自行设计规则的能力并不会帮助他们改善结果，而只有那些愿意采取互惠行动并选择与同类互动的人，才能从这种能力中受益。已经建立相互信任且拥有社会资本的人，则可以利用这些财富来制定避免公共池塘资源治理困境出现的制度。

倘若在缺乏外部诱因或强制外力的条件下，破解集体行动困境并供给源于内部激励的公共物品，需要依赖两个核心条件：一是为使参与者能够以低成本、迅速地发现其他参与者的违规行为，自主治理适用的规模不能过大；二是为使人们在发现他者的违规行为后得以调整自身策略，自主治理则需要进行多轮重复博弈。正如奥斯特罗姆自身承认的那样，自主治理过程中自治主体的能力不足。自主治理往往要求个体对于资源高度依赖与尊重、个体之间拥有必要的共同知识、较低的贴现率、较牢靠的信任与互惠关系、富有协商精神并具备一定的组织管理经验，不过这些条件对于一般的社群而言往往难以企及。[①] 此外，奥斯特罗姆的自主治理思想，较为关注 CPRs 使用的效率价值，这在一定程度上忽略了 CPRs 使用的公平问题。其实，对于依赖自然资源生存的特定群体而言，资源分配的寻租、剥削等不公平现象也是需要被认真对待的问题。与此同时，当社群内部成员处于高速流动、文化较为异质，而本地激励机制不足以建立并有效贯彻公共规则之时，个人私有财产权的创立

---

① Elinor Ostrom. The Danger of Self-Evident Truths[J] . *Political Science and Politics*, Vol. 33, No. 1(2000) .p. 40.

能够给资源设定较为清晰的边界。而且，奥斯特罗姆的研究关注自治组织的正向功能，在一定程度上忽视了这一组织的负向功能。总之，自主治理的实践拥有较为苛刻的适用领域，包括小规模的资源对象、自组织的组织类型、多中心的政治体制、社群拥有足够的社会资本等一系列前提，而这些前提条件在现实当中往往并不必然具备。

综上所述，本书研究认为奥氏的自主治理思想，无论是其思想本身还是对现实的实践指导均具有重要的意义，它不仅能够对现实情况中公有资源的占用者可持续地使用资源提供理论指导，而且顺应了当下公民自治的潮流，为公共治理的多中心模式奠定了基础。不仅如此，奥氏倡导的自主治理的精神内核对当代学者重新考察民主这一概念也颇有启发意义。概括而言，奥斯特罗姆的主要贡献可概括为：提炼出公共资源长期存续的八项设计原则，推进了制度设计的研究进程；关注制度分析的层次性，提出制度选择可划分为立宪选择、集体选择和操作选择三个层次；利用博弈理论，创建出一般性的 IAD 框架与 SES 框架；以制度语法学为基础，区分了一般制度中策略、规范与规则三者的差异；关注小规模的公共池塘资源的治理问题，拓展了个人选择的行为理论，探索了制度层面的解决方案以及自主治理的可能性。不过，本书认为在肯定奥氏自主治理思想应有的价值之后，研究者也需要认识到其理论的不足之处。与此同时，本书同样认为，奥氏所研究的自主治理思想只在特定的情境中发挥作用，比较显著的特征是对于规模较大、缺乏自治精神的公共池塘资源的治理，奥氏自主治理思想的适用性是存疑的，研究者不能将这一思想的适用范围无限扩展。此外，自主治理思想要求达成的合作行动所需要的政治体制、自治环境以及社会资本在很大程度上是长时间自然生长的结果，那么短时间内如何人为地构筑这些条件，奥斯特罗姆也没有给出确定的论述。因为以上种种原因，本书对奥氏自主治理思想展开详细的论述和探索工作，而自主治理理论在现实治理活动中的实践情况仍需要后继的研究者们加以验证、修改和完善，这也是本书希望继

续深入研究的课题所在。不过瑕不掩瑜的是，本书认为奥斯特罗姆自主
治理思想虽然有理论层面的不足，但这些局限并非奥氏在研究过程中刻
意制造的。我们必须对奥氏的理论辩证看待，吸取其理论的精髓——资
源的可持续性利用，相信这一点在世界各个地方都是通用的，这也是奥
氏理论的最大意义，资源的可持续性利用对于人类历史发展十分重要。

结语　重视奥斯特罗姆的学术遗产

"如果这项研究只是打破了许多政策分析人员所持有的那种信念，即解决公共池塘资源问题的唯一途径是实行完全的私人产权或集权式的政府规制，那就达到了它的主要目的。"

——埃莉诺·奥斯特罗姆《公共事物的治理之道》

"我们必须停止单纯依靠'简笔画'般的模型，（亦应）停止提议'万能药'式的方案，因为这些政策措施在广泛实施时，并不能解决公地悲剧的问题，反而将导致更多悲剧的发生。"

——埃莉诺·奥斯特罗姆《为何应保护制度多样性?》

在当今各国治道变革与学科交融之际，埃莉诺·奥斯特罗姆的自主治理思想无疑是其中一颗夺目耀眼的明珠，她的学术思想至今仍对公共事物的制度安排提供助力，进而影响着社会科学乃至人类社会的发展进程。扼要观之，奥氏这一思想致力于打破传统公共管理的"单一中心"模式，主张解决公共资源治理难题不能依赖"万能药"式的简单模型，而应构建一种涵盖多个变量的复杂框架，以适应复杂的现实情境。与此同时，奥斯特罗姆十分重视社群内部自主治理的能力，并认为公民应主动承担社区治理的相关责任，而非将自身仅视作地方政府服务的消费者，抑或与政府对立或反对权威的力量。[①] 通过对奥氏自主治理思想的

---

① Elinor Ostrom. A Communitarian Approach to Local Governance [J].*National Civic Review*, (Summer1993).pp. 226-233.

分析，我们既可以窥得奥斯特罗姆思想的发展脉络与演变路径，也可以了解奥氏治学的诸多特点，揭示了其求真务实的学术关怀与为民服务的人文关怀。奥氏的学术遗产在于这一思想的"认识功能"与"政策功能"，前者作为"显微镜"与"透视镜"，有助于研究者理性地看待现实世界的复杂性与丰富的可能性，后者作为"指南针"与"导航仪"，为政策制定者提供了治理公共资源的又一种工具，具有丰富的现实意义。

一 摒弃"万能药"：诊断现实世界的复杂性

传统集体行动理论预言，除非借助外部权威或市场调节的手段，否则人们将不可避免地陷入困境之中，无法为促成共同利益而展开合作。换言之，以往研究者普遍认为当个人进入开放状态的公共资源之中，由于追求短期利益最大化以及采取"搭便车"等机会主义行为，势必引发"公地悲剧"现象，即理性的个人滥用公共资源从而导致资源枯竭的严重后果。对此，他们认为只有借助作为"外部代理人"的国家权威的力量，通过引入一系列国有化或私有化的产权安排才能避免悲剧发生。上述理论逻辑是将资源治理的外部性内生化，即将公共物品转变为私人物品（私有化或政府财产），因而这种思想在现实中成为政策分析家与政府官员的"万能药"，并成为实际政策选择的基础方案。不过，在埃莉诺·奥斯特罗姆看来，那些主张"万能药"措施的人通常假定：①一切资源治理的问题，无论是某一资源系统内的不同方面，还是多种不同的资源类型，都能够运用类似的方法或模型解决；②资源治理过程中涉及的所有人，均拥有相同的信息、偏好和行为。① 针对前人建构模型的研究倾向，奥斯特罗姆认为他们抛开了对

---

① Elinor Ostrom. A Diagnostic Approach for Going Beyond Panaceas[J]. *Proceeding of the National Academy of Sciences of the United States of America*, Vol. 104, No. 39(September2007). pp. 15181–15187.

制度之下实际生活的具体描述，但由于个体在实际场景中所设计的制度安排，比任何一个简单的博弈结构更为复杂。因此，奥斯特罗姆呼吁："我们必须停止单纯依靠'简笔画'般的模型，（亦应）停止提议'万能药'式的方案，因为这些政策措施在广泛实施时，并不能解决公地悲剧的问题，反而将导致更多悲剧的发生。"①

进一步分析，奥斯特罗姆认为对于包括"囚徒困境""搭便车""公地悲剧"在内的相关模型，后继的理论工作者并不能对其予以简单肯定或否定，而应力图探讨解释资源占用者的行为在何种条件下会或者不会接近上述模型中的预测结果，并且还应对占用者采取何种具体策略进行精确描述。② 由于政策分析家面对公共资源治理问题时，往往采取单一策略解决问题，加之抽象地对待研究对象，从而意识形态方面的争论易被激起。奥斯特罗姆善意提醒研究者以及政策制定者，如果把理论模型作为制定公共政策的基础是相当危险的，因为"完全把模型作为政策分析基础这一做法存在一个认识上的陷阱，这就是学者会因此认为他们是无所不知的观察家，能够通过对系统的某些方面的规范化描述，领悟复杂的动态系统运作的真谛。有了这种自以为万能的错误自信，学者在向政府提建议时感到非常得心应手，而政府也相信学者的模型是万能的，能够纠正一切场景下存在的不完善的问题"。③ 因此，我们必须走出对数学模型和逻辑推演的盲目崇拜，应借助多学科的研究成果，构建一种"真实世界的社会科学"，以描绘人类复杂的动机结构，以及在此之上构建多元化的制度安排，而这也是奥氏十分重视多学科知识，以及运用荟萃分析、实地研究、比较研究等多元研究方法的原因。

---

① Elinor Ostrom. Why Do We Need to Protect Institutional Diversity?[J]. *European Political Science*, Vol. 11, No. 1(March2012) .p. 139.

② 〔美〕埃莉诺·奥斯特罗姆，罗伊·加德纳，詹姆斯·沃克. 规则、博弈与公共池塘资源 [M]. 王巧玲，任睿，译. 西安：陕西人民出版社，2011：18。

③ 〔美〕埃莉诺·奥斯特罗姆. 公共事物的治理之道——集体行动制度的演进 [M]. 余逊达，陈旭东，译. 上海：上海三联书店，2000：中文版译序 20。

　　奥斯特罗姆在探讨制度单一化问题时指出："研究者总是试图遵循研究的科学路径，并让分析变得既简单又可行。可是当研究对象是多层次的复杂社会生态系统时，'保持简单'是笨拙的回应方式。"① 在此之后，奥斯特罗姆十分倡导"制度的多样性"（institutional diversity）这一概念，主张为复杂的公共事物创造多样性的制度安排。对于如何克服集体行动困境而言，无论是国有化、私有化抑或自主治理模式，都有它们自身的优势与不足之处。可以说，理解制度的多样性既是奥斯特罗姆思考公共事物治理问题的出发点，也是奥氏探讨制度理论的基础和前提，她认为多样性是理解人类制度的途径与方式，也是奥氏最重要的理论贡献之一。② 对此，奥斯特罗姆论述道："我们并不认为由占用者，而不是由外部政府，提供制度安排，就会达成解决问题的最优方案。"③ 英国控制论专家阿什比（W. Ross Ashby）的多样化的法则认为，要实现某一特定效应，有效策略亦应如同现有条件那样具备多样性。④ 受此影响，在奥斯特罗姆看来，使政策制定者和研究者超越"万能药"陷阱的关键，在于正确认识社会系统与生态系统间的复杂结构和多元结果，形成完整的"社会—生态"系统的研究框架。例如，通过对现代经济体制中集体行动多样性的考察，她认为现实情境并不必然指向悲观结局，而是需要解释在不同背景下变量对于个体行为的影响。因此，奥斯特罗姆并不认为社区、政府或市场系统是解决问题的最有效办法，反而

---

① Elinor Ostrom. Why Do We Need to Protect Institutional Diversity?[J]. *European Political Science*, Vol. 11, No. 1(March2012).p. 129.

② Elinor Ostrom. *Understanding Institutional Diversity*[M].Princeton, New Jersey: Princeton University Press, 2005: 3.

③ 〔美〕埃莉诺·奥斯特罗姆. 公共事物的治理之道——集体行动制度的演进 [M]. 余逊达，陈旭东，译. 上海：上海三联书店，2000：274。

④ 转引自〔美〕迈克尔·麦金尼斯主编. 多中心治道与发展 [M]. 王文章，毛寿龙，等译. 上海：上海三联书店，2000：2-3。

认为它依赖于问题本身的状况。① 由此，奥斯特罗姆在研究过程中逐渐意识到一个事实，即能在一种环境下运行良好的制度，未必适用于其他环境，因而并不存在适用于所有资源系统的最优制度。

近年来，学界已有部分研究指出"人类—环境"系统、社会或"经济—生态"系统并非简单的线性关系，而是一个具有环形反馈、异质性和突变性、遗传效应等特点的非线性复杂系统。② 换言之，"复杂性"（complexity）已然成为理解发展战略、社会生态等人与自然关系的全新角度。正是基于上述复杂性预设，奥斯特罗姆认为，运用简化的、固定的模型或倾向于借助一种包治百病的"万能药"，将无法实现自然资源的可持续发展。自主治理思想最终要构建的是一套对复杂社会高度适应的秩序，是适合特定情境下的制度安排，及应对特定问题的思维方式。正如奥氏所说："我们所观察到的现实图景，并不必然指向纯粹的悲观主义，也非一定指向纯粹的乐观主义，而是亟须研究者进一步的研究，以解释不同变量是如何促进或破坏合作行动。"③ 由于现代治理问题渐趋复杂化，在分析政策问题时，我们应以复杂思维应对，并针对性地探讨何种体制性的安排更有利于个体之间的合作，从而使其合理使用公共资源。就此而言，奥斯特罗姆实现了解决公共事物治理难题的"认识论"转型，即强调以"多样性"思维替代"单一性"的范式。

由上可知，奥斯特罗姆认为实现资源治理的可持续性，首要的挑战便是如何避免陷入追求"万能药"的陷阱无法自拔，她劝诫研究者接

---

① 〔美〕埃莉诺·奥斯特罗姆，克里斯蒂娜·张，马克·彭宁顿，等. 公共资源的未来：超越市场失灵和政府管制 [M]. 郭冠清，译. 北京：中国人民大学出版社，2015：35-36。

② Melissa Leach, Ian Scoones, Andy Stirling. *Dynamic Sustainabilities: Technology, Environment, Social Justice*[M].London: Earthscan, 2010.

③ Elinor Ostrom. Collective Action and the Evolution of Social Norms [J]. *The Journal of Economic Perspectives*, Vol. 14, No. 3(Summer2000) .p. 154.

受而非拒绝系统的复杂性。① 这是因为社会治理是一项既庞大又复杂的系统工程，它本质上是一个不断演化、具有耦合性和适应特征的复杂网络系统。例如，在早期都市警察服务的研究中，奥斯特罗姆否定了当时美国学者和政策分析家普遍认可的观点，即美国警察服务组织支离破碎，没有实现规模经济，缺乏绩效与合作。经过实证分析，她认为组织规模的绩效与物品的性质相关，并认为在直接公共服务中小规模的组织效益更高。由此，政策研究者应该依据公共物品的不同属性构建相应的生产单位，尽可能地提升公共物品供给的规模效应。② 奥斯特罗姆的这一结论证明包括警察服务在内的任何公共服务，都不存在唯一最优的组织模式。其后，奥斯特罗姆在探寻全球变暖及解决方案研究中，认为公共事物具有"嵌套性"（nested externalities）特征，即较小的公共事物嵌套于更大的公共事物之中，规模不一的公共事物之间密切联系。③ 上述研究告诉研究者应接受现实世界是一个多层次、可分解的复杂系统，若试图将复杂系统予以简单化，可能引发灾难性的结果。

值得说明的是，作为奥斯特罗姆后期思想的精髓，摒弃"万能药"意味着研究者不应过分强调单一制度的作用，而忽略制度之间的组合。而人们是否有能力对影响他们自身情况的外部变量进行转换，则取决于他们所在的情境，其中存在较大的差异性。对于CPRs而言，尽管其竞争性与非排他性的经济属性是产生"公地悲剧"的主因，但现实中CPRs往往在技术、自然、所在社群等诸多方面呈现出的复杂特征，可能避免其堕入传统模型的隐喻之中。不过，研究者总是尝试寻求一劳永逸的解决方案，对此，奥氏认为终极方案是不存在的，"就非排他物品

① 〔美〕埃莉诺·奥斯特罗姆."没有万能解药"——公共事物治理之道 [C].共识，2010（4）：47-48。
② 〔美〕迈克尔·麦金尼斯主编.多中心体制与地方公共经济 [M].王文章毛寿龙，等译.上海：上海三联书店，2000。
③ Elinor Ostrom. Polycentric Systems for Coping with Collective Action and Global Environmental Change[J].*Global Environmental Change*, Vol. 20, No. 4(October2010) .pp.550-557.

的合作产出来说，并不存在放之四海皆准的社会工程的技术方法"①。公共事物的治理实质上是一个不断试错、调适和改进的过程，因而我们也需要在治理过程中不断学习、探索和纠错，从而在实践中完善理论，在学习中达到实践的目的。

二　警惕理论模型的隐喻化用法

当前，学术界十分推崇理论模型的作用。一般而言，为使模型本身拥有强大的解释力和广泛的适用性，理论模型的创立者们往往采取简化模型的前提假设、运用抽象的文字表述等方法，对现实世界展开确定性预测。不过这些模型往往与实地场景并不相符，正如埃莉诺·奥斯特罗姆所说："（研究者）在选择模型关系时，往往只能包括一个子变量群，即使如此，通常还会将其中的某些变量再设为零或某个绝对值。如典型的假设包括完全信息、独立行动、利益的完全对称，无人的失误、无互惠准则、监督和实施的零成本，以及环境无自主转化能力。这些假设形成的是非常特殊的模型，而不是一般的理论。"② 不仅如此，诸多研究者在运用模型对现实生活进行理论指导和确定性预测时，往往无视理论模型本身严格的条件假设，将理论模型毫无限制地应用至其本身并不能胜任的领域，这一做法将导致较为严重的负面后果。例如，奥尔森、哈丁等学者为个人在公共资源情境中所面临的困难以及相应的解决办法提供了极富洞察力的研究，他们提出的理论模型与结构简单的"囚徒困境"博弈模型成为论证个人理性与集体理性之冲突与张力的有力工具。针对上述模型，奥斯特罗姆认为："对现实世界的观察告诉我们，这些

---

① 〔美〕埃莉诺·奥斯特罗姆. 公共物品合作供给——自发治理，多中心与发展 [M]//朱宪辰主编. 自主治理与拓展秩序：对话奥斯特罗姆. 杭州：浙江大学出版社，2012：3-4。

② 〔美〕埃莉诺·奥斯特罗姆. 公共事物的治理之道——集体行动制度的演进 [M]. 余逊达，陈旭东，译. 上海：上海三联书店，2000：315。

制度模型远未能反映出现实世界的复杂性，其本身的效用也是有限的。"① 如考察"囚徒困境"的博弈模型，我们可发现这一模型中两名囚犯均被假定为缺乏改变情境规则的能力，两名囚犯也无法进行沟通交流，可以说这与现实场景中的情况有较大差异。

上述现象被奥斯特罗姆称为"模型的隐喻化（metaphor）用法"，它是指社会科学家脱离了模型阐述的具体场景，将它作为描述和剖析普遍问题的主要框架，并将其应用到各类场景之中，通常指现实社会情境中的一个或两个变量与模型中的变量具有相似性，从而武断地得出研究结论。可是应予以清晰指出的是，理论模型自身是（至少理应是）简单的，不过现实世界却是极为复杂的，被隐喻化的模型往往较难令人信服地用以解释复杂的现实。若不加选择地将这些隐喻化模型用来分析复杂情境、预测未来趋势，将不可避免地陷入"削足适履"的尴尬境地。由此，奥斯特罗姆强调："给出一组模型的适用领域与建立特殊模型一样重要。"② 更为关键的是，研究者对模型的隐喻性用法，常常被用于指导政策实践，而基于隐喻的政策方案，面临着资源浪费严重、制度成本过高的问题。应该说明的是，奥斯特罗姆自身并不否认形式建模的作用，她认为理论模型能够为人们分析现实问题提供某些洞见，但反对把模型作为政策制定的唯一基础。这是因为理论模型作为人们观察、认识世界的理论框架和分析工具，它本身并不能容纳现实生活中纷繁复杂的变量群，也就无法对实际情况做出精准的预测和判断，从而应认识到"所有理论都有局限性，理论模型的局限性更大"③。可在实际研究过程中，研究者对于理论模型的过度依赖，往往有意或无意地忽视了模型的

---

① 〔美〕埃莉诺·奥斯特罗姆. 公共事物的治理之道——集体行动制度的演进 ［M］. 余逊达，陈旭东，译. 上海：上海三联书店，2000：60。

② 〔美〕埃莉诺·奥斯特罗姆. 公共事物的治理之道——集体行动制度的演进 ［M］. 余逊达，陈旭东，译. 上海：上海三联书店，2000：315。

③ 〔美〕埃莉诺·奥斯特罗姆. 公共事物的治理之道——集体行动制度的演进 ［M］. 余逊达，陈旭东，译. 上海：上海三联书店，2000：45。

条件限制，一旦离开模型适用的特殊场景，理论模型在指导人们生产生活时会出现偏差和误导。

梳理奥斯特罗姆自主治理思想的衍生历程，可发现她对理论模型的隐喻化现象及规避进行了深刻的思考并取得了显著成果。奥氏在对一群彼此依赖、相互信任的资源占用者如何摆脱机会主义动机，从而实现CPRs的可持续治理问题的研究当中，她发现"公地悲剧""囚徒困境""集体行动的困境"等传统集体行动的理论模型内在的局限性。例如，上述模型通常将一个变量参数设置为固定常数，使得模型更为简洁、易于理解，但奥斯特罗姆对此予以批判："把一个变量设置成一个常数通常使模型的应用范围更狭窄，而不是更广泛。"[1] 不仅如此，研究者在运用集体行动的模型时，往往无视特定模型本身固有的诸多限制条件，而将其适用到诸多不同条件下的集体选择场景中，从而推断出人类将无法避免悲剧的发生，只有借助外力来摆脱悲剧境遇的片面结论。换言之，若将模型视作隐喻分析政策时，那些为分析目的而被假设为固定不变的若干约束因素，在实际场景中也被理所当然地视为固定不变的。因此，她对现实场景中CPRs的治理情况展开了实地研究与荟萃分析。在这一过程中，奥斯特罗姆既不热衷于构建新的模型，也不妄图解决所有公有资源的治理问题，她的研究"将建立的不是一个制度供给的特殊模型，而是一个可以用来概括公共池塘资源占用者在改变他们制度的、成功的和不成功的努力中所得出的经验和教训框架"。[2]

进一步分析，奥斯特罗姆借鉴帕梅拉·奥利弗（Pamela Oliver）有关集体行动模型的相关研究[3]，在此基础上认为："不存在一个建构集

---

① 〔美〕埃莉诺·奥斯特罗姆. 公共事物的治理之道——集体行动制度的演进 [M]. 余逊达, 陈旭东, 译. 上海：上海三联书店, 2000：276。
② 〔美〕埃莉诺·奥斯特罗姆. 公共事物的治理之道——集体行动制度的演进 [M]. 余逊达, 陈旭东, 译. 上海：上海三联书店, 2000：286。
③ Pamela Oliver. Rewards and Punishments as Selective Incentives for Collective Action: Theoretical investigation[J]. *American Journal of Sociology*, Vol. 85, No. 6(May1980). pp. 1356 - 1375.

体行动模型的'正确'途径：不同的模型隐含着不同的环境假设，会得出非常不同的结论。"① 正如国内学者所论述的，经验事实或其他理论不能成为形式模型（如奥尔森的"搭便车"理论）的评判基础，与此同时，研究者也不能用形式模型来解释或预测经验现象特别是复杂的经验现象。② 因为，理论模型是对特定情形的精细陈述，也是针对具体事物的简易提炼，并且内含诸多假设条件，这使特定模型的适用范围较为狭窄。

对此，奥斯特罗姆并未完全否定理论模型的重要性，她只不过认为理论模型仅是对复杂现实世界的抽象简化，前者只包含部分子变量群，而具体现实状况并不能用类型抽象的模型予以详细刻画。"当模型被用作隐喻时，作者通常指出在自然场景中的一个或两个变量与模式中的一个或两个变量之间的相似性。如果隐喻的全部意图就是引起人们对相似点的注意，它通常的作用是用生动的形式迅速传送信息。"③ 在研究中有意或无意地做此类处理，将促使人们进一步联想，并认为其他的相似性也是存在的。奥氏进而主张："在规模较大的公共池塘资源环境中……这些模型对于预测人们行为是有用的……（但对于）规模较小的公共池塘资源中资源占用者的行为，这些模型就几乎派不上用场。"④

诚然，理论剖析需要研究者进行模型建构，但这并不意味着研究者可以无视模型的规则结构和适用领域，并忽略这一模型中各种变量的逻辑和均衡关系。由此观之，研究者必须警惕模型的隐喻化用法，切忌武断地直接运用模型数据得出结论，而应该针对理论模型的具体情境展开

---

① 〔美〕埃莉诺·奥斯特罗姆. 公共事物的治理之道——集体行动制度的演进〔M〕. 余逊达，陈旭东，译. 上海：上海三联书店，2000：85。

② 赵鼎新. 集体行动、搭便车理论与形式社会学方法〔J〕. 社会学研究，2006（1）：1-21。

③ 〔美〕埃莉诺·奥斯特罗姆. 公共事物的治理之道——集体行动制度的演进〔M〕. 余逊达，陈旭东，译. 上海：上海三联书店，2000：20。

④ 〔美〕埃莉诺·奥斯特罗姆. 公共事物的治理之道——集体行动制度的演进〔M〕. 余逊达，陈旭东，译. 上海：上海三联书店，2000：275。

探讨。值得注意的是，这也涉及如何对待奥斯特罗姆自主治理思想的问题。本书认为奥氏自主治理思想同样有着许多限制条件，因此研究者并不能将这一理论施行于一切公有资源的治理过程，而只能在特定条件中施行。如前所述，本书研究认为奥氏的自主治理思想只在特定的情境中发挥作用，比较显著的特征是 CPRs 的规模小、可再生，资源的占用者之间拥有足够的社会资本，相反对于规模较大、缺乏自治精神的 CPRs 的治理，该思想的适用性是存疑的。此外，自主治理思想要求达成的合作行动所需要的政治体制、自治环境以及社会资本在很大程度上是长时间自然生长的结果，那么短时间内如何人为地构筑这些条件，奥氏也未能给出确定的论述。这也是本书研究的启示所在，即通过对奥斯特罗姆超越传统集体行动模型的研究，为后继研究者滥用理论模型的倾向给予警示。

三 治理话语中积极公民的塑造

在埃莉诺·奥斯特罗姆自主治理思想中，她强调应重新审视公民对于资源治理的作用，并倾向于将公民的角色定位为"积极公民"，主张公民个体并非被动接受服务和管理的消极参与者，而是具有参与公共事物治理自主性的群体。例如，对于地方治理的发展状况进行研究时，奥氏认为社群中的公民已然从公共服务被动的消费者转变为社区特定性格的积极创造者，并承担着社区的诸多责任。① 与此同时，鉴于以往政策分析家忽视地方社群具备有效管理资源的能力，奥氏反对将公民描述为仅是政治生活中的消极消费者，或者仅聚焦于国家层面的政治家或官员等精英群体，而是强调应提供一种视角，让公民知晓自身应该如何挑战腐败、寻租或者其他更糟糕的政策。② 从更高的历史维度来看，尽管在

① Elinor Ostrom. A Communitarian Approach to Local Governance[J]. *National Civic Review*, (Summer1993).pp.226-233.

② Elinor Ostrom. A Behavioral Approach to the Rational Choice Theory of Collective Action: Presidential Address, American Political Science Association, 1997[J].*American Political Science Review*, Vol.92, No.1(March1998).p.3.

所考察的案例中自主组织的制度安排未必都取得了成功，但奥斯特罗姆并未怀疑公民的自治与合作能力，并对由此孕育出的民主治理模式秉持理性乐观的态度。① 可以说，奥斯特罗姆的研究揭示了公民在公共事物治理中的积极作用，并认为在 CPRs 治理过程中，政府、市场、社区以及个人的有效结合，是促进"公地悲剧"向"公地繁荣"转换的关键所在。

作为一项重要的制度安排，自主治理是以提升公民参与能力为宗旨，最大限度地尊重并且保障公民的治理主体地位，进而发挥社会自治力量管理公共事物的作用，建构由多元主体构成的多中心治理体系。国内学者发现，与霍布斯借助国家权力的方式不同，奥斯特罗姆的自主治理思想强调人类自身的能力，即公民或民众的能力和意识。② 不过，研究者也不能判定自主治理必然优于政府治理或精英治理，也不能认为自主治理必将取得成功，但这并非奥斯特罗姆自主治理思想的内在精义。如上所述，奥氏认为社会资本是在公民积极参与问题的解决过程中形成的，它是维系社群生活的重要条件。③ 若在自主组织的自主治理过程中，社群内部缺乏必要的信任与互惠等社会资本，势必导致公共资源陷入"公地悲剧"之中。

传统集体行动理论认为促进集体产生行动的公共政策主要是从外部改变资源情境的收益结构。对此，奥斯特罗姆认为这种政策认识可能具有误导性，因为它忽略了社会自主规范形成的空间，而该空间对于促进合作行为是极为有利的。④ 进一步分析，她认为在小规模的 CPRs 中政策制定者不应假设相关个体无法避免"公地悲剧"，若个体拥有充分的

---

① 〔美〕埃莉诺·奥斯特罗姆. 制度安排和公用地两难处境 [M] // 〔美〕V. 奥斯特罗姆，D. 菲尼，H. 皮希特编. 制度分析与发展的反思——问题与抉择. 王诚，等译. 北京：商务印书馆，1992：107.

② 江峰. 构建一种"自我管理"的社会——奥斯特罗姆夫妇学术思想述评 [J]. 中国行政管理，1996 (8)：44-45.

③ 〔美〕埃莉诺·奥斯特罗姆. 社会资本：流行的狂热抑或基本的概念？[J]. 龙虎，编译. 经济社会体制比较，2003 (2)：26-33.

④ Elinor Ostrom. Collective Action and the Evolution of Social Norms [J]. *The Journal of Economic Perspectives*, Vol. 14, No. 3(Summer2000) .p. 154.

信息、可供讨论共同策略和执行监督与制裁的平台，他们将能够在缺乏外部力量的情况下实现高水平的共同结果。① 与此同时，奥斯特罗姆通过实验研究发现个体可以利用交流机会达成共同策略，并能够完全在自己做出承诺、付出监督努力与投资制裁行为的基础上，达到接近最优的结果。② 以上分析表明，个体能够通过理性的行为和榜样，通过深思熟虑和自由选择，建立并维持自主治理体制。而多中心体制的自主治理思想，就是指导这一制度设计的蓝图，它内在强调发挥公民的主动性精神，通过赋予社会治理组织充分的自主权，利用资源占用者内部的社会资本，从而达到规避集体行动困境的目的。

由于在以尊崇个人权利为价值依归的自由民主制度架构中，由于个人固守一己之私而造成人与人之间的相互疏远，人们对于公共生活逐渐呈现消极状态。对此，在奥斯特罗姆看来，未来社群的管理方向在于建立多中心的自我管理机制。

在自由社会中，基于规则的自主治理构成了一种多中心的秩序，这使诸如政府、市场、社会以及个体成为决策和治理的中心，并在各自有限的空间范围内发挥作用。在这一秩序中，政府的行为范围和权力作用十分有限，其目的仅为保护个人的权利与自由，并为之供给司法、治安和防御等公共服务。一方面，在社群内部自主治理过程中，自组织能够对公民需求给予积极回应，并切实履行服务公民的责任，能够提升协调的效率，并降低规制成本。另一方面，积极公民在自主治理组织中，还能够降低个体"搭便车"的概率，减少寻租与腐败的风险。因为强化

---

① Elinor Ostrom, Jammes Walker, Roy Gardner. Covenants With and Without a Sword: Self-Governance is Possible [J]. *American Political Science Association*, Vol. 86. No. 2 (June1992). p. 414.

② 〔美〕埃莉诺·奥斯特罗姆，罗伊·加德纳，詹姆斯·沃克. 规则、博弈与公共池塘资源 [M]. 王巧玲，任睿，译. 西安：陕西人民出版社，2011：215。

公民之间的沟通，能够促进相互信任，从而影响他人行为。① 由此可知，作为一种全新的价值取向，自组织的自主治理既是民主价值的体现，也是富有效率的。而促使这一程序顺利运作的条件在于，作为公民的个体同情与尊重其他人的相同利益，并通过自主协商解决他们面临的集体行动困境，而非预设某一"政府"能够为其解决一切问题。换言之，社群内部成员必须尽力维持一种自力更生的积极态度，通过自主治理的方式解决共同面临的公共问题，并关心其行动的实际后果。

当代社会治理应复归民主的原初价值，即加强公民参与管理与自主治理能力，从而彰显公民主体性的内在要求，并应重视公民个体在公共治理中的积极作用。进一步分析，以社区自治组织、公民个体为主体，依据契约观念和非强制原则实现有效治理，体现了平等、自治、协商、自主的原则，并以此安排社会生活中的社会关系，处理社会公共事物。正如国内有学者所说："自主组织和自主治理要求作为主体的公民积极参与，发挥主动性和公民自主意识，以形成积极良好的社会资本。"② 总之，缺乏公民的积极合作、团结互助，社群自主治理公共事物便无从谈起。所以说，尽管在大规模范围内实现社群内部的自主治理，在一定程度上只是一种美好愿景，但为公民社会理论提供了丰富启示。

综上所述，考察奥斯特罗姆的学术思想，可知她十分关注人类个体的自治能力以及社会自治的可能性，并侧重于从微观层面探讨建立社会自治秩序的可能性。在自主治理过程中需要调整公民的角色，即从政府服务的被动消费者转变为资源治理的主动参与者，强调公众自主破解集体行动困境的能力，从而为公民社会理论、民主理论、自治理论提供积极的支撑。与此同时，奥斯特罗姆的研究，是对传统研究中公共资源治

---

① Elinor Ostrom. Toward a Behavioral Theory, Linking Trust, Reciprocity and Reputation[M]// Elinor Ostrom, James Walker, et al. Trust and Reciprocity: Interdisciplinary Lessons for Experimental Research. New York: Russel Sage Foundation, 2002: 33.

② 蔡绍洪，向秋兰. 奥斯特罗姆自主治理理论的主要思想及实践意义 [J]. 贵州财经学院学报，2010（5）：18-24。

理的"最佳"方案倾向的摒弃。她认为一个活跃的公民共同体能够摆脱集体行动的困境，促使民主制度有效运转起来。自主治理思想作为治理话语的重要组成部分，更加强调自治主体自由行使个人自主权，在公共事物的供给方面携手合作，从而培养公民个人自力更生的精神。总之，尽管奥斯特罗姆辞世已有数年，但大师所遗留的学术精华依然值得后辈学者认真对待，并以各种方式指导着我们的学术研究。不过，由于学术传统的差异，中外学者的研究在许多方面存在明显不同，研究者应取其长弃其短，真正做到理论与实践相结合。

参考文献

一 英文著作类

[1] Elinor Ostrom. *Governing the Commons: The Evolution of Institutions for Collective Action*[M].New York: Cambridge University Press, 1990.

[2] Elinor Ostrom. *Crafting Institutions for Self-Governing Irrigation Systems* [M].San Francisco, CA: Institute for Contemporary Studies Press, 1992.

[3] Elinor Ostrom, Larry Schroeder, Susan Wynne. *Institutional Incentives and Su-stainable Development: Infrastructure Policies in Perspective* [M]. Boulder, CO: Westview Press, 1993.

[4] Elinor Ostrom, Roy Gardner, James Walker. *Rules, Games and Public Common-Pool Resources*[M].Ann Arbor: University of Michigan Press, 1994.

[5] Elinor Ostrom, Robert Keohane. *Local Commons and Global Interdependence: Heterogeneity and Cooperation in Two Domains* [M]. London: Sage, 1995.

[6] Elinor Ostrom. *Institutional Rational Choice: An Assessment of the IAD Framework*[M]//Paul A. Sabatier, et al. Theories of Policy Process. Boulder, CO: Westview Press, 1999: 21−64.

[7] Elinor Ostrom, et al. *The Drama of the Commons*[M].Washington, DC: National Academy Press, 2002.

[8] Elinor Ostrom, James Walker, et al. *Trust and Reciprocity: Interdisciplinar*

Les-sons for Experimental Research [M] . New York: Russell Sage Foundation, 2003.

〔9〕 T. K. Ahn, Marco A. Janssen, Elinor Ostrom. *Signals, Symbols, and Human Coo-peration* [M] // Robert W. Sussman, Audrey R. Chapman. The Origins and Nature of Sociality. New York: Aldine Transaction, 2004: 122-139.

〔10〕 Elinor Ostrom. *Understanding Institutional Diversity* [M] . Princeton, New Jer-sey: Princeton University Press, 2005.

〔11〕 Charlotte Hess, Elinor Ostrom. *Understanding Knowledge as a Commons: From Theory to Practice* [M] . Massachusetts: The Massachusetts Institute of Technology Press, 2007.

〔12〕 Elinor Ostrom. *Collective Action Theory* [M] // Carles Boix, SusanC. Stokes, et al. The Oxford Handbook of Comparative Politics. Oxford: Oxford University Press. 2007: 186-208.

〔13〕 Elinor Ostrom. *Developing a Method for Analyzing Institutional Change* [M] // Sandra Batie, Nicholas Mercuro, et al. Assessing the Evolution and Impact of Alternat ive Institutional Structures. New York: Routledge Press, 2008.

二　中文译著类

〔1〕〔美〕埃莉诺·奥斯特罗姆. 公共事物的治理之道——集体行动制度的演进 [M]. 余逊达，陈旭东，译. 上海：上海三联书店，2000。

〔2〕〔美〕埃莉诺·奥斯特罗姆. 公共资源的未来：超越市场失灵和政府管制 [M]. 郭冠清，译. 北京：中国人民大学出版社，2015。

〔3〕〔美〕埃莉诺·奥斯特罗姆，拉里·施罗德，苏珊·温. 制度激励与可持续发展：基础设施政策透视 [M]. 陈幽泓，谢明，等译. 上海：上海三联书店，2000。

［4］〔美〕埃莉诺·奥斯特罗姆，帕克斯，惠特克．公共服务的制度建构：都市警察服务的制度结构［M］．宋全喜，任睿，译．上海：上海三联书店，2000。

［5］〔美〕埃莉诺·奥斯特罗姆，罗伊·加德纳，詹姆斯·沃克．规则、博弈与公共池塘资源［M］．王巧玲，任睿，译．西安：陕西人民出版社，2011。

［6］〔加〕埃米·R·波蒂特，〔美〕马可·A·詹森，〔美〕埃莉诺·奥斯特罗姆．共同合作：集体行为、公共资源与实践中的多元方法［M］．路蒙佳，译．北京：中国人民大学出版社，2013。

［7］〔美〕V.奥斯特罗姆，D.菲尼，H.皮希特编．制度分析与发展的反思——问题与抉择［M］．王诚，等译．北京：商务印书馆，1992。

［8］〔美〕V.奥斯特罗姆．美国行政管理危机［M］．江峰，等译．北京：北京工业大学出版社，1994。

［9］〔美〕文森特·奥斯特罗姆．美国公共行政的思想危机［M］．毛寿龙，译．上海：上海三联书店，1999。

［10］〔美〕文森特·奥斯特罗姆．复合共和制的政治理论［M］．毛寿龙，译．上海：上海三联书店，1999。

［11］〔美〕迈克尔·麦金尼斯主编．多中心体制与地方公共经济［M］．毛寿龙，李梅，译．上海：上海三联书店，2000。

［12］〔美〕迈克尔·麦金尼斯主编．多中心治道与发展［M］．王文章，毛寿龙，等译．上海：上海三联书店，2000。

［13］〔美〕文森特·奥斯特罗姆．美国联邦主义［M］．王建勋，译．上海：上海三联书店，2003。

［14］〔美〕文森特·奥斯特罗姆，罗伯特·比什，埃莉诺·奥斯特罗姆．美国地方政府［M］．井敏，陈幽泓，译．北京：北京大学出版社，2004。

［15］〔美〕文森特·奥斯特罗姆．民主的意义及民主制度的脆弱性——回应托克维尔的挑战［M］．李梅，译．西安：陕西人民出版社，2011。

［16］〔古希腊〕柏拉图．理想国［M］．郭斌和，张竹明，译．北京：商务印书馆，2009。

［17］〔古希腊〕亚里士多德．政治学［M］．吴寿彭，译．北京：商务印书馆，1965。

［18］〔英〕霍布斯．利维坦［M］．黎思复，黎廷弼，译．北京：商务印书馆，1985。

［19］〔法〕卢梭．论人类不平等的起源和基础［M］．李常山，译．北京：商务印书馆，1962。

［20］〔法〕卢梭．社会契约论［M］．何兆武，译．北京：商务印书馆，2003。

［21］〔英〕亚当·斯密．国民财富的性质和原因的研究（上卷）［M］．郭大力，王亚南，译．北京：商务印书馆，1974。

［22］〔英〕亚当·斯密．国民财富的性质和原因的研究（下卷）［M］．郭大力，王亚南，译．北京：商务印书馆，1974。

［23］〔法〕托克维尔．论美国的民主（上册）［M］．董果良，译．北京：商务印书馆，1988。

［24］〔美〕汉密尔顿，杰伊，麦迪逊．联邦党人文集［M］．程逢如，等译．北京：商务印书馆，1980。

［25］〔美〕安东尼·唐斯．官僚制内幕［M］．郭小聪，等译．北京：中国人民大学出版社，2017。

［26］〔美〕安东尼·唐斯．民主的经济理论［M］．姚洋，等译．上海：上海人民出版社，2017。

［27］〔美〕戴维·奥斯本，彼得·普拉斯特里克．摒弃官僚制：政府再造的五项战略［M］．谭功荣，刘霞，译．北京：中国人民大学

出版社，2002。

［28］〔美〕戴维·奥斯本，特德·盖布勒.改革政府：企业家精神如何改革着公共部门［M］.周敦仁，等译.上海：上海译文出版社，2006.

三　中文著作类

［1］王亚华.增进公共事物治理：奥斯特罗姆学术探微与应用［M］.北京：清华大学出版社，2017。

［2］杨立华.超越政府与超越企业：政府理论与企业理论的大社会科学和产品研究法［M］.北京：中国经济出版社，2005。

［3］孔繁斌.公共性的再生产——多中心治理的合作机制建构［M］.南京：江苏人民出版社，2018。

［4］冯兴元.规则与繁荣——国富民强的可能途径［M］.北京：中信出版社，2013。

［5］朱天飚.比较政治经济学［M］.北京：北京大学出版社，2006。

［6］蒋俊杰.我国农村灌溉管理的制度分析［M］.上海：上海社会科学院出版社，2012。

［7］李文钊.国家、市场与多中心：中国政府改革的逻辑基础和实证分析［M］.北京：社会科学文献出版社，2011。

［8］蔡晶晶.农田水利基础设施合作治理的制度安排［M］.北京：中国社会科学出版社，2017。

［9］蔡晶晶."社会—生态"系统视野下的集体林权制度改革：基于福建省的实证研究［M］.北京：中国社会科学出版社，2012。

［10］柴浩放.草场资源治理中的集体行动研究——来自宁夏盐池数个村庄的观察［M］.北京：中国农业出版社，2011。

［11］俞可平主编.治理与善治［M］.北京：社会科学文献出版社，2000.

［12］陈振明．理解公共事务［M］．北京：北京大学出版社，2007。

［13］陈振明，等．公共管理学（第二版）［M］．北京：中国人民大学出版社，2017。

［14］毛寿龙．政治社会学：民主制度的政治社会基础［M］．长春：吉林出版集团有限责任公司，2007。

［15］毛寿龙，李梅，陈幽泓．西方政府的治道变革［M］．北京：中国人民大学出版社，1998。

［16］汪大海．西方公共管理名著导读［M］．北京：中国人民大学出版社，2011。

［17］陈毅．博弈规则与合作秩序：理解集体行动中合作的难题［M］．上海：上海人民出版社，2010。

［18］徐邦友．自负的制度：政府管制的政治学研究［M］．上海：学林出版社，2008。

［19］方雷，王元亮主编．政治科学研究方法概论［M］．北京：北京大学出版社，2011。

［20］王建勋编．自治二十讲［M］．天津：天津人民出版社，2008。

［21］朱宪辰主编．自主治理与扩展秩序：对话奥斯特罗姆［M］．杭州：浙江大学出版社，2012。

［22］孔露．埃莉诺·奥斯特罗姆的治理理论研究［M］．徐州：中国矿业大学出版社，2012。

［23］杨光斌．制度的形式与国家的兴衰——比较政治发展的理论与经验研究［M］．北京：北京大学出版社，2005。

［24］李兴业．参与成本、制度背景与集体行动——对奥尔森集体行动理论的反思与拓展［M］．广州：中山大学出版社，2016。

四 英文期刊类

［1］ Elinor Ostrom. A Behavioral Approach to the Rational Choice Theory of Collective Action: Presidential Address, American Political Science Association, 1997 ［J］. *American Political Science Review*, Vol. 92, No. 1 (March1998) .pp. 1-22.

［2］ Elinor Ostrom. A Communitarian Approach to Local Governance ［J］. *National Civic Review*, (Summer1993) .pp. 226-233.

［3］ Elinor Ostrom. A Diagnostic Approach for Going Beyond Panaceas ［J］. *Proceeding of the National Academy of Sciences of the United States of America*, Vol. 104, No. 39(September2007) .pp. 15181-15187.

［4］ Elinor Ostrom. A General Framework for Analyzing Sustainability of Social-Ecological Systems ［J］. *Science*, Vol. 325, No. 5939 (July2009). pp. 419-422.

［5］ Elinor Ostrom. A Long Polycentric Journey［J］.*Annual Review of Political Science*, Vol. 13(2010) .pp. 1-23.

［6］ Elinor Ostrom. A Polycentric Approach for Coping with Climate Change ［J］. *Annals of Economics and Fiance*, Vol. 15, No. 1 (May2014). pp. 97-134.

［7］ Elinor Ostrom. Analyzing Collective Action ［J］. *Agricultural Economics*, Vol. 41. No. 1(November2009) .pp. 155-166.

［8］ Elinor Ostrom. An Agenda for the Study of Institutions［J］. *Public Choice*, Vol. 48, No. 1(1986) .pp. 3-25.

［9］ Elinor Ostrom. Background on the Institutional Analysis and Development Framework［J］.*Policy Studies*, Vol. 39, No. 1(2011) .pp. 7-27.

［10］ Elinor Ostrom. Beyond Markets and States: Polycentric Governance of Complex Economic Systems［J］.*American Economic Review*, Vol. 100, No. 3

(June2010).pp. 641-672.

[11] Elinor Ostrom. Coevloving Relationships between Political Science and Economics[J] . *ZiF-Mitteilungen*, No. 1(2012).pp. 23-35.

[12] Elinor Ostrom. Collective Action and the Evolution of Social Norms[J] . *The Journal of Economic Perspectives*, Vol. 14, No. 3(Summer2000). pp. 137-158.

[13] Elinor Ostrom. Constituting Social Capital and Collective Action [J] .*Journal of Theoretical Politics*, Vol. 6, No. 4(October1994).pp. 527-562.

[14] Elinor Ostrom. Coping with Tragedies of the Commons [J] . *Annual Revies of Political Science*, Vol. 2(1999).pp. 493-535.

[15] Elinor Ostrom. Crossing the Great Divide: Coproduction, Synergy, and Development [J]. *World Development*, Vol. 24, No. 6 (June1996). pp. 1073-1087.

[16] Elinor Ostrom. Do Institutions for Collective Action Evolve? [J] . *Journal of Bioeconomics*, Vol. 16, No. 1(2014).pp. 3-30.

[17] Elinor Ostrom. Frameworks and Theories of Environmental Change [J] .*Global Environmental Change*, Vol. 18, No. 1(May2008).pp. 249-252.

[18] Elinor Ostrom. Honoring James Buchanan[J] .*Journal of Economic Behavior and Organization*, Vol. 80, No. 2(October2011).pp. 370-373.

[19] Elinor Ostrom. Nested Externalities and Polycentric Institutions: Must We Wait for Global Solutions to Climate Change before Taking Actions at Other Scales? [J]. *Economic Theory*, Vol. 49, No. 2 (February2012). pp. 353-369.

[20] Elinor Ostrom. Organizational Economics: Applications to Metro-Politan Governance [J]. *Journal of Institutional Economics*, Vol. 6, No. 1 (March2010).pp. 109-115.

[21] Elinor Ostrom. Polycentric Systems for Coping with Collective

Action and Global Environmental Change [J]. *Global Environmental Change*, Vol. 20, No. 4(October2010) .pp. 550-557.

[22] Elinor Ostrom. Rational Choice Theory and Institutional Analysis: Toward Complementarity [J]. *American Political Science Review*, Vol. 85, No. 1 (March1991) .pp. 237-243.

[23] Elinor Ostrom. Reflections on "Some Unsettled Problems of Irrigation" [J]. *American Economic Review*, Vol. 101, No. 1 (February2011). pp. 49-63.

[24] Elinor Ostrom. Reformulating the Commons [J]. *Swiss Political Science Review*, Vol. 6, No. 1(2000) .pp. 29-52.

[25] Elinor Ostrom. Revising Theory in Light of Experimental Findings [J]. *Journal of Economic Behavior and Organization*, Vol. 73, No. 1 (Janurary 2010) .pp. 68-72.

[26] Elinor Ostrom. Some Thoughts about Shaking Things Up: Future Directions in Political Science [J]. *Political Science and Politics*, Vol. 35, No. 2 (June2002) .pp. 191-192.

[27] Elinor Ostrom. The Challenge of Common-Pool Resources [J]. *Environment*, Vol. 50, No. 4(July-August2008) .pp. 8-20.

[28] Elinor Ostrom. The Challenge of Self-Governance in Complex Contemporary Environments[J] .*Journal of Speculative Philosophy*, Vol. 24, No. 4 (2010) .pp. 316-332.

[29] Elinor Ostrom. The Comparative Study of Public Economies[J]. *American Economist*, Vol. 42, No. 1(1998) .pp. 3-17.

[30] Elinor Ostrom. The Danger of Self-Evident Truths [J]. *Political Science and Political*, Vol. 33, No. 1(March2000) .pp. 33-44.

[31] Elinor Ostrom. The Institutional Analysis and Development Framework and The Commons[J] .*Policy Studies Journal*, Vol. 94, No. 4(May 2010) .

pp. 807-815.

[32] Elinor Ostrom. The Value-added of Laboratory Experiments for the Study of Institutions and Common-pool Resources[J]. *Journal of Economic Behavior and Organization*, Vol. 61, No. 2(October2006) .pp. 149-163.

[33] Elinor Ostrom. Why Do We Need to Protect Institutional Diversity?[J]. *European Political Science*, Vol. 11, No. 1(March2012) .pp. 128-147.

[34] Elinor Ostrom. How Types of Goods and Property Rights Jointly Affect Collective Action[J]. *Journal of Theoretical Politics*, Vol. 15, No. 3(July 2003) .pp. 239-270.

[35] Elinor Ostrom. Response to Zakir Husain and Rabindra Bhattacharya's "Common Pool Resources and Contextual Factors: Evolution of a Fishermen's Cooperative in Calcutta[J]. *Ecological Economics*, Vol. 55, No. 2 (November2005) .pp. 139-142.

[36] Elinor Ostrom. Institutional Arrangements and The Measurement of Policy Consequences: Applications to Evaluating Police Performance[J]. *Urban Affairs Quarterly*, Vol. 6, No. 4(June1971) .pp. 447-475.

[37] Elinor Ostrom. The Institutional Analysis and Development Framework and The Commons[J]. *Cornell Law Review*, Vol. 95, No. 4(May2010). pp. 807-815.

[38] Elinor Ostrom. Polycentricity, Complexity, and the Commons[J]. *The Good Society*, Vol. 9, No. 2(1999) .pp. 37-41.

[39] Elinor Ostrom, Roy Gardner. Coping with Asymmetries in the Commons: Self-Governing Irrigation Systems Can Work[J]. *Journal of Economic Perspectives*, Vol. 7, No. 4(Fall1993) .pp. 93-112.

[40] Elinor Ostrom, Jammes Walker, Roy Gardner. Covenants With and Without a Sword: Self-Governance is Possible[J]. *American Political Science Association*, Vol. 86, No. 2(June1992) .pp. 404-417.

附录一　埃莉诺·奥斯特罗姆的生平及学术研究历程

埃莉诺·奥斯特罗姆（Elinor Ostrom[①]，1933—2012 年），中文名为欧玲，出生于美国大萧条时期的洛杉矶市。早年遭遇父母离异后的奥斯特罗姆，跟随母亲过着较为拮据的生活，时常帮助母亲照料农家菜园。高中时期，奥斯特罗姆为了纠正口吃而参加辩论队，凭借两年的赛事训练，她意识到"必须学会观察一个问题的正反面……无论（自己）被指派为哪一方观点进行辩论，都必须准备好有效的论点与论据"。[②]1954 年，时年 21 岁的奥斯特罗姆毕业于加利福尼亚大学洛杉矶分校（UCLA），获政治学学士学位。毕业后的奥斯特罗姆，嫁给了她的第一任丈夫查尔斯·斯科特（Charles Scott），并前往美国东北部城市波士顿的一家法律公司担任人事助理一职。三年后，已与斯科特离婚的奥斯特罗姆，返回至加利福尼亚大学洛杉矶分校的人事部门工作，与此同时，她继续修读了本校的研究生课程，并于 1962 年获得政治学硕士学位。

在这一时期，奥斯特罗姆师从文森特·奥斯特罗姆（Vincent Ostrom）[③]，并参加了导师主持的有关公共经济组织的系列研讨会。其间，她对美国西部地下水流域进行考察，以探究人口增长和水量降低问题的

---

① 奥斯特罗姆的原名为 Lin Eva，她的朋友及同事多亲切地称其为"Lin"。
② Elinor Ostrom. A Long Polycentric Journey [J] . *Annual Review of Political Science*, Vol. 13 (2010) .pp. 1–23.
③ 1963 年，埃莉诺·奥斯特罗姆与文森特·奥斯特罗姆结婚，由此开启了一段伉俪情深的学术佳话。

处置（或不能处置）程序，这促使她开始理解影响集体行动问题的关键要素。通过实证调研，奥斯特罗姆发现经过多轮协议，加州当地80%的用水户代表自发达成了共同减少用水的协议，并且这一协议得到了有效履行，这给予她较大启发，也使她逐渐意识到公共事物的治理，未必需要强有力的政府制定政策予以解决，或许能够借助多中心治理的方式妥善应对。1965年，奥斯特罗姆以加利福尼亚的地下水治理为主题完成了她的博士论文，成为加州大学洛杉矶分校政治学系有史以来第一位女博士，并获得美国西部政治学会授予的最佳博士论文奖。她的博士论文题目为 *Public Entrepreneurship: A Case Study in Ground Water Basin Management*①，集中研究了加州地区不同利益主体之间围绕地下水资源展开的竞争合作及其博弈问题，并由此开启了其漫长的公共治理研究的学术生涯，也奠定了奥斯特罗姆倾向关注案例研究及实证分析的研究特色。

　　同年，奥斯特罗姆随其先生前往位于美国中北部地区布鲁明顿市的印第安纳大学②艺术和科学学院任教。不过，彼时的奥斯特罗姆刚开始给其先生做编辑助理工作，并未能获得正式教职。时隔不久，她以"访问助理教授"的身份讲授美国政府管理等相关课程，一年后方才被正式聘任为助理教授。由于出色的研究能力，奥斯特罗姆于1969年被印第安纳大学聘为副教授。此后，奥斯特罗姆与其先生一起从事美国大城市的治安服务研究，主要考察警察组织的规模及其结构与服务绩效之间的关系。此后，他们花费十余年的时间，实证调研了全美近100个城市的警察服务机构，最终得出结论：警察服务机构并非越大越好，反而是小规模的、与当地公共服务密切契合的警察服务，才能

---

① 中文可译为《公共企业家精神：一项地下水流域管理的案例研究》，可参见：Elinor Ostrom. *Public Entreprene-urship: A Case Study in Ground Water Basin Management*[D]. Los Angeles: University of California, 1965.

② 作为美国著名的公立研究型院校，印第安纳大学（Indiana University）共有八个校区或分校，此处为印第安纳大学布鲁明顿主校区（Indiana University Bloomington），国内也有译为印第安纳大学伯明顿校区。

发挥出良好绩效。① 可以说，该结论挑战了大都市改革的传统理论，后者认为大都市地区的政府机构存在的职能重叠与交叉管辖等问题，是导致城市治理混乱的源头。而奥斯特罗姆夫妇的研究则从大都市的警察服务切入，主张以社区警务为基础，促使社区安全拥有多中心性质的基础。

1973 年，为了协调若干个正在开展的研究项目，奥斯特罗姆与其先生共同创建了印第安纳大学政治理论与政策分析研究所（Workshop in Political Theory and Policy Analysis，简称 Workshop）②，致力于围绕公共资源管理、实验研究、个体行为与制度激励等主题的研究，并成为美国比较制度分析与政策发展的跨学科研究基地。其中，奥斯特罗姆担任研究所的共同所长，并在这一岗位工作长达 36 年之久，直至 2009 年由于身体原因卸任所长之职并转任高级研究主任。1974 年，奥斯特罗姆再次由于出色的工作，破格晋升为政治学系教授。总体而言，自 20 世纪 60 年代至 70 年代后期，奥斯特罗姆与其先生一道关注地方公共经济的多中心秩序问题，为后期公共池塘资源自主治理的相关研究奠定了坚实基础。

时至 1980 年秋，奥斯特罗姆夫妇前往德国比勒费尔德大学的交叉学科研究中心，参加了为期一年的"公共部门中的指导、控制与绩效评估"研究小组。这次研讨对于奥氏而言具有独特的价值，启发了她从多学科的视角，以博弈论的工具，探讨制度分析的相关理论。在此期间，奥斯特罗姆应邀参加了莱茵哈德·泽尔滕③在比勒费尔德大学的博弈论

① Elinor Ostrom, William Baugh, Richard Guarasci, Roger Parks, Gordon Whitaker. *Community Organization and the Provision of Police Service*[M].CA: Sage, 1973.
② 该研究所并非一般意义上的 Institute 或 Center，而是 Workshop，国内亦有学者直译为"工作坊"，表明它是供各国学者共同工作和研究的平台，其中学者之间的合作如同工匠（craftsmen）师徒授艺一般，以促使研究工艺（craft）与技能（skill）易于被获取、运用与积累。值得一提的是，在奥斯特罗姆夫妇逝世后，该研究所现已更名为奥斯特罗姆研究所。
③ 莱茵哈德·泽尔滕（Reinhard Selten）因其"非合作博弈理论中开创性的均衡分析"，成为 1994 年诺贝尔经济学奖得主。

研讨会，深化了她对博弈论及制度分析框架的思考。也正是这次经历，奥斯特罗姆开始思考如何从多个学科寻找研究灵感，而不能仅仅局限于单一领域展开制度分析，这也令作为政治学家的奥斯特罗姆，拥有良好的经济学基础，其运用数理统计、博弈论等方法研究集体行动问题。自1984 年始，奥斯特罗姆担任了印第安纳大学环境与公共事务学院（SPEA）兼职教授。① 在这段时间内，奥斯特罗姆设计了公共产品的多中心生产和供应安排，并长期专注公共池塘资源的制度结构、安排和环境的研究，形成了制度分析和发展框架，构建了自治、多中心和联邦主义之间的逻辑关系。

作为美国公共选择学派的创始人之一，她在 20 世纪 80 年代当选为美国公共选择学会主席。1991 年当选为美国艺术与科学院院士，同年被荣聘为印第安纳大学政治学系阿瑟·F. 本特利（Arthur F. Bentley）讲座终身教授。1996 年，奥斯特罗姆担任印第安纳大学制度、人口与环境研究所主任，同年获得美国政策研究组织颁发的杰出妇女奖。1997 年，奥斯特罗姆担任美国政治学会主席。同年，她因在 CPRs 领域的突出研究而获得政治经济学领域著名的弗兰克·E. 塞德曼（Frank E. Seidman）杰出贡献奖。2001 年当选为美国国家科学院院士，2005 年，奥斯特罗姆荣获美国政治学会颁发的詹姆斯·麦迪逊奖，以表彰她对政治科学作出的杰出贡献。2006 年，奥斯特罗姆应亚利桑那州立大学邀请，创建制度多样性研究中心（Center for the Study of Institutional Diversity）。2008 年，获得美国政治学学会瑞克（W. H. Riker）最佳政治学著作奖，成为首位来自政治学领域的获得者。至此可知，奥斯特罗姆作为美国著名的政治学家、政策分析学家、行政学家、政治经济学家，在其学术生涯当中获奖无数，并已然在世界范围内享有盛誉。

---

① 该学院与美国锡拉丘兹大学麦克斯韦尔学院、哈佛大学肯尼迪政治学院，被誉为全美最好的 3 所公共管理学院。

2009 年，奥斯特罗姆凭借"对经济治理的分析，尤其在公共资源领域"[1] 作出的开创性贡献，成为史上首位斩获诺贝尔经济学奖的女性得主，进一步增强了她的学术思想在全球范围的影响力。[2] 与此同时，作为科班出身的政治学家，奥斯特罗姆荣膺诺贝尔奖，在该奖项历史上同样具有开创性意义，进而在国际社会科学界引发较大反响。同时值得一提的是，奥斯特罗姆夫妇将一生积蓄投入了他们共同建立的"托克维尔基金会"，以资助来自世界各地的访问学者和学生，其中自然也包括此次所获诺奖的全部奖金。2012 年 4 月，奥斯特罗姆被美国《时代》周刊评为年度世界最有影响力的百人之一（名列 19 位）。2012 年 6 月 12 日，奥斯特罗姆因癌症不治在美国逝世，享年 79 岁。她的先生文森特·奥斯特罗姆两周后也随她而去，正如史蒂夫·霍维茨（Steve Horwitz）所说的："当一个人离去，另一个人亦不能独活，你便知道两个人彼此的爱有多深。"

归纳而言，奥斯特罗姆的学术生涯可分为：研究生期间对加州地区地下水流域的治理研究；至印第安纳大学任教之后的 15 年间，针对不同城市的公共安全服务系统展开研究；20 世纪 80 年代初期以来的公共池塘资源自主治理研究；21 世纪以来宣扬"制度多样性"与"超越万能药"的理念，其研究视野遍及政治学、公共经济、公共行政以及环境科学等诸多领域，但贯穿奥氏整项研究的主题是多中心的自主治理思想。在奥氏早期研究过程中，其先生文森特·奥斯特罗姆对她的影响至深，而且其也未能从她先生的学术思想中完全独立。20 世纪 80 年代以来，奥氏尝试发展超理论的分析框架，并逐步提出了"自主治理"的学术思想，标志着她的学术逐步迈向成熟。

---

[1] The Sveriges Riksbank Prize in Economic Sciences in Memory of Alfred Nobel 2009[EB/OL]. 2009-10-13[2018-11-07]. https://www.nobelprize.org/prizes/economic-sciences/2009/summary/.

[2] 1976 年，诺贝尔经济学奖得主米尔顿·弗里德曼（Milton Friedman）曾经断言，要获得诺贝尔经济学奖必须满足三个条件：男性；美国公民；在芝加哥大学学习或者任教，而奥斯特罗姆的获奖，则打破了弗里德曼有关诺奖得主必须为男性的断言。

附录二 美国布鲁明顿学派的思想精义：多中心治理

历经逾半个世纪的孕育，由奥斯特罗姆夫妇创立的学术共同体已然成长为一个在国际社会科学界享有盛誉的知名学派，即布鲁明顿学派（Bloomington School）。与此同时，这一学派被称为多中心学派或印第安纳学派，并被视作美国公共选择理论三大派别之一，其他重要成员包括迈克尔·麦金尼斯（Michael D. McGinnis）[①]、罗杰·帕克斯（Roger Parks）、迈克尔·考克斯（Michael E. Cox）、马可·詹森（Marco Janssen）、吉米·沃克（Jimmy Walker）、罗伊·加德勒（Roy Gardner）等。[②] 该学派以印第安纳大学政治理论与政策分析研究所为依托，联络世界范围内各国数千名学者，研究的实践问题包括警察服务、基础设施、公共池塘资源（包括水资源、森林资源）等，其价值定位是追求社会秩序的稳定、可持续发展。不仅如此，布鲁明顿学派的关注焦点较为广泛，涉及政治学、经济学、政治经济学、公共政策、公共管理和发

[①] 奥斯特罗姆夫妇相继辞世后，由迈克尔·麦金尼斯（Michael D. McGinnis）担任政治理论与政策分析研究所所长一职。

[②] 学界对于美国公共选择理论的三大流派，大致包含两类说法：一类是弗吉尼亚学派（以布坎南、塔洛克为代表，侧重于公共部门的经济效率与寻租研究）、布鲁明顿学派（以奥斯特罗姆夫妇为代表）、罗切斯特社会选择学派（以赖克、奥德苏克、肯尼斯·阿罗为代表，侧重于社会选择研究）；另一类则是弗吉尼亚学派、芝加哥政治经济学派（以贝克尔、乔治·斯蒂格勒为代表）和罗切斯特社会选择学派。其中，布鲁明顿学派得名于该学派的大部分成员，均来自印第安纳大学布鲁明顿分校。可参见：〔美〕埃莉诺·奥斯特罗姆，帕克斯，惠特克. 公共服务的制度建构：都市警察服务的制度结构 ［M］. 宋全喜，任睿，译. 上海：上海三联书店，2000：1。

展研究等多个学科领域，拥有自身独特的分析范式、方法与理论，并注重将公共选择理论、新制度政治经济学、博弈论、人类社会秩序理论、经济和生态学等知识相互联结。

布鲁明顿学派综合了多中心治理的诸多要素，包括放松管制、企业家型领导人、向市场主体授权、缔结服务的契约、强调公共机构的绩效等，其目的在于重建美国公共行政的范式，主张治理实质上是一个公共选择问题，也是一个宪政体制下的制度设计问题。可以说，该学派的价值取向是维系可持续的稳定发展，在宣扬联邦主义（Federalism）和多中心治理（Polycentric Governance）的同时，将权威分散和交叠管辖的多组织安排视为民主行政的基本范式，从而对社会秩序提出了全新洞见。在分析过程中，这一学派区别于其他公共选择理论的特色是其致力于开发多层次的制度体系的分析方法，探究制度如何改进（或阻滞）社会治理，并在制度分析与发展（IAD）框架内进行操作选择、集体选择和立宪选择的制度分析，十分重视文化、自然与制度因素之间的关联。进一步分析，这一理论流派十分注重实证分析与理论研究的结合，并将视野拓展至不同社会制度和文化背景的比较研究，为不同经济体系和文化传统下多样化的制度设计和政策选择提供了理论与实践的双重可行性。可以说，"多中心"（Polycentricity）及其治理思想是布鲁明顿学派的哲学基础和主要标签。

不过值得提及的是，"多中心"的概念并非由文森特·奥斯特罗姆首创。1951年，英国社会学家迈克尔·博兰尼（Michael Polanyi）首次提出"多中心"（Polycentricity）的概念，用以审视分析社会主体的行为逻辑，并对自发秩序的合理性以及计划管理的局限性予以阐释论证。[①] 具体而言，博兰尼在对"社会秩序理论"加以阐发的过程中，区

---

① 英国学者迈克尔·博兰尼在《利润与多中心性》《管理社会事务的可能性》等系列文章中率先使用"多中心"一词，最以《自由的逻辑》为书名得以出版。可参见：〔英〕迈克尔·博兰尼.自由的逻辑［M］.冯银江，李雪茹，译.长春：吉林人民出版社，2011：131-188。

分了组织社会任务的两种秩序：单中心秩序与多中心秩序。其中，单中心秩序是一种审慎的或被管制的状态，它指涉人为设计或指挥安排的单一中心，并凭借上下级指挥与服从的权威体系以维持自身的协调运转，体现为由上级 A 通过一体化的命令结构，指挥下级 B_1、B_2、B_3……B_n 执行特定任务或使命，以此实现对社会的控制与整合；多中心秩序是自发的多权力中心状态，是由众多既相互联系又彼此独立的社会主体，在自由追求各自利益时受到特定规则的制约，从而借助体系内部各主体之间的相互调适过程，实现公共服务供给的多元化体制。可以说，文森特·奥斯特罗姆的多中心治理理论继承并拓展了博兰尼的社会秩序理论，包括多中心立宪秩序、多中心公共经济和多中心政府体制理论等综合体系。[1] 在文森特·奥斯特罗姆看来："'多中心'意味着许多决策中心，它们在形式上相互独立。……各个中心相互之间通过竞争性的关系考虑对方，开展多种契约性和合作性事务，或利用中央机制来解决冲突。"[2]

传统理论认为社会秩序中权力分散与交叠管辖并非正常现象，它既是政府失灵的表现之一，也成为政府失灵的根源，因而他认为多中心的社会管理体制是低效与病态的体现。对此，奥斯特罗姆夫妇否认上述简单化认识，在实证研究过程中解释了公共治理领域的复杂性及其运行机理，从而在政府与市场之外发现稳定社会秩序的力量，并进一步总结出该种力量得以持续的制度性基础，即多中心的制度安排。布鲁明顿学派主张多中心治理是走向民主行政的基石，它强调将具有理性计算能力的

---

[1]　关于文森特·奥斯特罗姆对于迈克尔·博兰尼在多中心秩序研究方面的超越，可参见：Paul D. Aligica, Vlad Tarko. Polycentricity: From Polanyi to Ostrom, and Beyond[J] .Governance: An International Journal of Policy Administration and Institutions, Vol. 25, No. 2 (April2012) .pp. 237–262.

[2]　Vincent Ostrom. State Administration of National Resources in the West[J] .The American Political Science Revi-ew, Vol. 47, No. 2 (June1953) . pp. 478－493; Vincent Ostrom, Charles M. Tiebout, Robert Warren. The Organization of Government in Metropolitan Areas: A Theoretical Inquiry [J] . The American Political Science Review, Vol. 55, No. 4 (December1961) . pp. 831－842.

个体或组织作为基本分析单元，并认为社会是由多个权力中心构成的治理网络，其中任意权力中心均有制定与执行规则的权力，而且并不存在凌驾于其他权力中心之上的权力机构。① 由此，他们批判当时学者主张的对政府进行重组，凝聚政府功能，以形成单一的权力决策中心的观点，而认为在多中心制度框架的安排下，人类个体的自主治理能力将获得更为充分的发挥，并促使公共问题得到适当的解决。例如，多中心治理强调多个权力或服务主体并存，它们借助协作与竞争的方式赋予公民更多的选择权，以在公共事物治理过程中提升服务品质。对于公共物品的生成与供给而言，多中心治理强调突破单一部门（如政府）的垄断供给，以此增强主体之间的竞争，迫使各生产主体降低成本、提升公共服务质量以及回应性。综合而言，布鲁明顿学派得出的研究结论是：在多中心的制度框架条件下，社群中个体的自主治理能力将得以充分发挥，促使公共事物得到妥善处置和解决。

实际上，奥斯特罗姆夫妇的学术思想具有内在一致性，其中自主治理思想强调制度的自发秩序、复合层级的多中心体制以及适应复杂的系统，它是多中心治理理论的发展基础。因为，微观层面自主治理的广泛联合体，构成了宏观层面的多中心秩序。这正如迈克尔·麦金尼斯所论述的："自主治理就是由个人组成的群体自己解决自己的问题的能力，多中心是自主治理的根本前提。"② 可以说，该学派以政治学为理论背景进行跨学科研究，为公共池塘资源的合理配置与公共事物的解决提供了行之有效的途径，开拓了公共经济学的研究领域。而其中的思想精义是多中心治理，这一理论主张是在突破国家（政府）与市场、公共物品与私人物品的二分对立的争论中逐步发展的，并将宏观现象和微观基础予以连接，是一套适应复杂系统的实践机制。

---

① 多中心治理理论是奥斯特罗姆夫妇及其团队在美国大城市改革的争论中逐步发展确立的，他们二人的研究紧密相连，互为补充。

② 〔美〕迈克尔·麦金尼斯主编. 多中心体制与地方公共经济 [M]. 毛寿龙，李梅，译. 上海：上海三联书店，2000：23。

图书在版编目（CIP）数据

埃莉诺·奥斯特罗姆自主治理思想研究 / 任恒著.
北京：社会科学文献出版社，2024.11. -- （深圳学人
文库）. -- ISBN 978-7-5228-4033-8

Ⅰ.D035

中国国家版本馆 CIP 数据核字第 2024US9185 号

·深圳学人文库·

埃莉诺·奥斯特罗姆自主治理思想研究

著　　者／任　恒

出 版 人／冀祥德
组稿编辑／任文武
责任编辑／徐崇阳
责任印制／王京美

出　　版／社会科学文献出版社·生态文明分社 （010）59367143
　　　　　地址：北京市北三环中路甲 29 号院华龙大厦　邮编：100029
　　　　　网址：www.ssap.com.cn
发　　行／社会科学文献出版社 （010）59367028
印　　装／三河市尚艺印装有限公司

规　　格／开　本：787mm×1092mm　1/16
　　　　　印　张：17.75　字　数：245 千字
版　　次／2024 年 11 月第 1 版　2024 年 11 月第 1 次印刷
书　　号／ISBN 978-7-5228-4033-8
定　　价／88.00 元

读者服务电话：4008918866